英国の地方自治

国・地域・自治体がつくるガバナンス

アンドリュー・スティーブンズ【著】

石見 豊【訳】

芦書房

LOCAL GOVERNMENT

The fourth edition

by

Andrew Stevens

序　文

「連合王国における地方自治は，憲法によって規定された諸特徴を有している。地方自治体は，各時代を通じて中央政府から要求された多くの機能を果たす国家機関として長い間活動してきた。地方自治の発展は，19 世紀および 20 世紀の英国社会史の歩みを表すものであり，地方自治の機能や性格がそれ自体社会史である」

本書の旧版はこの文で始まったが，それは現在においても正しいと言える。地方自治には，消滅の見込みがあるという誤った予測もあるが，2020 年を通過した英国でも，英国憲法の特徴として残っている。ちなみに，2020 年は，ミレニアムの始まりにおいて，改革と技術的進歩をつかむ記念すべき年としてしばしば挙げられる。今世紀初めに予測されたように，新労働党の「現代化」の時代には，デジタル国家は現実的な結果として私たちに迫っていただけでなく，急激なペースで加速していた。地方自治自体も，社会の他の部分に影響を与えるオートメーション（自動操作）化や破壊的な技術的変化の進歩から免れることはできなかった。そして，多くの点において，地方自治体や職員，地方議員たちは，デジタル化を擁護するだけでなく，その提供において革新に努めてきた。英国が地方レベルでのデジタル化の主導権を握るリーダーと確かに見なすことができると言うのは全く正しいことである。ただし，そう言った点での楽観論は終わった。ミレニアムの初め（本書の最初の英語版が書かれた時），英国における政治的議論の主な中心は，英国が通貨の「ユーロ」に加盟するかどうかではなく，いつ加盟するかであった。中央（政府）から課された地方サービスに関する緊縮財政の影響と，あらゆる方面の保守派からのグローバル化した管理的な政治に対する敵意が垂れ流された後，2016 年のいわゆるブレグジットに関する国民投票の結果に従って，2020 年に欧州連合を離脱した。中央（政

府）からの相次ぐ財源の削減は，永住する家のない8万件の英国人家庭への支援を地方が停止する原因になった。また，削減の影響には，不安定な仮住まいのために年間に55日も学校を休む12万3000人の子どもたちや，後の人生でホームレスになる統計的に平均以上の可能性などを含んでいた。警察官の数は，2010年と比べて，1万9000人も減っている。新人警察官の中には，長期失業者用に通常保存されている地方のフードバンク施設を利用する者もいると報告されている。これらのすべてのことが，コロナウイルスの前にすでに聞かれたことである。

　それらのすべてのことにも関わらず，英国における地方自治は政治のルールに驚きを与え，それを書き換えることを続けている。2期連続で保守党が政権を率いた後も，保守党はイングランドの地方議会のほとんどの議席を占めている。地方選挙でどれだけ議席を握れるか，そして，地方議会における支配政党が入れ替わるか否かは，国政でのパフォーマンス次第であり，地方選挙は国政に対する住民投票のようなものだという仮説がかつてあったが，保守党はこれを覆している。保守党は，数十年も敵意や懐疑論を持った後に，イングランドでは，権限委譲や分権に取り組む党になった。特に，サッチャーの時代には考えられなかった大都市のようなタイプの課題も受け入れている（もの好きなマイケル・ヘーゼルタインはそれに関わり推進してきて，87歳になった今もなお健在である）。同様に，公共サービス改革および新労働党と最も関連したサービス提供についてのマントラは，現在は，保守党の中でより見つけられそうである。一方，野党の労働党は，公正でより良い生活の機会を保障することにおいて，地方自治体の役割を擁護することを求めてきた。緊縮財政の影響は，サービスや社会的弱者に支出し，保護するという地方自治体の能力を圧迫し続けているからである。

　旧版の執筆時に，英国の地方自治に関する書籍では，都市化（都市としての凝集性，集積），欧州化（特に，財源の流れや経済的支援を通じた），グローバリゼーション（都市間における人，製品，政策の流れ）といった3つの根強い傾向を特

2

徴として指摘した。現在のブレグジットの時代，そして，グローバリゼーションに対して深い懐疑論のある時代において，英国政府は，欧州レベルでの規制や投資を英国独自のおあつらえ版にどう置き換えるかをめぐって論争している。それゆえ，新たに出現した英国の地方の状況の役割やその展開を理解するための主要な推進力（もしくはモチーフ）は次のものであると論じようと思う。そして，都市化とグローバリゼーションは，同じ政策のコインの表と裏であると言える。

・準連邦制：権限委譲された地域だけでなく，イングランド内においても，権限委譲という解決策により安定を確保する必要がある。

・準欧州化：欧州連合を離脱しても，都市，地域，権限委譲されたレベル間などの関係を通して，英国がヨーロッパ大陸とのつながりを持ち続け，ヨーロッパの統治において役割を果たすことを確保する必要がある。

・準共和制：20世紀では終わらなかった英国議会に関する民主的改革の継続と，参加型民主主義の手段としてのイングランドの合同行政機構への公選首長の導入。

同様に，かつては地方自治より地方統治という語が流行していたが，「国民国家の復活」と共に，英国の市民生活においては自治体の復活もまた目撃される（この点は，旧版でも予測したことである）。これは，いくつかの点で，地方サービスの自治体自身による直接提供の復活などで見られた。それはまた，中央政府からの補助金が削減される真っただ中で，財源となる歳入を得ようとするいくつかの地方自治体のより企業家的なアプローチと相まっていた。しかし，また旧版でも指摘したように，地方自治体は，義務教育の提供から遠ざかり，計画化のプロセスにおいて主導的な役割を果たす能力については一定の縮小が見られるようになるという二重の意味での話もあった。

　しかしながら，本書は理論的な著作ではなく，英国（特にイングランド）の地方自治の発展レベルや風景を理解し，解明し，案内するための公務に関する入

門書もしくはハンドブックとして役立つことをねらっている。旧版に引き続き，本書でももう一度，リーダーシップ，領域，パフォーマンスと言った地方民主主義の3つの問題について検討し，それらが近年，どのようにアプローチされているかについて考えてみた。読者のみなさんにも，英国社会史の旅を振り返りながら，これらの問題に対して自分なりの問いを投げかけてもらえることを願っている。

も く じ

▶ **第3章** ▶ ▶

公選議員と選挙

▶ **第4章** ▶ ▶

人的資源

▶ **第5章** ▶ ▶

全国的枠組み

▶**第9章**▶▶

警察，ライセンス，コミュニティ

▶**第10章**▶▶

準主要な地方政府

第1章

歴史的発展

> イングランドにおける地方自治体の発展の歴史的変遷について，その起源である封建時代から黄金時代であるビクトリア朝，そして，都市的事業が展開された時代を経て，サッチャー改革とブレア流の強化策，連立政権やそれ以降の動きについても述べる。また，スコットランド，ウェールズ，北アイルランドにおける地方自治体の発展についても簡潔に記述する。

Ⅰ　1835年以前

　連合王国における地方自治は，憲法によって規定された諸特徴を有している。地方自治体は，各時代を通じて社会問題を解決するため中央政府から要求された多くの機能を果たす国家機関として長い間活動してきた。地方自治の発展は，19世紀および20世紀の英国社会史の歩みを表すものであり，地方自治の機能や性格がそれ自体社会史である。

　最終的に下記で示すように，時代をめぐる旅をすることにより，英国の憲政上のしくみの中で，地方自治の構造や境界，責任，政治的コントロール，地位などを修正する内容を一連の時代は共有していることを示していると考えることができる。歴史が属し，また示されると言える明確な時代区分は，地方自治構造の基盤を築いたビクトリア改革期，戦後のしくみ，福祉国家，ニュー・パブリック・マネジメント，今日の脱官僚主義の時代などである。

産業革命の時代，都市人口の増大と共に，連合王国における包括型システム
として地方自治体は期待されるようになった。地方自治体は，疾病，衛生問題，
失業のような都市に押し寄せる需要を処理できない「田舎くさい」状態を残し
た古い行政単位であった。しかも，この時代まで，その「田舎くさい」状態は，
封建的で簡素で制約された行政的および司法的な統治の形態として生き残って
いた。具体的には，農村のシャー・カウンティにおける「地方の地主」からな
る治安判事の職や，バラにおける非公選のしくみである長老議員（サクソン語
ではエルダーマン）などがそれだった。

　この時代にはびこっていた国家理論では，王国を防衛し，王の平和を保ち，
王の道路を維持する徴税のための十分な手段があるならば，地方レベルでは，
それに優るいかなる公選の地方政府も必要ないと述べられていた。実際，治世
には幼稚さを残しており，当時の地方統治の制限された形態は，政治的必要性
よりも支出に基づいていたからであった。それは，クリア・レギス（中世の宮
廷政治）の時代であり，そこでは君主とその助言者たちが布告によって治め，
「臣下の自由」は小さな政府を意味し，法が禁じないことは何でもできる自由を
意味した。地方ごとの習慣や事情は，制定法と同じぐらいの拘束力を持ってい
た。多くの農村および農耕社会において，この理論は何年間も続けられた。ま
た，「バラ」として知られる少数の大都市は多くの人口を抱え，国会議員を選挙
する選挙権が与えられた。それは，「カウンティ」と呼ばれる農村のシャーと並
ぶ存在だった。

　実際，つい最近まで，「小さな政府」の思想は，英国で好まれる規範的概念で
あり，それは今でもある程度尊ばれている。ジャンダルム（憲兵）や知事のよ
うなフランスの伝統的な政治制度と同様に，大昔のイングランドの地方制度や
官職が，たとえ名前だけでも，たくさん今日まで残っている。サクソン人によっ
て導入された行政区割りのハンドレッドは，荘園制の衰退以降消滅したが，
シャーは今日でも使われている。ヨークシャーでは，3つのシャー・カウンティ
は，北，東，西の「区（ridings）」として知られている。その区は，バイキング

の伝統から派生した「3」を意味する古代スカンジナビア語である（また，ハンドレッドは「郡〔wapentakes〕」と呼ばれる）。

封建時代の地方自治体の役割や性格を理解するためには，シャー・カウンティや都市バラが行政的単位としてどのように機能していたのかという点に考察が向けられるべきである。この時代の地方自治体は，国会議員選出のための地方選挙人団という役割を有していた。君主は何度か，国会議員の資格を統制するために地方自治体への介入を試みた。審査法や1661年地方団体法は，バラの官吏資格を国教徒に限定した。ジェームスⅡ世は，国会議員を選挙する選挙権をいくつかのバラに限定し，そのバラに新しい特許状を与えた。地方自治体は大変現実的な法感覚の中に置かれており，地方自治体は唯一の統治の単位ではなかった。多くの場合，ボランタリー団体や商業的な利益団体が，地方行政に求められる救貧や共有地の管理などで一定の役割を行使した。このような地方団体の多様性は，次第に，今日ほとんどの地域で親しまれているパリッシュ，バラ，カウンティの線に沿って，より整合的に編成されるようになった。一般的に，パリッシュは，治安官を任命し，公共施設を提供し，救貧監督官を通じて救貧行政を執行することによって，その境界内の法と秩序を管理する責任があった。これらの担当者を選ぶ基準は地方ごとに異なった。あるところでは選挙で選び，他のところでは任命だった。

タウンシップ（バラ）は，地方の特権を保障する国王の特許状を与えられていた。例えば，その特権とは，タウンホールのような団体の資産を所有する権利であり，もしくは「シティ」を名乗る権利だった。また，タウンシップは，地方税の徴収や治安判事職の任命，さらには国会議員の選挙を通して，住民に関係する事柄を規制することができた（人口増加が止んだところでは，「腐敗選挙区」という語が広く使われた）。タウンにシティの地位を与える君主による特許状制度は，通常，その境界内に長年にわたって大聖堂を持つ国教会が設定した区域に基づいて活動するタウンのためのものだった。シティの数は年々増加し，今日多くのコナベーション（大都市圏）はシティの地位を所有している。リポ

ンやイーリーのようなシティは，その規模が小さいため，周辺のより大規模な地方自治体によって飲み込まれた。規模の小ささは，シティの地位を保ち，独立の地方自治体として発展することを不可能にさせた。

　バラ団体に加えて，多くの地方では，職人や商人の組合がギルドを結成した。これらの組織は，特許状によって設立された地方団体を補完し，地方の取引や商いを規制することによって，市民生活に関わり利益を得ることができた。実際，役員選挙のようなギルドの多くの実践例は，その構成員に代表制や説明責任の場を提供する機会となり，次第に地方自治体においてもその方法を見るようになった。いくつかのタウンでは，ギルドは大変重要であり，そのためギルドホールはまたタウンホールとしての役割を果たし，いくつかのところでは今日でもいまだにそれが続いている。

　このしくみは，地方自治体の議員が「シティ・オブ・ロンドン」（金融地区で有名な「平方マイル」）で選出されるようなところに残っている。そこでは，古くからの同業組合員や長老議員たちが，世界主要都市の一角の統治でいまだに活発な役割を演じている。そのような特権を近代化すべきだという圧力にも関わらず，地方自治体はこのしくみへの関与を続けている。また，企業にも投票権を認め，古くからの特権を改革すべきだという圧力にも抵抗してきた。

　国王任命の治安判事は，他の地方団体の行政を検査する権利を持ち，秩序を維持し，軽犯罪を罰し，カウンティの運営も監督してきた。さらに，彼らは，幹線道路や橋の維持管理に責任を持った。これらに加えて，ターンパイク・トラスト（有料道路管理組合）や改善委員会（ある意味では，今日の「クアンゴ〔特殊法人〕」）のような多数の団体があった。それらは，いくつかのエリアでは，法定の団体として活動し，水道，公衆衛生，幹線道路などに責任を持った。これらの行政需要が，地方団体の設立を許可する国会による多くの個別法の制定を要求した。個々のタウンは，多数の舗装監督官や修繕監督官を設置した。個別法は，1114のターンパイク・トラスト，125の救貧法委員会，数百の下水委員会を設けたと見積もられる。これらのしくみは，時の経過によって設計された

ものであり，また偶然の産物によって生じ，当初予想もしなかった役割を受け入れることを強要されることになった。

2 1835年都市団体法

これまで見てきたように，産業社会は急速に発展し，カウンティとバラによる非公選の制限された政府のしくみは，求められる需要を処理するのに時代遅れで無力に見えた。当時の自由主義者や社会改良家たちは，時代がもたらす社会問題を処理するため，適切な装いを持つ包括型の地方行政の新しいしくみを求めて大合唱をするようになった。

自治体における地方民主主義の誕生は，1835年に遡ることができる。都市団体に関する王立調査委員会は，都市団体が不調な状態に陥り，改革が大変長く待ち望まれ必要であると広く感じられたために設置されることになった。

この時代，地方自治体の活動の結果は，英国憲法の他の分野にも広い影響を持ち，人々の生活の質に影響を与えた。王立委員会には，後にウェッブ夫妻が「ホイッグ的な意見を持つ熱心な若い知識人」と呼ぶような人々が群がっていた。これは，委員会が改革のための急進的な提案を繰り返し報告することを保障するために熟慮されたことだった。王立委員会は，当時の地方自治体のつぎはぎ状態が古めかしく非効率で不適切であることを発見した。そこで，1835年都市団体法に結実する改革のプロセスが始められることになった。同法では，地方自治のしくみを大括りに整理し，地方議会のメンバーが直接選挙されることを保障することを求めた。しかしながら，その実施時，パリッシュ監督官は貧しい家々を地方税の帳簿に含めることを拒絶したので，実際には大部分の地方住民の選挙権が自動的に剥奪されてしまった。実際のところ，地方の代表を選出する選挙権は，以前同様に狭かった。結果として，178のバラは，少ない地方税収入のため，自らを厳格な支出制限に結びつけることになった（地方選挙の選挙権が，各家庭の実際上の納税者に頼っている主婦や成人の扶養家族のような

非納税者を含めるように拡大されるのは，1948年国民代表法まで待たなければならなかった）。財源や監査に関する厳格な規則を持つようになるにつれ，地方自治体は支出について非常に慎重になることを強いられることに気づいた。法的な決定は，地方自治体が使うすべてのペニーに対する説明責任を自治体に負わせる効果があった。そして，自治体が計画した機能やしくみ以外での支出を禁止した。そのようなことは，実際，以前のしくみでは聞かれなかった。

　かつての地方自治体は，その財政的浪費と無責任で有名だった。1836年の選挙は，タウンホールに新しい血を注ぎ，地方議員たちに新しい風を運ぶ効果を持った（シティ・オブ・ロンドンだけはその法律から取り残された）。ほとんどすべての地方議会の議場におけるかつての住人たちは，大部分がトーリー（保守党）や国教徒だったが，直接選挙によって，ホイッグ（自由党）の非国教徒や商人階級の出現を見た。彼らは，地方税の財源を大変まじめに，そして注意深く管理することを保障する責任を請け負った。

　さらに，新しく特定目的の団体が作られたので，地方自治体は，かつての中核的な機能のうち残っていたいくつかの機能を失った。1834年，改正救貧法の下，パリッシュは地方の福祉に関する責任を失った。同法は，パリッシュの連合に基づいた新しい公選の保護官たちの委員会を創設した。法や秩序を維持することができないいくつかのパリッシュでは，1835年のバラ警察隊（首都警察隊が最も手本とされた）や1839年のカウンティ警察隊の創設を招いた。トーリーが復権したところを除いて，いくつかの地域では，革新は地方選挙で成果を上げた。たちまち政党の組織としての発展が続き，政党への忠誠心は選挙権について議論している間に強固になった。そのようにして，地方の政党組織の蓄積が見られるようになり，政党の全国組織はより真剣に地方選挙に取り組み始めた。1900年までに，地方選挙は，有権者が全国政党を支持するかどうかを見極める有益なバロメータとして見られるようになった（これは，今日まで続く選挙の行動パターンである）。

　1835年都市団体法は，イングランドの地方自治の発展に関する目印的な立

法である。そして，それは，否定的な結論で報告されたが，イングランドの地方自治の状態を直接調べた結果だった。そして，同法は，1832年選挙法改正法に続くものであった。選挙法改正法は，制限された選挙権の基盤をより多くの中産階級に拡大する効果があった。

しかしながら，王立委員会の調査は，全国レベルでの選挙権の拡大にも関わらず，地方の多くのバラで，腐敗や貧弱な運営が行われていることを見つけ出した。そして，しばしば引き合いに出されるように，オールド・サルムのようなところは，何と選挙名簿上の有権者はいないのに，国会議員を有する状態を受け継いできた。都市団体法は，全イングランドの178のバラを通して最善の実践を適用するように一連のものを包括した最初の法律だった。それは，代表制の政府，選挙権の拡大，行政上の効率性，財政的高潔さに関する基準などの条文を含んでいた。これらの最善の実践は，当時，先進的団体と見なされたところから拾い集められた。

英国における都市化は，農村の地方自治の衰退を促進した。かつてのタウンは，全国の人口における小さな割合しか治めていなかった。しかし，タウンにおける新興の製造業や技術力を要する産業などによる新しい種類の雇用は，その近くに住もうとする喧騒と，農村人口や農村政治の衰退を引き起こした。農村共同体における地方自治は，民主的なものとはかけ離れていた。それは，土地持ちのジェントリーの政治的規範と価値に基づいていた。しかしながら，農村における改革は，次のような理由で何年間も立ち往生した。それは，カウンティ政府を改革する勢いが，シティやタウンほど激しくなかったからである。カウンティ政府では，腐敗や財政的浪費が当たり前になっていた。しかしながら，最も顕著な障害（問題点）は，国会が農村の利害によって支配されているという事実だった。農村の勢力は，彼ら自身の地方権力基盤や政治的領地を脅かす必要性を全く感じていなかった。

前の時代と同様に，地方自治体の発展は，地方の多様性や地方の事情を通して明らかになった。1840年には，国会による地方法の制定を通して地方自治

体が大きな権限を得ることとなった。地方法とは，ウェストミンスター国会が，特定地域の必要性や事情のために制定する地方議会提案の法案である。このしくみの欠点は，もし，ある地方自治体が例えば新しい橋を提供する法案を国会に請願することに成功したら，それを覆す別の法案が続いて要求されるかもしれないということだった。この時代，多くの地方自治体が，イングランドの全域で，彼ら自身の地方エリアのための特定の条項を作った。これらの立法上での変化を確実にすることによって，地方改善の目標を推進することを求めた。例えば，1846年，ニューキャッスル・アポン・タインとバーンリーの両バラは，バラに関係しない当事者でない者が，新しい家を建設することを禁止することを求めた。一方，チェスターやレイチェスターは，公共の庭園やレクリエーション場を建設する権利を要求した。

これらの地方法の経験は，全国法に連鎖反応を与えた。動物への扱いを定め虐待を禁止する元々の法律は，ミッドランドの地方法に起源があった。ビクトリア時代の精神に従って，多くの地方自治体は，公衆道徳を規制する権限を求めた。リバプールは，質屋の商いを規制することで先駆けとなったし，リーズは，売春宿を統制する権限を要求した。バーミンガムは，当時，他の自治体で運用されていたものを超えた新しい地方警察隊への権限を求めた。これらは，都市競争の始まりとして見られる。多くの地方自治体は，他の自治体による法をまねるか，自身の力で他を超えるものを追求した。この改善の時代は，個々の自治体が，全国的に最善の実践例に取り組むことを求めた。そこで，最善の実践例をすべての都市団体に適用することを求め，全国的で一般的な地方自治立法を通して，一連の法律に整理統合された。

しかしながら，これらの改革にも関わらず，産業化の時代に関連した問題は，減るどころか，むしろ勢いを高めつつあった。一般的にこの時代と関連した病気であるコレラや結核などは，限られた機能の下にあった地方自治体では阻止することができなかった。と言うのは，たいていのタウンは，十分な下水もしくは水道処理施設を所有しなかったからである。これに対して，1848年公衆

衛生法は，地方自治の歴史にとって画期的な出来事であった。同法は，この分野における地方法の最善の条文が整理統合されたものであり，地方自治体に，人口急増による病気の拡散を阻止するために十分なしくみを制定する権限を与えた。しかしながら，同法は全国を通じて適用されず，保健省が適用すべきだと考えたところ，もしくは個々の自治体がそれを採用するところのみに適用されたので，同法の範囲は限られていた。

　国会における改革者たちの最善を求めるという意図にも関わらず，そして，全国的な都市化と共にすべての地方自治体が徐々に発展するという意図を持っていたが，地方自治は混沌とした状態の中に残されていた。地方政治は，ウェストミンスター（国会）での経験という恩恵なしに，孤立状態の中で発展した。そこで，地方政治の洗練されない性格は，多くの自治体をつまらない競争を伴うくだらない茶番劇や，地方の市民の要望に対して先例を取り上げるようなつまらない口喧嘩に貶めてしまった。かようにして，全国的な改革者たちの行為は，地方民主主義をより効果あるものにしようとする試みにも関わらず，それを阻むようにねじ曲げられた。

3　公衆衛生運動

　誰かが無から地方自治のしくみを定め設計しようとする場合，19世紀の英国のしくみが，近代社会で出現したニーズに適合していると確信できる人は少ないだろう。1835年以降，英国の地方自治の歴史は，立法的なものになった。指摘してきたように，英国社会が都市化を続けるのに伴って，19世紀における英国地方自治のつぎはぎ状態がたちまち展開した。この時代を通じて，既にあった多数の監督官や地方団体の山の上に，図書館監督官，浴場および洗濯所監督官，埋葬委員会，街灯検査官や番人（警防団）などが加えられた。それは，社会の需要に応じて登場した新しい目的型の地方機関だった。

　しかしながら，都市生活を荒廃させた深刻な衛生的無秩序や下水処理問題は，

パリッシュ主体の英国の地方自治やその古臭い仕事のやり方にとって，乗り越えることが難しい課題であることを証明し続けた。改革を求める声は，ジョゼフ・ヒュームのカウンティ委員会法案と共に，1836年などのかなり早い時期から見られた。しかしながら，実際の変化は，ベンサム流の自由主義者であるエドウィン・チャドウィックによって率いられた，いわゆる「公衆衛生運動」と名付けられたものによって求められた。1868年の王立下水処理委員会は，イングランドのタウンにおける排水や下水処理の活動を求める訴えを至るところで聴取した。委員会は，その活動中，中央の統制や監督の欠如について何度も言及した。しかしながら，地方政府と中央政府は，集権化に抵抗した。委員会の代弁者たちは，タウンやシティでの広範にわたる貧困や不潔さの証拠や，自治体が貧弱な排水および下水処理施設によって明らかに問題の処理に無力であることなどについて言及した。一方，反対者たちは，地方問題の導き手としての地方の習慣や事情などのイングランドの伝統を引きあいに出した。

1871年の王立委員会の報告に従って，同年，行政組織の1つである地方自治省の設置によって集権化がもたらされた。しかし，それは，時代遅れで効果的ではなかった。地方自治問題に関するある程度の集権的統制へ向けたこの動きは，地方サービスに幾分全国的な基準を提供しようとする試みを意図していた。そして従来，国会議員提案の国会の法案に頼っていた地方自治に対して，全国で観察される最善の各地の実践例を整理統合し試みるための改革だった。しかしながら，カウンティの地方統治に関しては，この転換点まで吟味や改革を免れてきた。カウンティ政府は，ロンドンの外では，地主階級の最後の砦や貴族制の政治的権力基盤として機能していたからである。

都市部について見ると，従来のバラの特徴が，長老議員の任命に拡大されたに過ぎなかった。剥奪されたかつての（もしくは野心ある）議員たちは，6年の間，議員を務めることができた。他方，カウンティ政府は，非公選の治安判事からなる政府が業務を行うことが好都合であるという前提に基づいていた。都市バラによってなされた発展にも関わらず，農村の地方自治は，大体が遅れて

いて，ぐずぐずした状態だった。それらの農村の地方自治は，これがもたらす社会的な問題や争いをすべて伴っていた。国会では，カウンティ政府の農村改革問題は，都市的革新派と地主階級の代表との間の戦いの場だった。地主階級たちは，いまだに支配しており，既に公選の地方議会を支配していた革新派によって立案されたいかなる改革を是認することも渋っていた。1835年に前の王立委員会は，カウンティの納税者たちは彼らの地方税がどのように使われているのかということについて何か発言すべきであると勧告していた。また，公選の地方議員が職権上，治安判事を務める場合も見られたが，カウンティ政府はいまだに，四季裁判所における治安判事の会合に基づいていた。しかしながら，改革は，国会における強力な農村ロビーの力によって半世紀遅れた。

　カウンティ・レベルの全体において公選の地方政府を作ろうとする動きは，1884年国民代表法（それは3度目の改革法案だった）の通過や多数の男性労働者への選挙権の付与などによって立法の形を取った。それは，自由党政権が国会で法案を推進することを試みた1886年のことだった。その法案は，1835年都市団体法を大変お手本にしていた。また，保守党は，この問題に関して，国会内で賛成派と大多数の農村ロビーとに分かれていたが，1888年にはこの目的のために法案を推進するようになった。この法案は，最終的に1888年地方自治法になった。1835年法と並んで1888年法が，今日でもたいていの地域でいまだに存在するカウンティとバラもしくはディストリクトの二層制をもたらした。これは，地方自治体の歴史において画期的な事件だった。しかしながら，法案を通すためには，数々の修正が，それを誹謗する者たちへの譲歩として挿入されなければならなかった。中央政府から新しいカウンティへの革新的な権限委譲のしくみに関する当初の提案は，法案から全く取り除かれた。管轄の重複を避け，そして，都市と農村の代表が地方議会の議場で一緒に座らなければならないこと（お互いのサービスに敬意を払わなければならないこと）を強いられることを避けるため，いくつかのカウンティ・バラ（カウンティの管轄外の一層制のバラ）が，都市と農村の地形を反映して作られた。

しかしながら，法案に対して提案された修正が力を持ち，これらのカウンティ・バラの数は，著しく増加した。それは，腹を立てる人ができるだけ少なくなるように，そして，あらゆる種類の特殊事情，とりわけ聖職者への配慮のためだった。そこで，ラトランドのような小さなカウンティが，ヨークシャー・ライディング（区）と同じレベルの統治を有するような状況が起こり得た。当初の法案に見られたもう1つの面，つまり，小規模自治体を再整理する提案は，また取り下げられた。しかしながら，これは後の自由党政権の下で別の法律になった。1894年地方自治法は，多過ぎる委員会の数を合理化することで成果を上げ，それに代えて，新しく町と村を作った。また1894年法は，コミュニティに基づく小規模な地方統治レベルという政府の明確な法的認識をパリッシュに対して与えた。1899年には，イングランドの地方自治は，異なる地方事情を反映して多層的なしくみになったが，1834年の時点よりは十分に合理化された。

提案されたカウンティ・バラの数を抑えるために，地方の市民アイデンティティを尊重するという圧力が，国会で利用された。それは，この役割を行使できるとは思われないいくつかのバラを保護するためだった。そのため，カウンティ・バラの資格を得るための各バラの人口レベルの制限を5万人に引き上げた。カウンティ・バラには，1889年に本物の地方自治体になった新しいカウンティの管轄から外れることが認められた。

1889年から活動するようになった1つの新しいカウンティが，ロンドン・カウンティ・カウンシル（LCC）だった。しばしば，それは，都市社会主義の活動例として挙げられた。最初，都市社会主義は，革新的自由主義者であるジョゼフ・チェンバレンの政策の中で明らかにされた。彼は，バーミンガムのリーダーとして，1875年に市のガス会社を公営化し，そして，1876年には水道供給を公営化した。後に，労働党の指導的思想家であるG・D・H・コールは，次のように述べた。都市社会主義のアイデアは「たいていのフェビアン的な関心以上に，ジョゼフ・チェンバレンを認めることに基づいていた」と述べた。

進歩派として知られる自由党とフェビアン派（労働党の礎となった団体）との連合は，続く1889年の地方議会開始後の選挙で権力を掌握した。118議席中70議席を勝ち取った。当時の革新的な施策であった公営住宅の提供を含むロンドンに関係するサービスの公営化を始めた。LCCは，首都事業委員会の境界線を踏襲した。首都事業委員会は，テムズ川の「大いなる悪臭」の結果創設されたものであり，シティ・オブ・ロンドンの内および周辺に下水道を提供していた。そして，LCCは，ミドルセックスやサリー，ケントの地域も対象にした。その運営グループの構成員には，シドニー・ウェッブ（技術指導委員会の議長）やウイル・クロックス（公的統制委員会の議長）などが入っていた。両名は，その後，労働党の著名な人物になっていった。LCCの運営は，保守党にとって脅威となった。保守党は，1899年に，地方自治法のためのもう1つの条項を作った。それは，進歩派で支配されたLCCの影響を抑制することをもくろんで，28の独立のバラを設置するという意図を持っていた。しかしながら，そうした振る舞いは，ウリッジやポプラーのような多くのバラが労働者階級の議員たちの統制に陥ることで裏目に出た。LCCは，人々へのサービスは公共財で運営されるべきという都市社会主義的な構想で充たされていた。それは，ウェッブのようなフェビアン派の指導の下，取り組まれたものであり，その構想は，1890年代のウェッブのロンドン計画に概略が示されていた。これは，ガス，水道，ドック，市場，路面電車，病院，住宅のような分野を公営化し，地方サービスの集合的独占的な提供を求めた。LCCは，国会のいくつかの法律を通して，排水，消防サービス，建築物の統制に責任を持つようになり，そしてバラとの合同によって，公営住宅についても責任を持つようになった。LCCの都市事業は，ロンドンのすべての路面電車を買収し，公園の供給を2倍にし，テムズ川の下に2本のトンネルを掘るところまで拡大された。LCCは，1889年から1965年までの存続期間中，1889年から1907年までは進歩派によって，そして，1907年から1934年までは保守党によって，また，1934年から1965年までは労働党によって支配された。1965年，この年にLCCは，短命のグレーター・ロン

ドン・カウンシルによって取って代わられた。これまでにも指摘されてきたように，病院サービスや社会住宅の広範な提供が特に顕著だった。これは，19世紀の地方自治に関する漸進的な憲法的改革の結果だった。

　その後の地方自治の歴史は，中央から駆り立てられた改革の期間だったという点で安定して見える。しかしながら，その一方で，地方政府と中央政府の間には，大変顕著な緊張があった。それは，20世紀の初頭の時期，ポプラーやイーストハム，ウリッジのようなバラの統治を通して生まれつつあった労働党の形成による地方政治の役割によるものだった。

4　20世紀初頭

　かつての経験にあまり適合しないにも関わらず，地方自治体は，20世紀への変わり目まで，公衆衛生や排水，幹線道路などの日常的な監督に関連したおざなりの団体を残していた。しかしながら，それにも関わらず，イングランドの地方自治の状態は，100年前より整然とした状態にあった。100年前においては，地方自治に提供された一貫しない混乱状態は，非公選で調整を全く欠いていた。

　19世紀には，学校委員会や救貧委員会は，中産階級の市民志向性の単なるはけ口として見られていた。しかしながら，それらの選挙は，次第に政治的な責任を負わせられるようになってきた。1902年，教育は地方自治体の責任になった（救貧は，1929年に自治体に帰属した）。19世紀後半と20世紀初めは，精神保健の条項において前進が目立った。ビクトリア時代の精神病に対する無秩序で無慈悲な条項に取って代わって，地方自治体の責任を明確にした。さらに，都市社会主義者たちの活動は，注目なしに見過ごされることはなかった。自由・財産防衛同盟は，先進的な社会主義者たちから成る地方自治体が個人財産を攻撃することに対する砦として活動するために登場した。

　しかしながら，自由に目覚めた市民の懸念を和らげたのは，国会であり司法

だった。国会や司法は，地方自治体がその努力において権限を踰越して活動している多くの例を裁定するからである。いくつかの地方自治体は，自らの住宅建設政策を正当化するため，1868 年職工および労働者居住法や 1890 年住宅法のようなかつての立法を「改竄」した。

　19 世紀には，非政治的な公共サービスの気風が，ほとんどの地方議員たちの関係を特徴づけていた。しかしながら，1945 年までに地方自治は実質的に政治化された。たいていの地方自治体の議場は，政党の政治的系列や院内幹事を基盤とした明確な党派的配置を伴うようになった。19 世紀は，トーリーとホイッグ，後の保守党と自由党による政党制における二大覇権によって特徴づけられたが，19 世紀末にかけては，生まれたての都市社会主義者たちのグループがいくつかの都市の議会で出現し始めた。ロンドンの進歩派連合の他に，多くの地方議会には，独立系のグループがあった。また，たいていのところでは間違いなく，納税者たちのグループがあった。多くのシティやタウンでは，ブリストル市民党やサウサンプトン独立党のような短命の地方市民グループが誕生した。ロンドンでは，ロンドン都市協会という奇妙な名前の下，保守党が LCC を組織した。一方，ブラッドフォードでは，左派グループは，ブラッドフォード労働者都市連盟の旗の下にあった。20 世紀を通して，地方議会において，小政党の地方的および一風変わった多くの例を見つけることができる。不満を抱いた政党のグループ・メンバーの主要政党からの離脱は，全く短命な形ではあるが，地方政治の活動に盛り上がりを与えた。

　1919 年の地方選挙の投票率は低かったが，イングランドの都市部では，労働党が大いに前進した。著しい数のロンドン・バラやイングランドの都市で支配権を握り，他のところでも危険な権力仲介者（ブローカー）になった。労働党の選挙での前進は，自由党の全国的な衰退に反映した。ジノヴィエフの手紙という「赤の脅迫」のレトリックは，地方社会主義の侵略的な前進を食い止めることを求めた市民志向の保守党によって地方で繰り返し用いられた。その結果，1922 年の地方選挙では，ハクニーのように，労働党が最近獲得した地方議会

の議席の多くを失うこととなった。ハクニーでは，1919年に地方議会を支配するようになったが，労働党はそのすべての議席（ハーバート・モリソンを含む）を失った。労働党内のイデオロギー上の論議は，市民生活を改善するという点で，地方自治体が果たすべき役割と関連していた。

　ジョージ・ランズベリーは，労働党の第7代党首になる前，1920年代に東ロンドンのポプラー・バラ議会の革新的なリーダーとして目立ち始めた。ポプラーというバラは，洗濯屋，図書館，公園，プールを建設するという都市社会主義的な熱心さで注目された。1921年，ランズベリーの下のポプラーは，LCCへのプリセプトの支払いを拒否することによって，救貧法給付金の運用に対してロイド・ジョージの連合政権に公然と反抗した。その結果，30名の議員たちが投獄され，「ポプラリズム」という言葉のもとになった。同情的な群衆がホロウェーやブリクストンの監獄を訪れ，「赤旗」を歌ったと伝えられる。そして，国会主権へのバラ議員たちの挑戦的な態度は，「罪とそれへの誇り」というパンフレットのタイトルに最も明らかに表された。

　ポプラリズムの影響は，20以上の地方自治体が（救貧法給付金の）削減に抵抗することや，不評の失業者に対する資産調査の実施を拒絶する広がりになっていった。英国の都市部における労働党に支配された救貧法委員たちの活動が，次第に救貧法立法の廃止と感化院でのディケンズ風の状態を取り除くことを導いたことは疑いがない（トーリーの保健大臣のネビル・チェンバレンは，救貧法委員会の裏切り者的な社会主義者の活動により，そして，彼が1929年にトーリーと自由党と共同で救貧法を廃止するという場違いな活動をしたことによって大変激怒を買った）。ある人たちは，ポプラリズムを中央政府の正統性に立ち向かう手段として指摘し，また他の人たちは，こっそりとそして徐々に一定規模の地方の公共部門を建設しようとするフェビアン的アプローチであると唱えた。確かに，全国レベルにおける労働党の幹部たちは，ポプラリズムをただ軽蔑の目で眺めた。それは，法の支配に対する節度ある，そしてそれへの尊重を認めることを求める相変わらずの意識だった。

前に述べたように，この時代では，都市社会的な所有権を試みるアプローチが確かに目立った。いくつかの労働党支配の地方自治体は，その手で，保健センターの提供や電気の供給，市営の貯蓄銀行の提供を試みることを決めた。また，地方自治体は，契約の遵守を通じて，地方の人々の仕事関連の生活を規制する権限を見いだした。つまり，地方自治体は，契約を遵守させることによって，自治体との契約を獲得しようと努める民間企業で働く従業員たちの勤務時間，賃金，労働組合に関する権利などを規定した。1923年，ポプラー議会は，その年にあったロンドン・ドック・ストライキに参加した港湾労働者たちに失業手当金の非合法な支払いを行った。バタシー，バーモンジー，ベスナルグリーン，ポプラー，ウリッジなどのバラは，ホワイトホール（国）の意思に反して，地方自治体職員の賃金を下げることを拒絶した。

　1919年住宅およびタウン計画法は，地方自治体が社会的公共住宅を建設することを可能にした。そして，労働党の支配地域では，これは非常に沈着に取り組まれた。1920年代後半には，労働党が再びタウンやシティの支配を獲得することにより，特にヨークシャーのように，以前失ったものの多くを奪回した。これは，地方選挙がどのようにして中央政府に対する政治的バロメータになるかを見るポイントである。だが，労働党が地方での勝利を全国的な投票での飛躍的な前進に変えるのは1945年まで待たねばならなかった。1930年代初期の経済的不振は，救貧に対する特別の需要およびこれが再び都市的闘争の高まりを見せたことによって，地方自治体に緊張をもたらした。ただ，救貧法体制は既に廃止の際に面していた。1934年に設置された失業支援委員会は，ある程度，福祉を国家から地方自治体に移転する第一段階になるものだった。

　1930年代は，イデオロギーを偏重した時代として非常にしばしば記憶される。貧困と増加する国際的な不安定は，共産主義や，数としては少ないがファシズム（全体主義）とさえ戯れる何名かの政治活動家の登場を招くことになった。英国ファシスト連合（BUF）は，1937年のLCC選挙で争い，ベスナルグリーンの地域のような，援助の極度に少ない地区を獲得した（悪名高いナチス共

鳴者のウイリアム・ジョイスは，ホーホー卿として知られていたが，BUFの候補者として実際に立候補した）。しかしながら，その年，イーストエンドのステップニーにおける選挙で勝利を得たのは共産主義者だった。一方，フィンズベリー・バラは，レーニンの像を掲げた選挙のために，たちまち「フィンズベリー人民共和国」と名付けられた。この時代の労働党支配下における地方自治体の活動は，都市的貧困に直面していて厳しく苛酷な状態を改善すべく多くのことをなした。そして，政党に支持者をより多く惹きつけるため，色々な方法を採ったことは疑うことができない。これは，1937年の地方選挙で明らかになった。

1907年から1934年の間，保守党はLCCを支配した。急進主義や改良主義は，大部分，バラに任されていたが，保守党は南ロンドンの中心から離れた所に広大な住宅地を建設する計画に着手した（これはおそらく，中心地域の労働者階級を分散させ，それゆえ，それは郊外における従来は安定したトーリーの国会の議席に彼らを就かせるという思わぬ影響を持った。その損失は，1945年に見られることになった）。この期間，社会的住宅の建設が加速された。それは，地方自治体が多くの地域でいまだに残っていたビクトリア時代の都市的な汚さを減らすことを求めたからだった。また，労働党は，ノリッジやリンカンのようなシティの選挙で飛躍的な前進を見せた。そして，1934年にLCCを奪還した。

戦前のLCCは，ハーバート・モリソンと同義語である。彼は，1929年から31年まで，労働党政権において交通大臣を務めたが，国会議員であると同時にまた地方政府のリーダーである時期があった。ベアトリス・ウェッブは，次のように述べている。「彼は，フェビアン派の中のフェビアン派，シドニー・ウェッブの直弟子，政策や見地においてフェビアン主義の全くの典型である」と。LCCは，うまく運営されているという正当な評価を得た（モリソンは，効率性や倫理的な運営の問題で悩んでいた）。そして，1937年にモリソンの労働党は再選され，高い投票率によって議席数を増やした。

5 戦後計画と合意

　1945 年に選出された労働党政権は，その古参の閣僚の中に 3 名の元地方議員（クレメント・アトリー，ハーバート・モリソン，アネイリン・ベヴァン）を含んでいるという事実で注目された。戦後福祉国家が非常に拡大する間，地方自治体は賛美されないヒーローであった。と言うのは，初めての労働党政権は国会の圧倒的な多数派によって任期一杯務めようとし，その保護の下，中央政府はケインズ経済を成就させることを求め，ウイリアム・ベヴァリッジの社会政策に活力を与えたからである。枢軸国に対する勝利が決して確実になっていなかった 1942 年に書かれたベヴァリッジ報告は，戦前の英国の厳しい現実からはるかにかけ離れた社会のビジョンを約束した。その報告が格闘しようとしていた貧困，不潔，病気，無知，怠惰の「5 つの巨人」は，1920 年代から 30 年代の間にはありふれたことだった。

　地方自治体は，合意主導型政治の時代の先駆けとなって，英国における社会民主主義的なサービス提供の重要な機関になるべきものだった。さらに，第二次大戦でのドイツの爆撃後，インナーシティで求められた再建においては，地方自治体が重要な役割を果たした。ただ，早急な復興の要求や，戦争中，リージョン・コミッションが統括した経験によって，地方自治体の役割やその権能は，国家的な重要事項を提供することに関しては変更された。

　労働党は，国民保健サービスに対して壮大な構想を持っていたが，それはついに 1948 年，実現にたどり着いた。普遍的な保健サービスは，元々地方自治体の機能になることが期待されていた。地方自治体は，既に多くの病院を管理していたからである。しかしながら，ベヴァンは，国民保健サービスはリージョン機関を通じて中央政府によって運営されるべきであり，それゆえ地方自治体やボランタリー団体の運営する残りの病院もその囲いの中に位置づけられなければならないと信じていた。1947 年交通法は，運河や港を新設の英国交通委

員会に移管した。また，1948年河川委員会法は，水道の汚染に対処するため，新しい管理団体を設立した。これら交通の国家化の下，たちまち集権化が続出した。1949年特別道路法の下，新しい英国の自動車道が建設された。それは，その時代の楽観主義の証だった。同法では，中央政府がその建設に責任を持つことが確認された。これは，1946年幹線道路法の下の集権化を反映していた（実際には，1936年にも類似の法律の下にあった）。1946年は，新しい主要道路を提供する責任を地方自治体に任せるのではなく，中央政府が引き受けた年であった。

　しかしながら，地方参政権の改革（地方選挙は，かつては納税者たちの領分だった。国会の選挙のように，すべての成人のものではなかった）では，労働党が多数の都市地域を支配下に入れることを示し，1945年の総選挙の再来を見た。労働党の地方社会主義者たちの方法（市営化）は，全国レベルでも実施された（国営化）。ガスや電気供給のような地方事務の国営産業委員会への移管を見た。その代わり，地方自治体は，公教育や社会的住宅を自らの機能として発展させた。そして，1960年代には，ソーシャル・サービス（社会福祉）の提供者としての役割が，地方の責任としてますます顕著になりつつあった。しかしながら，ベヴァンは，保健の提供のような分野では，地方自治体からその責任を取り除くことが最善であると考えた。一方，彼は，地方のレジャー活動については，地方自治体がそれを規制するだけではなく，それらを提供（特に美術館のような文化的活動）することにおいても，先導的な役割を演じることを認める立法を導入した。

　地方自治に関する改革提案の絶え間なく見える流れは（1923年から29年まで，もう1つの王立委員会が設置されていた），戦争中一時休止された。しかし，1945年に政府が通常の状態に回復すると，5名から成る委員会が，イングランドやウェールズの地方自治区域の境界を検討するために任命された（ロンドンを除いて）。そして彼らは新しいカウンティ・バラの設立のような問題にも関わった。委員会は，当時の地方自治制度をかなり批判した。そして，「個々でも

集合的にも効率的で，地方自治行政にとって便利な単位である」べきという政府の目的に合致させるため，カウンティやバラの徹底的検査を提案した。

　1945 年から 51 年の間の労働党政権は，経済的そして社会的には革新として扱われた。しかし，憲法の分野では，それを改革しようとする熱意については知られていない。そして，発足時におけるその最善のねらいにも関わらず，地方自治改革は拒否され，王立委員会は解散してしまった。ただし，それは驚くべきことではなかった。1944 年教育法は，前進を求めるありったけの力によって作られた。しかしながら，労働党は政権に就くと，教育改革については幾分慎重に行動した。総合制中学校を導入すべきという草の根および知識人たちの圧力に屈することを拒否した。教育相のエレン・ウィルキンソンは，一般的に左派の長老として扱われているが，「労働者階級のエリート」を作る手段として，グラマースクールの維持には実際好意的だった。一方，ニュータウンを造るという社会的な実験は，労働党の支持者たちに以前は衛生的でないとして知られていた場所に，モデル・コミュニティ（模範的な共同社会）を育てるという考え方に基づいていた。ただ，労働党の支持者たちを住まわせるために選ばれたモデル・コミュニティでは，彼ら自身が尊敬に値するような模範的な家族でなければならなかった。

　1946 年，国民生活扶助法が導入された。それは，ソーシャル・サービスのいくつかの形態を地方自治体が引き受けることを義務づけたことや，1601 年以来存在してきた救貧法を廃止したことで画期的な立法だった。しかしながら，この時期，地方レベルで労働党と保守党の間を政治的に隔てる最も顕著な一線は，地方税の額についてだった。労働党の地方社会主義では，地方税は労働者階級のために低く抑えられるべきであると考えられていた。一方，保守党は，市場の水準で地方税を維持することを求めた。1957 年地方税法は，1960 年にセント・パンクロス・バラ議会を支配していた保守党がその税額を上げた時，まさに北ロンドンでの暴動という結果を引き起こした。社会的住宅供給は，「家は英雄に適している」という戦後の労働党のレトリックの重要な部分になった。

それは，戦前のより革新的で意欲的な地方自治体の政策をはるかに上回って始められた住宅建設政策を伴っていた。この政策課題は，保守党によっても共有された。保守党は，1951年に政権を獲得すると，戦前のスラムやインナーシティの爆撃を受けた地域を取り壊し，それらをより近代的な生活空間に置き換える政策を継続した。しかしながら，それは民間によって提供され，公的な計画水準は高くなかったことを記すべきである。例えば，高層建築の集合住宅が，多数のスラム居住者の家として使われていたとする。これらの建物は時間が経てばそれ自体が「巨大なスラム」になり，そして，別の世代に取り組むべき問題をもたらす。

　地方自治改革への欲求は，戦後の長い間，残されたままであったわけではない。ハロルド・マクミランの保守党政権は，かつての労働党政権より多くの家を建設したことを自慢し，その結果1958年に，2つの新しい地方自治委員会を設置した。1つは，イングランドのためのものであり，もう1つは，ウェールズのためのものだった。それらの存続期間は，1964年のハロルド・ウィルソンの労働党政権まで続いた。

　イングランドに関する委員会は，委員会が調査した多くの地方自治体を考察するのに新しいアプローチを用いた。それは，その委員会がロンドン以外のプロビンスで5つの「特別検討地域」を検討したからである。当該地域内では，委員会はカウンティの境界線の状態を設定することができ，カウンティより下のディストリクトについて考察・検討を加えることができた。想像されるように，これは煩わしいプロセスを導いた。このしくみでは，既得権を主張する機会が多く，それが改革を遅らせた。ウェールズの委員会の勧告も共に拒否され，イングランドに関する委員会は1965年に解散した。それは，労働党政権がより厳格な調査期間で，より詳細な分析を担う別の王立委員会の創設を決めた年だった。

　さらに，ロンドン統治の問題は，首都の中にある中央政府に対する要求やそうした活動に対する鋭い認識を残した。だが，ロンドン以外の議席を代表する

個々の国会議員は，もちろん彼ら自身の地方自治体で何が行われているかを知っていた。

　1950年代後半までに，ロンドンが19世紀的な地方自治制度に合わなくなってきたことは広く知られていた。既に別の王立委員会が1957年に任命されていた。それは，LCCの管轄下に置かれていた内ロンドン地域より広いロンドン地域を担う地方自治の段階を提供する方法を考察するためだった。戦争の前後の時期，LCCは表面上，労働党の機関で，労働党にとって成功と言えるものであったと記されるべきである。委員会は，満場一致でグレーター・ロンドン・カウンシル（GLC）の創設を勧告した。それは，テムズ川の回廊地帯であるエセックス地域と共に，サリーやケントの保守党の地域（政府のねらいのように），ハートフォードシャーの小地域およびミドルセックスのほとんどすべてのカウンティを対象とした。そして，GLCは，その下のバラに委譲可能な多くの権限を伴っていた。政府は，提案されたGLCの規模については修正したが，その勧告は1963年ロンドン政府法によって立法化された。GLCは，1964年に行われた創設後最初の選挙において，以前のLCCと同じく労働党政権のパターンを踏襲した。3年後の第2回選挙では，保守党がロンドン政府の支配権を獲得した。それはその時代における最初の機会であり，1970年に再度政権を獲得した。労働党は，1973年にカウンティ・ホールに返り咲いた。その後，不人気なサービス削減が続き，4年後には再び政権を失った（長老議員の廃止に伴って，1972年に政権の期間は4年間に拡大された）。また，下記のロンドンに関するノートを参照のこと。

　政治的にこの時代は，「社会民主主義的な合意」への固執で有名であった。地方自治についても政党間のほんの小競り合いは別として，例外ではなかった。しかしながら，国会における主要な両政党は，地方自治が1世紀以上に亘って行ってきた線に沿ってもはや機能し続けることはできないと認めた。その一方で，その構造を再点検する場合，実際的に何らかの成果を示せるように，改革の問題をてきぱきと処理し，実際的に管理できる人は誰もいなかった。1889年

のカウンティ議会の創設以来，いずれの場合も，漸進的改革が継続的に行われてきた。そして，国会は，はるかに重要で妥当性がある「生活上の問題」を検討していたので，地方自治をめぐる改革は，合意の時代の終わりまで待たなければならないことは確実だった。

　有権者の気まぐれによる1970年から74年の間のエドワード・ヒースの「軟弱な」保守党政権を除いて，1960年代を通じて，「社会民主主義的な合意」はしっかりと残った。1964年から79年の期間は，ハロルド・ウィルソンやジェームズ・キャラハンの下，労働党政権が支配した。見てきたように，市政改革の争点はなくならなかったし，保守党の企ては改革について何も産まなかった。

　戦後の時代，地方自治はウェストミンスターの主要政党が強い関心を示す中で運営されてきた。地方自治体は，現場でのサービス供給に必要な機関として見なされた。しかしながら，全国的な社会民主主義的合意の中に裂け目が見られ始めると，さまざまな理由のためにその友好的な関係が消えていく状況が見られた。「ポウルソン事件」は，労働党の歴史で誠に残念なエピソードの1つとして，そして，確かに近年の地方自治体における最も顕著な汚職の事例として目立っていた。それは，政治的スキャンダルが当たり前になっていた時代であり，テレビが隆盛になるのに対して，フリート街（新聞界）が服従の慎みを示した時代であった。ポウルソン事件は，（無資格の）建築士のジョン・ポウルソンの名前に由来している。彼は，1960年代と70年代，いくつかの月並みな都市建築委員会に関わっていた。ニューキャッスルのT・ダン・スミスのために彼が引き受けた以上に有名な仕事はなかった。スミスは，カリスマ的な地方の政治的リーダーであった。そして，この都市改良の時代において，スミスの壮大な構想には，ニューキャッスルを権限委譲された北東政府のための地域権力基盤（「北のブラジル」）に変えることが含まれていた。北東地域議会の議場では，想定上の124名の公選メンバーのための空間を建設しようとしていた。スミスは，ポウルソンのためのロビイストになり，最終的には，ビジネス・パートナーになった。そして，委員会における他の地方自治体のリーダーたちに，

彼ら自身の都市建設事業の建設家としてポウルソンを認めることを求めた。さらにこれは，汚職の実践とフリーメイソン的なつながりに依存していた。1972年にポウルソンが破産を申請した時，スミスと「仲間」的なつながりにある人々は，スミスと共に傷つけられた。このエピソードは，克服されるまでのしばらくの間，労働党員の口の中に苦味を残した。そして，いくらかの人々の心の中では，誠実に業務に関わり資源を管理すべき地方自治体の能力への信頼が確実に傷つけられた。

労働党がウェストミンスターで野党だった 1951 年から 64 年までの 13 年間，選別的教育を廃止するための手段として，総合制中学校を導入しようとする要求があった。ただし，それは，高尚な平等主義的理想から実際的な政党の政策に移っていった。労働党活動家の中の草の根的な意見や特に多くの地方議員たちには，1945 年から 51 年の労働党政権下での教育改革の欠如について，とりわけ総合制中学校の分野に対して不満が溜まっていた。

しかしながら，少数の地方自治体（LCC のような）は，教育大臣のアンソニー・クロスランドが通達 10/65 を出す前に，総合制中学校への道を歩み始めた。その通達は，地方教育当局（LEA）に，総合制への移行を考慮するよう要請するという効力を持っていた（クロスランドの副大臣で，将来，保守党への離反者となるレッグ・プレンティスは，より強制的な方法を好んだ）。このアプローチは，採用される可能性が高そうに見えたが，中央からの総合制中学校に関する不当な要求は，多くの地方自治体で，特に保守党のシャーで猛烈に反対されることになった。その計画は，1968 年に労働党が多くの地方議会において，保守党に大変な敗北を喫したことにより，多くの地域でふらついた。一方，保守党は，グラマースクールの保持を熱烈に歓迎していた。

マーガレット・サッチャーは，保守党の教育大臣としてのポストを引き受けるやいなや，すぐに通達 10/65 を廃止した。しかし，1974 年にプレンティスが労働党政権で教育大臣になると，すぐにその政策を復活させた。彼の 1976年教育法は，総合制教育を支持することを拒絶した LEA に対処するために特に

制定されたものだった。それはもちろん，保守党がいま一度政権を握った1979年に廃止された。しかしながら，1976年教育法は，グラマースクールの総合制への転換の傾向を生むことに純粋に役立った。現在，選択的学校は，国のたいていの地域で，支配的と言うよりむしろ例外的なものになったからである。

　我々は，1951年から64年の保守党政権，特に地方自治体の境界や構造を改革する保守党の試みについて述べてきた。この問題は，1966年に住宅・地方自治大臣のリチャード・クロスマンによって設立された王立委員会の下，復活し特別な政治的重みを与えられた。イングランドとウェールズでは，レッドクリフ・モード委員会（T・ダン・スミスもメンバーとして含む），スコットランドでは，ホイットリー委員会が設けられた。委員会は，明確な検討期間を与えられ，地方自治制度の働きについてのみ検討を任された。当時の地方自治制度は古臭く，その結果，政治的妥当性は少ないと広く感じられた。ただし，委員会の仕事を，当時の近代化を求めるウィルソン的傾向の文脈の中で考えていた人もいた。レッドクリフ・モード委員会は，地方自治体の業務執行方法についていくつかの欠陥を発見した。例えば，

・たいていの地方自治体の境界線は，概念上のコミュニティや地方アイデンティティと一致していない。多くの都市地域は，地方自治体の境界線を越えて発展したからである。
・地方自治体の管轄に関してかなりのバラツキがある。
・地方自治体が何をするのかということに関する混乱がある。
・小規模自治体があり，それが効率的になるには能力が求められる。

　委員会は，1969年に報告書を提出した。その報告書は，地方自治における職責のより合理的な区分を目指しており，地方自治が仕える市民がもっと理解できる境界線を定めることを目的としていた。報告書が提案した内容は，タウンと田園の利益を一致させる必要性，そして，効率性，民主性，コミュニティ，継続性の要求の間にバランスを作り出すという必要性に基づいていた。

その報告書は，イングランドが 58 の一層制自治体（カウンティ・バラの地位に似通っていた）の地域に分割されるべきであると勧告した。イングランドの 3 地域（マージサイド，南東ランカシャーと北東チェシャー，西ミッドランド）は，二層制（新しいグレーター・ロンドン・カウンシルとロンドン・バラに類似していた）を持つべきであると提案した。また，委員会は，2 つの他の非機能的な層が導入されるべきであると勧告した。それは，マイナーな代議制的役割を提供し得る地区自治体と，その活動として戦略的計画的要素を提供するリージョン政府である。委員会は，地理的ないくつかの問題で意見が分かれた。メンバーの 1 人のデレク・シニアは，長い「不同意のための覚書」を提出した。彼は，代わりにシティ・リージョンの枠組みを呼びかけた。シティ・リージョンは，都市の統治のしくみとして人気だったが，それは，1968 年旅客交通法によって，旅客交通庁の設置を通して代わりに叶えられた。同法は，大都市圏地域における公共交通の責任を合同機関に移管することを実現した。委員会の答申は，混在した多様な反応を受けた。いくつかの提案は，他より受け入れやすかった。ハロルド・ウィルソンの労働党政権は，その報告を受け入れた。しかしながら，1970 年にエドワード・ヒース保守党政権が選択されたことによって，労働党政権は，いかなる場合においてもそれを実現することが困難になった。

　労働党議員の要職は，しばしば長老議員によって膨らんだ（それは今日まで続く傾向である）。しかし，1960 年代後半に彼らの多くがその議席を失った時，彼らの多くは大変高齢で，1970 年代には再選されなかった。それゆえ，地方議会での支配権を獲得するため，新しい地方議員の受け入れを認めた。これらの地方議員はしばしば完全な左派だった。ただ，そのような政治的様相に関係なく，中央政府の考え方に挑戦する地方自治体の新しい時代が始まった。1970 年代の都市闘争の小さな発火点は，1972 年にやってきた。その年は，ダービーシャーのクレイ・クロス・ディストリクトが新しい住宅財政法（町議会に地方税を増額することを強制する法）の遵守を拒絶した年だった。その後，中央政府の要望との協調がない時代となり，地方税の徴収を臨時的に監督するためにコミッ

ショナーが任命された。その結果,「クレイ・クロス・イレブン」(彼らはそう呼ばれるようになったが)は,その職を奪われた。

　地方自治は,1946 年国民生活扶助法の下での責任を頂点に,住宅や衛生,下水を一定水準に保障する権限の他に,個人へのソーシャル・サービスにおいても先導的な活動を行うという圧力の下に置かれた。ケン・ローチの「キャシー・カム・ホーム」のような映画は,公共に対する意識の高まりという点から,自治体の役割を促進した。1970 年地方自治ソーシャル・サービス法は,地方自治体が当該地域でのソーシャル・サービス分野において先導的な役割を果たすために,ソーシャル・サービス部局を作らなければならないと規定した。しかしながら,地方自治体は,1973 年国民健康サービス法の下では,保健センターや救急の提供のような地方の保健ケアに関する残された責任業務を失った(これは,自治体が保健機関に関する代表権を失った 1990 年に完全に終焉した)。

　レッドクリフ・モードによって提案された多くの改革は,地方自治により高い能力を持つ地方議員たちを惹きつける必要があると述べた。この課題は,ベインズ委員会によってさらに深められた。ベインズ委員会とは,地方自治の管理構造について助言するためのものであり,求められる立法を組み込みレッドクリフ・モード委員会の仕事を完成させるために政権党が設置したものだった。ベインズ報告は,新しい地方自治体に対して合理的な内部管理制度を提案した。そして,その勧告は,ヒース政権によってほとんど受け入れられた。それらの提案は,レッドクリフ・モードの提案ほど革新的ではなかったからである。そしてその勧告は,当時のヒース政権が管理的方法を採っていたので,地方自治体が行う業務方法により「協調的」なアプローチを徐々に浸透させるような方法で進められた。

　レッドクリフ・モード報告は,1969 年以来待機させられていたが,1972 年地方自治法の制定によって,その歩みは,制定法の中に,そしてイングランドとウェールズのタウンホールの中に記されることになった。保守党は,カウンティ議会の喪失に関して内部的な敵に直面していた。そして,政府は,次のよ

うな包括的な二層制を導入するという漸進的な方法を好むことを早くに示していた。その包括的な二層制とは、イングランドとウェールズの大部分をカウンティとディストリクトで構成し、人口密度の高い6つの都市地域は大都市圏カウンティとディストリクトで構成するというものだった。2つのタイプのカウンティの顕著なちがいは、教育やソーシャル・サービスのような機能が、シャーではカウンティ・レベルに残っているが、大都市圏地域ではディストリクトによって実施されているという点である。

　政府は、カウンティに対して「大きいことは美しい」というアプローチを採用した。タウンと田園の両方をカバーする大きな地理的単位を好んだからである（農村地域の編入は、カウンティ議会に議席を有する保守党にとっては、選挙上有利であると考えられた）。エイヴォン、クリーブランド、ハンバーサイドの3つの人為的なカウンティの創設は、最初から不人気だった。大部分が都市的な自治体に編入されることになった農村地域（これが反対の原因）は保守党の利益によって代表されていた。この編入は、環境大臣のピーター・ウォーカーの命令によるものだった。さらに、ブリストル、ダービー、レスター、ノリッジのような都市が、他の（小さな）ディストリクトと同じ地位に引き下げられた。ただし、それらは、与えられている「シティ」の地位を保つことは許された。

　1972年の改革を頂点として、1974年地方自治法は、地方自治コミッショナーの事務所を創設した。それはより一般的には「オンブズマン」として知られ、地方自治体の誤った行政に対して、個人的救済を提供するためのものだった。地方自治の働きに対して大変大きな説明責任を提供するという点において待望されていたしくみであった。労働党政権は、地方自治の働きを批判的に評価するというこの新しい時代の精神に基づいて、地方自治財政委員会（レイフィールド委員会）を創設した。この委員会は、1976年に報告書を出した。これは、地方自治体の支出の増大を統制しようとする一連の試みの最初のものだった。

　社会民主主義的な合意に基づくケインズ的な支出の時代は、経済に対する広

範な不透明さを背景に，劇的に幕引きされようとしていた（IMF が課した支出統制の推進によっても）。当時の労働党の環境大臣であるアンソニー・クロスランドは，こうした動きに反対して，地方議員などの聴衆に対して次の言葉を引用して述べた。「地方自治は，一般的な愛国精神やコミュニティの求めに対するサービスの提供という伝統によって，少なくともしばらくの間，政党ができないことを実現しつつある」と。

6　衰退と新しい都市左派

1970 年代の後半，ジェームズ・キャラハンの労働党政権の選挙における不人気により，保守党が都市地域の多くの地方議会で議席を獲得する状況が見られた。しかしながら，労働党は，多くの地方議会や 1979 年のマーガレット・サッチャーの選挙においても，ゆっくりではあるが権力に向かって戻りつつあった。ただし，10 年間に亘って政府の階層間（中央政府と地方自治体間）が対立する状況が見られた。これは，地方選挙での保守党の高い水準での成功を表している。

しかしながら，地方政治における著しい変貌は，既に起こっていた。労働党における日の出の勢いの左派は，地方の多くの労働党（つまり，地方議会の労働党グループ）を支配した。社会主義を普及させようとする国会における労働党左派の信念は，ハロルド・ウィルソンやキャラハンによる裏切りに気付いて，かなり傷つけられた。そこで，「院外」的な戦略が採られた。地方自治体は，1920 年代のポプラリズムのように，権威主義的国家に対して互角の戦いを挑む開拓者の 1 つだった。これは，「ガスや水道の社会主義」という初期フェビアンの集散主義者たちの慎み深い希望を超えるものだった。「いかれた左派」という語は，1983 年の総選挙で「歴史上における最も長い自殺の遺書」が書かれる時点まで，新聞界で厳しく禁止された。そして，多くの労働党支配下の地方自治体での（報告された）行動は，労働党の有権者に悩みを加えただけだっ

た。労働党の地方自治体は，自らを個人主義や「欲は善」というサッチャリズムの哲学に対する砦と見始めた。サッチャリズム的な文脈で見るならば，サッチャリズムの目的は，恵み深く立派なものと見られた。地方自治体が自ら関わるべきものはそんなにないと多くの人は論じるだろう。

1980年代における新しい都市左派の課題は，1920年代のその前任者の時代のものとはかけ離れていた。1920年代には，優れたサービスを提供するように努め，平等や文化のような分野により関心を持ち，国民経済における赤字，特に失業に取り組むことにより関心があった。増大する冷戦の不安，インナーシティの暴動（特に貧困コミュニティが，警察のデータでは関係していた），高まりつつある失業や産業面での不安などの背景が，急進的な労働党の地方自治体に，彼らの腕をふるう機会を与えた。そして，サッチャー率いる保守党政権においては，「核自由ゾーン」のようなジェスチャーを通して，少々武力により威嚇する機会を与えた。

核軍縮キャンペーンのような組織や全国炭鉱労働者組合のような労働組合，「いかれた左派」の特徴を典型的に示しているピーター・タッチェルのような個人，それから労働党の地方自治体などは（バーミンガムやニューキャッスルのような1〜2の例外的な伝統的砦と共に），フリート街，ホワイトホール，そして恐らく労働党の指導部に対してさえ，こういった災いに対する都合のよい隠れ家であることは明らかだった。もし誰かが，タブロイド紙のセンセーショナルな書きぶりを信じるというのであれば，平均的な労働党議員の日々の生活は，子どもたちを異常な生活様式の中へ教化し，「人種差別」的な幼稚園でのリズム（めぇめぇめんようさん）や，「性差別」的な用語法（マンホール）を禁じることによって，言語的行動を修正する新しい方法を考え出すことから成り立っていた。一般的に知られているように，フリート街の記者たちは，労働党の地方議員の行動の中でより滑稽な例，いくつかの類を見ない例にいちゃもんを付けていた。しかし，いくつかの場合には，多くの地方自治体が社会のさらに広範な問題に一層悩むようになり，それが論じられた時，自治体の責任は正統なもの

になった。地方自治体は，単に地方サービスを提供する以上のものとして自身
を見ていたからである。

　労働党左派の前進は，不幸なことに，トロッキスト・ミリタント・テンデン
シー（武闘派）の存在と関連していた。通常，それは，GLC のケン・リビング
ストンやリンダ・ベロス，「赤い」テッド・ナイトのような当時のロンドン・バ
ラ議会のリーダーと同じものとして，メディアによって一括りにされた。しか
し，政治的に言えば，彼らは実際には新しい都市左派の中の最も左派だった。

　武闘派（その名前はそのメンバーによって熱心に売られた新聞から取られた）が，
実質的な支配をある程度行使した唯一の地方自治体はリバプールだった。リバ
プールには自由党が 1970 年代に幾分食い込んでいた。「赤い」ケン・リビング
ストンやグリーナムコモンの女性たち，炭鉱夫たちの指導者のアーサー・スカー
ギルと並んで，リバプールの副リーダーのデレク・ハットンは，当時の右寄り
の新聞にとって格好の化け物となった。1980 年代，リバプールは，他の都市
のように産業空洞化やそれに伴う社会問題による被害を受けていた。団地の多
くは，厳しい無関心の中で落ち込んだ。それは，高い失業率と結びついていた。
1981 年にトックステスでも，ブリクストンと同じくインナーシティ暴動が起
きたことは驚くべきことではなかった。1950 年代以降，リバプールはロンド
ン以外での武闘派の権力基盤になっていた。そして，労働党が自由党から市議
会の支配権を再び獲得した 1983 年に，リバプールでは市の労働党が大きな影
響力を持つようになっていた。

　それが敵への脅迫，えこひいき，資源に対する考慮不足といったより不快な
例と結びついたので，事件はより不幸なものになった。当然，労働党は，市の
労働党グループの事件に統制を課すことを求めた。そして，1986 年までに，そ
れらのエピソードのほとんどが解決した。実際，労働党指導者のネイル・キノッ
クが，1985 年の労働党大会におけるスピーチで，ハットンとその仲間たちを
激しく非難したのは有名である。左翼の扇動者エリック・ヘッファーにしつこ
くつきまとわれ，ハットンが嫌気の中で会議場を後にしたように，都市武闘派

の頂点（最良時）は，いまではもうおそらく過ぎ去ってしまっていた。それは，認められた穏健な政党路線からの何らかの逸脱の光を放っていた。ただし，労働党を地方でさらに立派なものにし，それゆえ全国的に一層選出され得るものにする闘争の場においては，そうした逸脱は，中央によって非常に簡単に鎮圧された。

　もちろんどんな対立においても，戦いに参加する1つ以上の政党が存在しなければならない。そして，保守党をその検討から除外することはないだろう。サッチャーのニュー・ライト・プロジェクトでは，地方自治の役割や，その地方自治が中央政府支出を増やすことにおいて果たした役割に対しては軽蔑の目を向けていた。そして，膨張し肥大化した国家を小さくすることが彼女の意図する確かな目標だった。しかし，保守党は1985年まで，地方自治においては，イースト・サセックスのような負けそうにない地域の地方議会でも後退の中にあった。バークシャーにおいても，ほとんど1世紀に及ぶ支配の後，その支配を失っていた。地方自治は，1920年代におけるポプラリズムへのネビル・チェンバレン的対応の伝統の中に置かれていた。サッチャーは，サービス提供の地方機関として地方自治に頼ることを止めるように中央政府に求めた。

　過度のタウンホール（市役所）による支出を抑制するために保守党によって適用されたしくみの1つはレイトキャッピング（固定資産税課税率の上限規制）だった。これは，地方自治体によって設定できる最高税率を中央政府が規定することを確認するものだった。労働党の議員たちは，多くのタウンホールにおいて，中央政府をはねつけ税率を設定することを拒絶することによって，そのしくみに反旗を翻すことを試みた。ただし，これが非合法なかたちで行われると，謀反を起こす議員の数はかなり減り，リバプールやランベスを除いて，1985年までに闘いから去っていった。何名かの議員は職から立ち去り，税率を定める法的義務を守ることを怠ったため，罰金が科せられるという結果になった。しかしながら，リバプールによって設定された税率はその支出責任を充たしていなかった。後に財政監督官から自治体職員に給料を支払うことができないと

助言されて（地方自治体は，市の最大の雇用主だったが），地方自治体は職員に余剰人員解雇の通知を出した。1985年，労働党の地方自治体は，レイトキャッピングの反乱を勝ち取ろうとしたが失敗し，マージサイドで武闘派は消滅した（率いてきた指導者たちは追放され，後に労働党から完全に追い出されることになった）。そして，以前にも論じたように，地方自治における新しい都市左派の終焉を見た。

　多くの労働党が支配する自治体は，その過度の支出や教育，警察，芸術などへの大都市的かつ自由主義的な態度を通して，保守党政権を悩ませるまったくの名人であることを自ら証明した。しかしながら，GLCの化身であるリビングストンは，歴史的に見て特別な存在と言える。リビングストンは，GLCの労働党グループ内のクーデターによって，1981年にGLCのリーダーに選出された。彼は，21年のGLCの歴史の中で唯一のリーダーだった。ただし，21年では，ナイトの爵位を受け取ることができなかった（多分彼は，いずれにせよ受けることはなかったであろうが）。

　GLCは，保守党寄りになりつつあった外ロンドンの郊外化に適応するためにハロルド・マクミランの首相在任中に計画された。保守党の戦略は成功した。GLCは，その比較的短い存続期間の大半を通じて，表面上は保守党のしくみだった。リーダーとして，リビングストンの前任者であるホレス・カトラー卿のような多彩な顔ぶれをロンドンに送り出したからである。またその時代（GLCの時代）は，「レッド・ケン」や彼の女性委員会，反アパルトヘイト的キャンペーン，ニカラグアのコーヒー販売店，ゲイやレスビアン・グループのスポンサー，IRAやPLOとの結びつきなど，タブロイドでの悪口で有名である。リビングストンが，GLCに実際に認められた権限以上の広い文化的・政治的課題に対して責任を持ったことは事実である。しかし，たいていのタブロイド記者は，これらの課題がGLCの問題であると考え，強調し，その点では異常に寛大であった。

　しかしながら，リビングストンは，中央政府と衝突する進路の上で自治体の

舵取りをしてきた。サッチャーやカウンティ・ホールからテムズ川を挟んで向かい側の国会に集う保守党の他の人々の怒りを挑発することを非常に頻繁に周到に計画した。GLCがその革新的な政策の足跡を残した2つの領域は，交通と失業だった。安価な公共交通を求める「運賃の適正」政策は，ロンドンっ子たちには明らかに不人気で，上院では違法として扱われた。また，GLCは，介入主義的なグレーター・ロンドン事業委員会もしくは 'Gleb' を設置することによって，自由市場のみが失業者（実際，GLCは，カウンティ・ホールの前に首都の失業者の数を示した）を減らすことができるという保守党の信念に挑戦した。

保守党は，ウェストミンスターの裏庭にある都市社会主義の景色を我慢できなかった。そこで，GLCの廃止を企てた。このようにして1986年，存続わずか21年で，GLCは歴史からかき消された。ロンドンは，代議制の地方政府の層を持たない西洋諸国における唯一の首都になった。その責任は，バラ，シティ・オブ・ロンドン，5つの政府省庁，60の特殊法人（クアンゴ）や委員会によって分担された。

都市社会主義者たちのふざけたしぐさは，他のところでは，保守党政権の力によって目立たなくなったというわけではなかった。そして，何かがなされるべきであると広く感じられていた。保守党は，GLCに加えて，北部およびミッドランドの大都市やプロビンスの周辺地域で機能していた6つの大都市圏カウンティを廃止した（南ヨークシャー大都市圏カウンティは，この時代を通じて，「南ヨークシャーの人民共和国」とのあだ名を付けられた）。保守党はまた，ウィディコム委員会を創設した。その委員会の検討領域は，都市社会主義の信条の多くと取り組むことだった。同委員会は，地方議会議員の16%が，他の地方自治体で雇用されていることを発見した。例えば，ハットンの地方議会議員は，実際，フルタイムの政治家であるが，隣接のノーズリー・バラ議会では，十分な報酬を支払われるパート・タイムの職で採用されていた。それゆえ，報告書「地方自治体業務の運営」では，上級の地方自治体職員が地方議会議員になること，もしくは政治的活動に従事することさえ禁じられるべきであると勧告された。

政府はこれを，1989年地方自治・住宅法の中で実現した。政府はまた，「同性愛を故意に促進したり，もしくは促進する意図を持った題材を出版する」ことを求めたり，「偽りの家族関係である同性愛の受容を教えることをいかなる公立学校においても促進すること」を学校の教師が求めることを防止する条項を，1988年地方自治法に挿入した（悪名高き第28条）。同法は，大半が地方自治体のサービスの外注化を促進することに関係していたが，第28条の挿入は，「偏見を排除しようとする」教師が，同性愛は異性愛関係と同様に正当なものであると，子どもたちに教えることを求めているとの保守党の認識によって生まれた。その内容とは，『エリックやマーティンと共に暮らすジェニー』のような児童書の影響であった。そのしくみ（第28条）は，保守党によってけしかけられたより論争的な改革の1つだった。しかし，その下での告発は1つもなかった。

　また，保守党は，いくつかの都市地域において都市開発公社（UDC）を創設した。これらの特殊法人（クアンゴ）は，市場主導アプローチによって15年間のうちにインナーシティを再生するという使命を有していた。そして，UDCは，地方自治体から引き継いだ権限（特に計画化）を有した。ただ，保守党の第二の目的は，野心的な象徴主義（贅沢なアパートメント，ヨット・マリーナなど）を，党派的な理由から脱工業化の衰退を被っている貧しい都市地域に設置することだった。特にこの時，熟慮の上，それらと並んで地方教育当局（LEA）の管轄下にない選択的な市立技術学校がまたこの目的のために設置された。UDCは，費用面に留意して権限を行使した。そして，多くの人々は，その財源が民主的に選挙された地方自治体によってどれぐらいより良く使われるかという点を指摘した。しかけられた壮大な計画の多くは，この時代の地方自治体によって提唱されたものと同じぐらいつまらないものだったからである。しかしながら，それらは，市の技術学校と並んで，地方の地位をさらに低下させることを望む保守党の意思を示しており，そして，地方の産業の役割は，地方サービスの提供の中で増加した。

　教育は，この時代の保守党による革新的な変化のもう1つの分野だった。こ

の分野におけるケネス・ベーカーの改革は，1988年教育改革法と共に，教育の提供におけるLEAの役割に関する戦後合意を変更した。選択肢の増加の名において（おそらく，多くのLEAでは，純粋に官僚的な行動として教育に取り組み始めた），保守党は学校にLEAの統制下に入るかどうかを選ぶことを許可し始めた（上記のように市立技術学校への昇格を認めながら）。ナショナル・カリキュラムを導入し，学校の運営機関が予算への説明責任をより果たせるように改革し，併せてポリテクニークをLEAから移管した。これは，学校に多大な自治を許すこととひと括りになっていたが，それを集権化の行使として見る批判もあった。

この時代，我々は，ウォンズワースなどを「保守党の旗頭」的な地方自治体としてよく知るようになった。1980年代，ウォンズワースは，地方での模範的なサッチャー主義的な振る舞い方を他の地方自治体に示した。これらの地方自治体の1つ（もう1つのロンドン・バラ）は，シャーリー・ポーター夫人のウェストミンスター・シティだった。ポーターは，1990年代にウェストミンスターを巻き込んだ「投票のための住宅」スキャンダルにおいて彼女が果たした役割によって現在でもおそらくよく知られている。80年代の間，保守党にとって有利なように，住宅が境界ぎりぎりの保守党選挙区内で売られていたことが1990年代に明らかになった。その価格は，3000万ポンドに上った（彼女は，ディストリクトの会計検査官によって取りたてられた課徴金のほとんどの支払いを拒絶したことで有名である。そして，ウォンズワースの自治体やその指導部は，次の世紀まで一連の事件を隠すようなことに巻き込まれた）。

新しい都市左派の批判家たちは，政治的公正に惜しみない信念を示すことを常としていた。そして，すべての病への万能薬として支出を増加させた。1988年地方自治法は，これらのアイデアの双方を終わらせた。第一に，我々が見てきたように，第28条の挿入は，地方自治体の「政治的公正」の境界線をはっきりさせるために，砂の中に線を引くようなものだった。第二に，同法はまた，強制競争入札（CCT）の導入と関係していた。CCTは，一方で地方業務の提供において，民間部門の関わりを最大化する試みであり，他方で既存の地方自

治体の現業部局をより効率化させる要求だった。

　労働党の自治体が，ウォンズワースのような保守党の地方自治体と競争入札
への熱意を共有せず，もしくはそのサービスを受け入れる傾向さえ共有しなかっ
たことに，保守党は欲求不満を抱えていた。代わりに，労働党の地方自治体は，
彼らの手でサービスを保持するという社会主義的な考えについて言及した。保
守党の環境大臣のニコラス・リドリーは，地方自治体をそのサービス提供者と
しての役割から「条件整備団体」に移すことを求めた。条件整備団体とは，地
方サービスに対する契約を民間部門に分配することを単に見届けるものだった。
CCT は，地方自治体サービスの強制的な外注化を徐々に認めたため，既存の
しくみに漸次これが導入された。1988 年に自治体の清掃業務，保全業務，ケー
タリング業務，1989 年にスポーツおよびレジャー施設，1992 年に財政および
技術的業務に導入された。地方自治体の直接サービス提供組織は，今ではもう
地方自治体との契約で民間企業と並んで競争しなければならなかった。これが，
地方自治に対する新保守主義的な政策のおそらく頂点だった。

▶ 7　メージャー時代

　マーガレット・サッチャー保守党政権が行った最後の主要な地方自治改革は，
彼女が行った他のいずれの改革と同様に，財政の効率性に関わっていた。その
改革（ポール・タックスの導入）は，保守党自身の告白においても，悲惨な失敗
であることをまた証明することになった。サッチャー政権は，地方の実情にとっ
て余分であると考えられたものを規制することを決めた。そして，80 年代を通
して，少なくとも 1 年に 1 つの地方自治法を制定した。そして，いくつかの重
要な責任（高等教育，都市再生）を特殊法人（クアンゴ）に移した。さらに，地
方自治体をその支出についてより説明責任を持つものにし，サービス提供の中
に「顧客文化」を徐々に染み込ませることを決意した。

　CCT やレイトキャッピングによって，ある程度これを達成することができ

た。そして，コミュニティ・チャージ（いわゆる「ポール・タックス」）が用意された。それは，地方自治体の支出に対してより大きな説明責任を達成する手段であり，レイト制度の廃止によって顧客とサービス提供者の間の関係性へ向けた変化の最終段階の装置の1つとして考案された。保守党内の内部からかなり反対があったにも関わらず，1988年に強引にポール・タックスの導入は可決された。ポール・タックスは，地方自治体の区域内のすべての成人住民が（支払い能力に関係なく）支払う一律に決められた徴税であった。しかしながら，この税への反対は大きかった。特に，世論が（大量の未納税者の発生や1990年のロンドンでのポール・タックス暴動がそれを明白に示している），そしてまた地方自治体自身も反対した（何名かの労働党地方議員は，支払いを拒絶したため刑務所に送られた）。1990年には，サッチャーはダウニング街10番地から去ることになった。そして，彼女の後継者であるジョン・メージャーは，それ（ポール・タックス）を置き換えることで問題を解決した。保守党内の主導権争いでサッチャーへの挑戦者の1人であったマイケル・ヘーゼルタインは，メージャーの第1次内閣で環境大臣に任命された。そして，代替案を見つけることに腐心した。かなりの論議の後，ヘーゼルタインは，カウンシル・タックスを提案した（個人への課税とは対照的に不動産の価値に基づいていた）。それは，今日でも続いている。

　ポール・タックスの廃止は別にして，ヘーゼルタインの環境大臣としての最初の仕事の1つは，新しい一層制自治体の境界について協議することだった。政府は，さらなる改革と地方自治体の数の削減を監督することに熱心だったからである。政府は，1992年地方自治法の下，地方自治委員会を設置した。それは，ジョン・バンハム卿を長とし，イングランドにおける地方自治構造の改革の可能性について検討するためのものだった（スコットランドやウェールズについては別の委員会があった）。それは，英国中に一層制の地方自治体を作ることを目指していた。委員会は，詳細かつ慎重に一連の調査を実施し（1992年から1995年まで），全国的な一層制自治体について最も受け入れられる提案を勧告する責任を負った。政府の意向は，全国を通じた一層制の包括目的型の自治体

にあった（1986年以来の大都市圏ディストリクトやロンドン・バラに似ていた）。それは，1974年に創設された二層制を終わらせるものだった。一層制が，より効率的で整合性が高く首尾一貫し，サービス提供の重複や市民間の混乱を終焉させると信じられていた。しかしながら，後に見るように，委員会の勧告が実現されることにはならなかった。

　再編成は，地方自治に関連することに限って言えば，メージャー時代の主要な遺産である。一層制自治体に関する政府の意向は明らかだったが，地方自治体自体は現状のしくみの方を好んだ。スコットランドやウェールズでは，カウンティの存続へ圧力をかける保守党国会議員がいなかったので，一層制自治体のしくみを勧告するという課題は，イングランドよりはるかに単純だった。スコットランドの9つのリージョンと53のディストリクトは解体され，32の新しい一層制自治体になった。それは，1995年から創設された。ウェールズの地方自治体は，8つのカウンティおよび37のディストリクトから，たった22の一層制自治体になり，その数が減った。政府の計画は，両方の地域において，労働組合や労働党，そしてもちろん地方自治体自身からも厳しい反対にあった。しかしながら，新しいしくみは，かなり簡単な手続きによって強引に通された。イングランドでは，話はまったく異なっていた。エイヴォン，クリーブランド，ハンバーサイドなどの「愛されない」人工的なカウンティは，存続わずか22年の後に，一筆の立法によってお払い箱になった。委員会が，他のカウンティが考慮し受け入れられるような提案を見つけるのは，とても難しい課題であった。その課題とは，ディストリクトもしくはカウンティのいずれかがその地域内のすべての地方自治業務を引き継ぐかどうかを紙の上で決め，そして，新しい自治体の境界線を地図上で決めることから成っていた。

　しかしながら，既存のものと新しく求められている一層制自治体の間のバランスを見つけ出す上で，意見の対立は避けられなかった。カウンティより小さな境界線を設定し，そして，ディストリクトより大きな境界線を設定することは，両者の層の喪失を必然的に伴うからである。特に，農村部で実行可能な一

層制自治体を創設することは困難だった。その結果，イングランドで提案された
たのは，スコットランドやウェールズと違って，混合的で滅茶苦茶なしくみだっ
た。包括的な一層制自治体を作り出すことは困難に思えた。いくつかの地域で
は，カウンティとディストリクトが残り，新しい一層制自治体（ピーターバラや
ヨークのような）は，たいていの場合，二層制を採用するカウンティの間に島の
ように置かれた。エイヴォン，クリーブランド，ハンバーサイドの消滅と共に，
ヘレフォードシャー，ラトランド，ヨークシャーのイースト・ライディング
（区）が復活した（1960年代や70年代においてもカウンティとしては存在しなかっ
たが，一層制自治体として復活した）。

しかしながら，勧告では，英国中に一層制自治体の境界を包括的に設定する
ことになっていた。それに照らし合わせると，多くの人は上記の実施された一
層制は，勧告を履行できなかったという点で失敗に終わったと考えた。委員会
の働きは，一閣僚以上の大きな介入力を持っていたが，結果的に政府が改革へ
の当初の熱意を失うようになったことに原因があった。

この動きは世論の反対（よく知られた地方自治体の地域が「地図から消えること」
に対して）の影響で先鋭化した。そして，農村の保守党平議員たちは，カウン
ティの利益を守ろうとした。世論調査で政府への支持が落ち込み，国会で多数
派が僅差で形成されている時，これらのすべてのことが一度に起こった。

1980年代を通じて，中央と地方の関係は，地方自治体の権限や責任を非公
選の特殊法人（クアンゴ）に移すことで緊張を強いられた。そして，メージャー
政権もこの例外ではなかった。ヒース政権は，1973年に保健サービスの面で
地方自治体が最後まで有していた責任を取り上げた。メージャー政権は，1990
年国民保健サービスおよびコミュニティ・ケア法によって，保健当局の意思決
定機関から保健サービスに関する権限を移管することにより，地方自治体が当
該地域内で有していた保健に対する影響力の最後の痕跡を取り除いた。

さらなる改革は，1992年継続教育および高等教育法によって行われた。同
法は，地方自治体における継続教育およびシックス・フォーム・カレッジを

LEAの統制から移し，新しく継続教育公社（各個々のカレッジを管理する独立した法人）を設置した。ただし，それらは，ホワイトホールとその継続教育基金協議会の監視下にあった（また，類似の団体が，1988年にLEAの統制から除外されたかつてのLEAのポリテクニークを財源支援するために設置された）。これは，地元志向のコースに改変・拡大する権能を持つことから，学生にとっては選択の幅が大きくなったと論じられた。そして，団体の運営面では，「企業的」なアプローチによって，LEAの統制下にあった時より効率性は高くなると論じられた。教育における選択の増大は，1993年教育法の背後にある根本的原理だった。また，同法は1988年教育法の条文を拡充し，より多くの学校が地方自治体の統制から抜けだし政府資金運営学校になることを認めた。またもや批評家たちはこれを学校に関する地方民主主義（的コントロール）への侵食として見た。そして，特殊法人（クアンゴ）のさらなる拡大が，UDCや職業訓練・事業協議会（TEC）の創設と共に始まった。労働党が手中に収めた地方自治体の数が増加するにつれて，これらの団体は懐疑的な目で見られ，軽んじられるようになった。それらの団体の多くは，地方自治体の代表を受け入れてなかった。そして，それらを監視するための特殊法人（クアンゴ）委員会が設置された。この時代の他の改革としては，警察当局における地方自治体代表委員の数を半分にすることや地方自治体の人材紹介業務の民営化などが見られた。

　1995年5月の地方選挙で，労働党はこれまでで最もすばらしい結果を得た。実際，選挙民は投票でメージャー政権の業績を信任した。トニー・ブレアが労働党の指導権を握った後の期間，労働党が総選挙においても勝利することが広く予想されていた。そして，既に政権に向けた政策を形成する仕事にも着手していた。特に，労働党は，革新的な憲法的課題を造り上げていた。それには，スコットランド，ウェールズ，イングランドのリージョンへの権限委譲を含んでいた。そのように労働党は，権限委譲に関して合意が得られることを期待していた。

　地方民主主義独立委員会（新聞編集者で地方自治コメンテーターに転じたサイモ

ン・ジェンキンスが議長を務めた）は，こうした過程の中ではマイナーな役割しか演じなかった。ただし，それは，中央と地方の間の緊張の高まりに従って，地方自治のさらなる役割や，保守党の地方での後退状況についての議論を深めるため，地方自治体のたっての頼みで創設されたものだった。その報告書「主導権を握る―地方民主主義の復活―」（1995年）は，後の章で見るように，公選首長について検討するなど，未来の地方自治のいくつかの面に影響を及ぼした。

8　新労働党とブレア, ブラウン時代

　トニー・ブレアと新労働党が1997年5月の最初の選挙を戦った時，それは英国政治史の新しい章の始まりとして扱うことができるが，その背後には野党としての18年間の力（蓄積）を持っていた。しかしながら，一旦政権に就くと，地方自治に対するプランは，そうした過去の路線から全く一変した。それは，ブレア以前に政権を担当した3名の政党指導者の政策を反映していた。労働党は1983年の総選挙でどん底のような状態に達し，続く2回の総選挙でもその信用を回復することはできなかった。一方，1980年代における新都市左派からジョン・メージャーの不人気が高かった1995年に最高の投票数を示すまでの間，地方自治体で労働党の地位は常に強い状態を保ち続けてきた。実際，この期間に労働党の威信が損なわれたのは，1986年に地方自治体，つまり，GLCや大都市圏自治体の廃止が実施されたことに関してだけであった（それは，中央政府に勢いを提供しただけで，非常に非難されるべき行為だった）。大きな変化は，ブレアの指導下で起きた。それは，労働党における現代化の傾向が，一夜にして長年の政策を改めさせた時だった。またそれは，保守党の地方自治に関する政策を改め，イングランドに地域議会を導入するという両方のプランを含んでいた。

　新労働党は国政レベルでの政策（党の方針に沿って）やイメージの見直しに細

心の注意を払っていた一方，前の時代の地方的ないくつかの遺物が妨げとして残った。1995年にウォールソールでは，「市民のためのデーヴ」と呼ばれたチャーチは，短期間落選した後，地方議会に再選され，その後，地方議会のリーダーになった。彼は，革新的な多くの分権化政策に地方自治体を関与させた。すべての地方自治体サービスを，いくらかの費用で，タウンホールから近隣社会に移した。新労働党の反応は迅速で断固たるものだった。その後，チャーチは停職にあい，それから追放された。彼に忠誠をつくした地方議員たちは，また同じ運命をたどった。以来，その地方自治体は，監査委員会によって，イングランドで最悪とランクづけられてきた。そして，もはや労働党によって統治されていない。同様に，南ヨークシャーでうわさされた支出スキャンダル，すなわち，ドンカスターおよびロザラムのように与党労働党グループの地方議員がその報酬を悪用したために投獄されたことで，労働党は全国的にひどく困惑することになった。ロザラムでは，地方自治体のリーダーが，反貧困キャンペーンに用いられるはずの金を贅沢なライフスタイルを賄うために使って投獄された。その中には，売春宿に行くことも入っていた。ドンカスターのスキャンダルは，やや大規模な影響を及ぼした。多数の地方議会議員が支出請求を偽っており，少数の悪巧みを謀る者は財源を吸い上げ，賄賂の見返りに計画を認可していた。摘発によって裁判所に持ち込まれるまで数年を要したが，何名かの地方議員およびその関係者は，その関与ゆえに刑務所送りの判決を受けた。その事件は，ポウルソン時代以降の地方自治体に関する汚職の中でも最悪の事件と言える。ドンカスターは，最近ではまた労働党の公選首長によって率いられていたが，それ以来，労働党の支配から抜け落ちた。ドンカスターは，労働党の中核地域として並外れた地位を得ていたはずであるが，スキャンダルによってそれを失った。

　1997年4月1日，新しい地方自治体協議会（LGA）の創設（カウンティ，ディストリクト，大都市圏協会の統合による）と同じ日，副首相のジョン・プレスコットが環境，交通，リージョン，地方自治についての責任を果たすために新

しい省が国に創設された。つまり，環境・交通・地域省（彼のスーパー省）は，それまでの環境省（それは，ヒース政権以来，地方自治が所掌されてきたところである）を置き換えたものである。労働党政府と労働党支配の地方自治体の間の協力の初期の空気は，中央・地方パートナーシップに反映された。それは，中央政府と地方自治体がそれまでよりバランスある関係を保てるように設計されたフォーラムであった（かつての保守党政権と増加しつつあった労働党支配の地方自治体の間にあった敵対関係とは対照的であった）。ブレア政権の3次の内閣を通じて半年ごとに会合が続けられパートナーシップは維持された。ただ，協調関係は，政府と地方自治体の間の何回かの一触即発の状況（最も有名なものは，キャッピングや教育の財源をめぐるもの）や何回かの地方選挙を通じて，保守党がLGA内で優位になることによって次第に薄れて行った。

　労働党は，マーガレット・サッチャーの下で始まり，メージャーの下で歩みを縮めたCCTへの代替案となるモデルを見つけようとした（メージャーはCCTについて威嚇的な大臣介入によって地方自治体に対峙したわけではなかった）。そこで，労働党は，市場化テストの文化が地方自治の中にとどまるだけではなく，コミュニティに対しても効率性やより良いサービスを提供できるという考えを受け入れ，その概念への反対を改める道を選んだ。「ベスト・バリュー」への交替は，『地方自治白書』（1998年）の中で初めて言及され，1999年に導入された。それは，CCTで導入された土壌のいくつかを受け入れていたが，外注化については厳格なアプローチを採用しなかった。つまり，自由市場原理という名の下ですべて費用本位で外注化するよりも，地方住民に対する「最善の価値」の確保を優先することを務めとしていた。この分野における現代化のスローガンは，地方自治体が「ピッチ上での唯一のチーム」ではないというものだった。外注化も，保守党下での不和を生むプロセスというより，地方の混合経済におけるパートナーシップの手段となり得るものという見方だった。しかしながら，ベスト・バリューがその前身のものより地方自治の中で受け入れられた一方で，論議は地方自治体の成果を監視することに移っていった。それは，民間企業の

ほうがサービス利用者や地方自治体の納税者に利益をもたらし成果を生み得る
という希望的見方というより，むしろ目標を設定することであった。ベスト・
バリュー体制に対する初期の頃の耳障りな批判は，地方でその体制を導入する
には信頼できるコンサルタントが必要で，非常に金がかかるというものであった。

　労働党は，カウンシル・ハウスを購入すべきという右派の政策に反対してそ
の政策を転換させた。反対する代わりに，借家人に売却された家の代金を再投
資することを地方自治体に認めるラリーイング・チャージを頼りにするように
なった。相変わらず左派は何回かにわたって基本的な要求をしていた。政権獲
得後，労働党の最初の活動の１つは，自治体の資本を越える借金を地方自治体
に許可することを立法化することだった（通常，それは，中央の統制下に置かれ
ていた）。しかし，住宅ストックの建て替えを財源措置するための支出に関する
包括的な許可は実現しなかった。同様に，地方自治体に対する概括授権（地方
自治体は制定法によって禁じられていない事項は何でも行うことが許されるという大
陸的な概念）に関する重要な要求は，全く抜け落ちていた。そして，その代わ
りに，1997年総選挙における労働党のマニフェストで約束された地方におけ
る環境・社会・経済的福祉を促進することが地方自治体の新しい権限になった
（それは，2000年に立法化された）。また，ブレア政権は政権に就いて間もなく，
欧州地方自治憲章に署名した（それは，保守党が常に拒絶してきたものだった）。
ただし，この時点では，その憲章に記されたさらなる地方自治を保障するため
の条文はいずれも制定されなかった。むしろ，近年の政策のいくつかは，憲章
を直接的に侮辱しているものである。

　サッチャーの父親は，彼女の故郷の町グランサムで長老議員だったが，1946
年地方選挙において労働党候補が勝利し，彼は突然お払い箱になった。その時，
サッチャーの地方自治に関する観念の多くが形成された。同様に，1980年代
初め，ハクニーの労働党支部は，ブレアを労働党の地方議員候補者として選出
しなかった。それが，彼の地方自治に対する変わらぬ意識を形成したと言われ
てきた。ジョン・スミスが死亡したため，1994年に労働党のリーダーになる

と，ブレアの知的エネルギーは，党が一致して支持していると彼が見なしていた公的所有権への関わり方（それは党綱領第4条というかたちをとっていた）を改革することに集中した。国家や政府機構をめぐる政策を急速に放棄する中でも，また静かな変化が起きていた。それは，紋切り型の政策転換というより，現代化や再生のレトリックを好むものであり，これらの領域において保守党の政策を一変させるというかつての公約の放棄を伴っていた。選挙での3回連続敗北によってもたらされた党内のムードのため，ブレアや彼の支持者たちは，政策をほとんど自由に再定義できるようになった。特に，1995年選挙において，非常に漠然とした方針に則って，第4条を現代的なものにすることが支持され，変更の命令後にその自由は与えられた（だが，労働党の国会議員や地方議員の間にはいくつかの不同意が見られた）。

　労働党の現代化政策を観察するもう1つの方法は，保守党の政策をくつがえすことが（例えば，ロンドンのために仕えるGLCを復活させること，CCTを廃止することなど），責任あるアプローチではないことをブレアと新労働党が正しく認識し始めたことである。保守党が15年間政権にあった後では，労働党は，保守党によって既に埋め込まれた政策や機能を合わせ持つことになった（必ずしも機能していないものもあったが）。しかし，より成熟したアプローチが必要なところでは現代化が採り入れられた。このようにして，現代化は，ブレアが進める労働党に関する再検討の一部として広まり始め，「民主的再生」という「名前」を要求した（現代化は，有権者ではなく，労働党メンバーに向けられがちなメッセージだった）。ブレアは，これらの政策において実行可能な進歩的な合意を得るため，政策決定コミュニティやおしゃべりクラスの中の人々に，改革の実行を求めた。それらの人々は，ネイル・キノックによって「グチを言うもの，泣き言を言うもの，ろくでなし」としてかつて退けられたものである。労働党では，1980年代の党と結びついたより都市社会主義者的な考え方が捨てられた一方，革新的に見える2つのことに関心が持たれた。つまり，1つは，憲法の他の分野で進んでいる改革であり（人権法，情報公開法，スコットランドやウェー

ルズへの権限委譲)，もう1つは，地方自治に関する改革だった。これらの2つ
は，時代を反映した速いテンポで改革されていた。1979年から1997年の間に
保守党によって導入された改革は，地方自治の権限や威信の多くを侵した。そ
して，保守党の改革は，主として地方自治の運用面の特定の領域に向けられ，
文化や全体的構造自体にはあまり向けられなかった。

　この時代の政策としては，公選首長もその1つである。その最初のアイデア
は，マイケル・ヘーゼルタインが環境省での在職中に考え出したものである。
それは，保守党がその現代的な考え方に反対したために頓挫した政策である。
実際，1997年に労働党が政権に就くと，公選首長やロンドンへの新しい戦略
団体，ベスト・バリュー（CCTに代わるものとして）などを整備した。また，地
方自治体に「経済的・社会的・環境的福祉」を促進する新しい権限へ関与する
ことを認めた。公選首長は，労働党が野党としての最後の日々を過ごしていた
間に，地方民主主義独立委員会での検討事項として政策論議に入れられた。そ
して，そのアイデアは，確かに新労働党の親米国的傾向や公共部門の失敗に対
する万能薬としてのリーダーシップに関するブレア的処方と一致した。また，
このアイデアは，制度として認められるしくみと言うより，地方民主主義のよ
りダイナミックなしくみに憧れる人々の想像上のものとして捉えられた。地方
民主主義は，サッチャリズムの下では，「へこんだ楯」のように傷つけられた経
験をしていた。また，1835年以降，世代によっては，それを押し付けられた
改革として経験していた。

　その政策は，最初にロンドンで出現した。ロンドンでは，GLCの廃止によっ
て，民主主義の赤字（機能障害）が残っており，米国の影響を受けた新しいし
くみに対する便利な水先案内人を持つことを労働党に可能にさせた。政府は，
1998年，グレーター・ロンドン・オーソリティー（GLA）の提案に関する住民
投票を首都の地方選挙で行った。GLAは，市全体に責任を持つ市長と25名か
らなる議員で構成され，グレーター・ロンドン地域の統治に関する戦略的形態
である。またこれは，イングランドの地域政府に関する最初の有効な試みとい

56

う二重の意味を持っていた。住民投票では，首都の有権者の72%が，政府提案に同意した。保守党は市長には賛成したが，議会には反対した。自由民主党はその逆だった。GLAの概念に反対したある労働党の人物とはケン・リビングストンであった。彼は，GLCの復活，むしろカウンティ・ホール（それは，廃止後，ホテルや美術館として使われるため売却された）の復活に憧れていた。また，GLAやそれに伴う市長職は，労働党の平議員には評判が悪いことが明らかになった。GLAは，1935年インド政府法に次いで長い条文の法律を持っていた。政府は，GLAを呼び水に，首都以外でも公選首長を実現しようとした。次の候補として，バーミンガム，マンチェスター，リバプールのような主要都市に言及した。ロンドンは，最終的に首相との結びつきのない市長を有する結果となった（リビングストンは無所属で選挙を戦ったからである）。そして，候補者選定過程とそれに続く選挙の両方は，たいていの政治家をびくびくさせるほど，新しいしくみではルールが書き換えられたことを示した。しかしながら，ブレアは市長モデルに絶対的な信念を持っていた。2007年グレーター・ロンドン・オーソリティー法の下，ロンドン市長は，住宅，廃棄物，職業訓練に対して首都における拡大された権限を得た。

　公選首長モデルをより多くの市で実現しようとする労働党の要求は，2000年地方自治法の立法形式の中で実現した。また同法は，労働党が地方民主主義を誠実に促進することに真剣であることを大衆に納得させる手段として，イングランド基準委員会と地方フレームワークを導入した。市長職をめぐる住民投票については後の章でも扱うが，バーミンガムやマンチェスターでは，その政策の効果は現れなかった。公選首長は実現しなかった。一方，ハートリプールやマンスフィールドでは実現した。同法は，確かに1972年法や1835年法と共に記念碑的である。その地方自治文化に対する影響は，かなりのものである。2000年地方自治法は，1835年以来使われてきた古臭くなった委員会制を取り除き，代わりに統治に関するよりリーダーシップを重視した概念に依存しようとしていた。より質の高い意思決定をするために平議員による審議も有してい

た。しかしながら，多くの議員たちは，その審議の役割を真剣に務めることを拒絶した。それは，事後的な審査が，委員会が政策決定により深く関わっていたかつての役割からの後退を意味すると論じられたからである。地方議会は，審査に関するこの新しい責任を担うものとして，国民保健サービス（NHS）のような他の地方の公共部門提供者を含めて，その責任範囲を広げることを期待された。大臣は，対立的なプランに反対している人たちをなだめるために，コミュニティの保健協議会（地方の NHS の監視機関）を削減するというという時代遅れのジェスチャーを使い，地方自治体の新しい役割に付け込み，保健に関する審議を地方自治体の仕事に加えた。

　新労働党がたどった道のりは，1998 年犯罪・秩序違反法というもう 1 つの標識から明らかとなる。同法は，地方自治体にコミュニティの安全に関する法的役割を与えた。いくつかのロンドン・バラは，わずか 10 年前，首都警察の行動を監視する警察委員会を設置した。それは，スカーマン調査や 1981 年のブリクストンでの暴動を引き起こしたコミュニティ関係の崩壊，そして，4 年後のブロードウォーターファームでの暴動に刺激されてのことだった。現在，この法律の下，新労働党が取り組む法と秩序に関する課題（「犯罪に強く，犯罪の原因に強く」）について公式の役割を地方自治体に与えるため，犯罪と秩序違反の削減パートナーシップが設立された。現在，地方自治体と警察との間の連携は，注目されるべきものではなく，非常に日常的なものである。ただし，そのことは必ずしも問題ではなかった。また，地方自治体は，ブレア政権の後半に，新労働党の「尊重すべき課題」の一部（特に，2005 年近隣美化・環境法の下）として協力した。そして，地方自治体は反社会的行動に対処することにおいて，警察と並ぶ重要な機関として常に言及されている。

　教育に関しては，キノックやジョン・スミスの下での労働党は，全く反対の路線で政策を実行してきた。新労働党のアプローチは，受容と統合として描くことができる。教育活動ゾーン（それは乏しい業績の LEA に介入することをねらいとしており，学校運営の業務に介入しようとした）は，保守党の政策に比べてい

くぶん充実していた。1998 年学校標準化・枠組み法において，学校の業績を向上させる手段として，査察と介入を重視するという信念を新労働党は主張した。当時宣伝された「教育，教育，教育」というブレアのスローガンは驚くべきものではなかった。また大臣は，業績の良くない学校や LEA さえも引き継ぐ権限を与えられた。総合制中学校の時代に戻ることは全くなかった。ただし，教育の選択を地方での住民投票を通じて親に認めるという微温的だが，実際には実施不可能なアプローチがあった。そして，新しい市立の技術カレッジ（専門学校）は作られなかったし，既設のもので廃止されたものもなかった。この初期の政策のすべては，シティ・アカデミーという多分に嘲笑の対象となるプログラムの中に次第に取り入れられるようになった。ちなみに，シティ・アカデミーでは，外部からの投資の範囲内で新しい学校が建設された。そして，初期の政策は，カリキュラムへの影響（いくつかの場合には，創業者である投資家がカリキュラムも作るという信念）もあり，独立の「トラスト」学校プラン，LEA 予算の制限（2003 年の中央地方関係の崩壊の主要な発火点となった）などに移っていった。これ（その後の教育政策）は，職業訓練・事業協議会（16 歳以上の職業訓練と経済開発を担当する特殊法人〔クアンゴ〕）の廃止や，学習・技術協議会への一部置き換えなどに大きく広がった。つまり，保守党の政策は事実上無効にされた。学習・技術協議会では，地方自治体の代表性が増した。しかしこれは，保守党が残した分野の受け入れやその現代化を表しており，全く新しいアプローチというわけではなかった。

　また，労働党は，各地方自治体に対して歳入援助補助金を与える体制を全面的に検査した。基準支出評価という古いしくみは，支出フォーミュラー共有システムへ変えられた。それは，貧困地域に有利と言われた。第 2 期の労働党政権における地方自治改革の成果である 2003 年地方自治法によって，ビジネス改善区が新しく創設された。ビジネス改善区では，地方自治体が借り入れを行うことを自由にし，自治体による借り入れは，新しい理にかなった規則の下，払い戻しという点で「理にかなっている」ことを証明することが可能になった

（借りることへの全面的な許可ではない）。そして，新しい包括的業績評価制度（CPA）に立法化への足掛かりを与えた。地方自治体には，借りる自由があったが，借りることに熱心だったわけではなかった。多分，保守党との戦いの下で，自制を学んだからである。同法は，労働党の平議員の修正を受け，大変嫌悪された第28条を無効にした上で，立法化された。同条の下でもたらされる個別の問題はなかったが，地方政府が全体として感じるような悪い影響があった（特に，同性愛者をいじめるようなこと）。

　地方公共サービスにおいて継続的な改善を行い（地方が現在関わっているように），そして良き政治的リーダーシップを促進する手段として，また，より説明責任を果たす政治的課題として，労働党政府はかなりの資本をCPA体制に投資した。CPAは，監査委員会によって監視された。CPAの背後にあるアイデアは，CPAの導入によって，他の地方自治体によるサービス提供と比較評価することで，地方サービスの質に対する認識を高めることを導くことにあった。それは，選挙時に地方自治体の業績について注目する機会を有権者に与えた。実際には，成果にグレードを付けると不和が多く生まれることが判明した。そして，グレードを調べる検査は悪い結果をもたらした。それに対して，いくつかの場合には，（成功しない）法的な異議申し立てがなされた。カウンティと一層制自治体による第1段階が規定どおりに実施された後，ディストリクトを入れるようにその体制は緩められた。より簡素化された検査システムが好まれ，目標に関する官僚主義的な介入による混乱は，その後徐々に取り除かれた。地方自治体がCPAの下，結果にきちんと得点をつけることができると中央政府も理解し始めたと言えよう。しかし，それは，地方コミュニティからかけ離れたところにまだあり，即応的で目に見えるリーダーシップを提供することには失敗したと言える。CPAは後に「より簡便な」包括的エリア評価（CAA，2009年4月から）に置き換えられた。それは，エリアごとにすべての地方の公共サービスの業績について評価するものであり，地方自治体の業績だけを評価するものではない。

第2期のブレア政権では，大半はマイナーな修正が行われた。第1期の多くの改革活動に匹敵するようなものはまったくなかった（多分，2000年法に盛り込まれたためである）。そして，2002年5月行われた選挙後，公選首長のような初めの小さな動きがあった（その後，2005年5月の総選挙までに，わずか3件の住民投票が実施されたが，成立したものはなかった）。これはもう1つのことで説明できる。それは，副首相ジョン・プレスコットが，リージョン政府をもたらすことに全身全霊のエネルギーを注入したことであろう。彼は，第1期にこの政策分野が停滞した後，2002年に副首相府と共に，地方自治と地域議会について責任を持っていた（2001年6月の総選挙がもたらした内閣改造によって地方自治体の担当は1年間で2つの省の間を行き来した）。

　イングランドにおける公選の地域議会を設立するプランは，レッドクリフ・モードの時代以来あった。これは1970年代の労働党内では，支持を得ていたし（保守党穏健派はそれを支持さえした），不発に終わったスコットランドとウェールズの権限委譲のプランと並んで，1976年の緑書の課題でもあった。1992年の総選挙の時には，労働党は，スコットランドやウェールズ，北イングランドなどの自党の地盤と保守党の地盤であるウェストミンスターでの民主主義の赤字（遅れ）を改善することをねらってこの方法にますます関心を払うようになった。そのプランは完全に成就し，ウェストミンスターでは主要な分権は十分になされていることが確認された。そのこととまったく関係ない活動であるが，ジョン・メージャーの保守党政府は，各リージョンに政府事務所を設置した。それは，少数の中央の大臣のために，官僚制を地域化したものであり，実際の権限委譲をいささかも進めるものではなかった。ただ，それはリージョンにおける特殊法人（クアンゴ）の増加と軌を一にしており，それゆえ，事実上の非公選の地域政府であった。新労働党のリーダーとしてトニー・ブレアは，労働党の憲法的プログラムの他の領域と共に，これらのプランにある疑いを抱いた。影の内務大臣のスポークスマンであるジャック・ストローは，地域開発公社の設立，各リージョンでの住民投票による同意（かつて論じられたことがなかった），

それから権限委譲が行われる前の一層制自治体の路線に沿った地方政府再編という3つの岩の（固い）プロセスを通じた地域分権への漸進的アプローチについて論じ，それらは事実上改革の効力を弱めた。新しいリージョン機関のために地域割り（境界線）が見直されたが（保守党の政府事務所の地域割りを受け入れた。ただし，労働党の活動家たちにはあまり好まれなかった），新しい政策は全く先細りしたものになった。

　政府においてその監督責任を持つ国務大臣の熱心な支持にも関わらず，ブレアは，この分野に関して非常に注意深く行動した。進展はロンドンで起こった。おそらく，GLCの廃止の問題のためである。しかし，他のイングランドのリージョンでは，1998年地域開発公社法の下での8つの地域開発公社の設立で満足しなければならなかった（保守党の下で創設されたスコットランドやウェールズのものを参考にしていた）。そして，同法は，地域開発公社を監督するための任命制の地域会議（その後，地域審議会に改称された）をも導入した。ブレア政権の第2期では，公選首長という課題に取り組むことに忙殺されたが，それに続いて，政府は2002年に白書（『あなたのリージョン，あなたの選択』）を発表した。それは，リージョンごとの地域議会に対する支援を標準化し，必要なところではそれを進めるための計画的なアプローチを定めた。住民投票は最初の投票としては適当なノース・イースト，ノース・ウェスト，ヨークシャー・アンド・ザ・ハンバー地域で最初に行われることが確認された。そして，政府は2003年地域審議会（準備）法の下でイングランド境界委員会を活用した。同委員会は，各リージョン内において統合型地方政府へ移行するための青写真を提供した。最初の住民投票は，ノース・イーストで計画された。おそらく，そのリージョンは，2004年11月に政治的同質性が最も高く地域議会の概念が支持されていたところだった。選挙委員会は，地域議会設立の是非を問う住民投票の周知活動を行い，イエスとノーを唱える両方のグループに財源を支出した。政府の提案は，さまざまな理由で完全に否定された（すべて郵送で，投票率は48%，78%が反対した）。これは，2つのノー・キャンペーンの存在，不慣れな

イエス・キャンペーン，地域の労働党国会議員の熱意のない支持，地域議会が選挙で選出されることの実際的な効果を政府が効果的に説明できなかったことなどの結果であった。その後，政府は，イングランドで公選の地域政府を導入することはもはやないと発表した。それは，2005年の総選挙における労働党のマニフェストに反映された。

2004年にノース・イースト地域で有権者が公選の地方政府を予想に反して拒否したにも関わらず，地域審議会は存続した。地域開発公社は，ホワイトホールのさまざまな省のために，重要な目標や課題を担って存続した。2004年計画および強制収用法によって実施された改革の下，たいていのイングランドのリージョンは（グレーター・ロンドンも含めて），カウンティを基盤とした計画から新しいリージョン戦略へ変化する中で，民主的な正統性に役立つ公選制の構成要素を持つだろうと思われた。しかしながら，新しいリージョンの空間戦略（それは，カウンティ議会によって監視されたカウンティ計画を置き換えたもの）は，代わりに（非公選の）地域審議会によって作成された。地域審議会は，リージョンの計画機関としての権能を持っていた。それは，計画だけでなく，交通や廃棄物に関する戦略も含んでいた。

労働党が政権入りして，地方自治文化において最も批判した分野の1つは，「部門化」と呼ばれた「サイロ精神構造（縦割り主義）」などの風潮だった。それへの批判は，「連携」した仕事の仕方を政府が求めたことや，公共部門における「保守主義的な勢力」への攻撃といった2つの面で明らかになった。これは，「第三の道」もしくは単に現代化政策の推進に必要とされたものを超えたものであり，官僚制的な惰性（ものぐさ）ゆえの公的サービスの失敗などに対してである。具体的な問題例はいくつもあり，ビクトリア・クリンビーの事例などかなりに及ぶ。クリンビーは，ハリンゲー・ロンドン・バラのソーシャル・サービスに関する本で登場する9歳のアフリカからの移民である。2000年に彼女が死ぬ前に，彼女の保護者の手によって身の毛のよだつ虐待を受けたことが報告された。しかし，色々な公共部門機関間で情報を共有することができなかった

ことが，彼女が遭遇したような危険を発見することの失敗を招いた。彼女の死の後に命じられたラミング調査は，子どもの保護の分野において機関間の調整能力を高めるよう勧告した。これは，地方自治体の部門間調整の欠如によってしばしば失敗していた若年者に対するサービスを，より良く促進するための広範な課題と結びついていた。そして，2004年児童法に結実した。同法は，各地方自治体（カウンティもしくは一層制自治体）に児童トラストの創設を要求した。児童トラストは，地方保健サービスと協力すると共に，教育とソーシャル・サービスの提供に関する統一された基盤として役立つものである。2006年のNHSの改革によって，公共部門における合理化の推進と，共通領域の増加および戦略的ガバナンスに対する要望への一部として，これら（NHSと児童トラスト）の境界線をほとんど合致するように変更されたプライマリー・ケア・トラストが実現した。ちなみに，戦略的ガバナンスは，第3期の労働党政府において統合が図られた戦略的保健機関，救急トラスト，消防機関においても見られた。

　改革の必要性が叫ばれているにも関わらず，労働党はその第2期の政権を通して，カウンシル・タックスの問題を回避した。代わりに，関連大臣が「財源のバランス」に関する再検討を主宰するようにした。それは，神出鬼没の政府のフィクサーであるマイケル・ライオンズによって主宰される独立調査によって引き継がれた（それはその後，地方議会の構造を含めて検討事項が広げられ，それゆえ，選挙を越えて結論が先送りされた）。「居住特性」，反社会的行動，近隣社会の統治のような，ダウニング街10番地から押し付けられた政策とは対照的に，大蔵省は，地域経済計画や地域構造に本質的に強い信念を持ち続けていた。いくつかの分野において保守党の政策を受け入れたので（いくつかの補足的な説明を伴って），「条件整備団体」の構想は皮肉にも労働党の下でさらに達成に近づいた（労働党は野党時代，それに厳しく反対していた）。ベスト・バリューによって，ジョン・プレスコットは「新しい地方主義」という彼が熱望していた自治権への道を与えられることにもなった。それはまた，デイビッド・ミリバンド

が内閣でコミュニティ担当大臣を務めていた間，彼に「二重の権限委譲」への道を与えることになった。政府省庁が地方政府を監督するいずれの場合においても，再編や新しい支配者の登場に伴って，一連の異なる（新しい）専門用語が見られるようになった。例えば，2006年のライオンズ調査報告に従って，各地方議会に「場の形成」という役割を求めることは，コミュニティ大臣のルース・ケリーの合言葉になった。それは，政府が迅速な実行を避けた後，大臣によって真剣に取り組まれた報告書における唯一の事柄であった。それでさえ，ゴードン・ブラウン政権の下でヘーゼル・ブレアがコミュニティ大臣の職を引き受けると結局色あせたものになってしまった。

　優柔不断の霧が，ライオンズ調査を取り巻いていた。ライオンズ調査は，地方自治体サービスの財源バランスに関する大臣の諮問機関から，地方自治の未来に関する事実上唯一の王立委員会に変貌した。そして，ライオンズ調査は，新しい労働党の希望を象徴したが，実際の改革を導く牽引力の欠如を象徴してもいた。ライオンズ調査の報告書と政府自身の2006年地方自治白書『強く繁栄するコミュニティ』は，ほとんど数週間を置かずに発表された。それは，中央政府内の不一致と分裂を示していた。ライオンズ調査が，ホワイトホールや学界によって棚上げされ，顧みられることなく置き去りにされた一方，白書の影響は非常に大きかった。1年後，政府は，地方自治・保健における住民関与法を立法化した（後半の部分は，NHS内における利用者代表に関する別の改革を実現するために地方自治法案に追加されたものだった）。それは，ブレアからブラウンにかけて，間を置かずに実行された。この法案は，白書の中で概要が示された条項を制定するものだった。主として，同法案は，政府が非常に自慢する地域協定（LAA）やCPAからCAAへの移行に応えるものである。また，同法案は，グレーター・ロンドンにおいてパリッシュを設置することを認めるというかたちで，地方主義に関する多くの大臣演説（マニフェストでの公約）に良い影響を与えた。そして，地方自治体の条例に関する拒否権と同様に，パリッシュの創設に関するホワイトホールの拒否権を，他のところに移すことにも影響を

与えた。しかしながら，最も顕著なこととしては，それに続いてユニタリー自治体の新しい誕生を認めるプロセスの手はずをまた整えた。政府の候補リストでは，16 がユニタリーの地位を得るはずであったが，9 つの新しいユニタリー自治体が 2009 年に創設された。ユニタリーへの好機は消えゆくのみであるが，その一方で，イングランドに残る二層制は変わらないという考え方は，少しも確実なものとは言えない。と言うのは，省庁や政策の圏域が，結局はすべてユニタリー型を考慮し続けているからである。最終的に，2000 年法の下で導入されたリーダーシップ改革によって，新しい法案の下で立法上の小規模な変更が行われた。市長・議会マネージャー型（それは，ストーク・オン・トレントのみで唯一活用されている例である）を徐々に廃止すること，議会指導部に関する 4 年ごとの要件を徐々に廃止すること（毎年，指導部を選出するようにする），そして自治体が公選市長を有することを選ぶ前に住民投票を実施するという要件の除去などを伴っていた。これは，より多くの地方自治体に市長制を採用させようとする政府の動きの中で，ほんの中継点に過ぎなかった。地方自治体それ自体の中にははっきりした熱意は共有されていなかった。

　（短命であった）ブラウン政権の地方自治改革に関する相対的に少ない貢献はあまり重要ではない。ブレアやサッチャーと異なり，ブラウンの初期の政治的キャリアには，彼の地方自治への取り組みの基盤となるように見える特別なエピソードはなかった。しかしながら，ブラウンの大蔵省における長い在職期間と，主としてフェビアン的な社会政策的傾向の信念を残していることは，ブラウン政権が国家の構造の中で地方自治をどのように見て，それを行政サービスの提供のための手段として見ているかということについてはより最近における例がある。それは，サブ・ナショナル・レビュー（SNR）の中で明確にされた。SNR は，ブレアの下で始められたが，ブラウンの大蔵大臣在任中に包括支出レビューの一部として大蔵省によって調査され，ブレア政権の終了後に報告されたものである。「サブ・ナショナルな経済発展と再生に関するレビュー」は，2007 年 7 月に発表されたが，大蔵省の内部的なレビューだった。そこでは，大

蔵省がロンドン以外での経済発展を促進し，英国をより国際競争力あるものにするという2つの事柄を連携させて，イングランドにおける地方自治体と地域政府に関する未来の政策を明確にすることが課題であった。2008年3月，政府は，そのレビューに従って，どのように進もうとしているかについての概要を示した。それは，ロンドン以外での8つの地域審議会の廃止，地域開発公社に空間的な計画権限を追加すること，地方の経済状態を評価する新しい責務を地方議会に加えること，地域連携協定（後に法的な権限を獲得する。大蔵省のシティ・リージョンの最初の先駆的モデルとしてのリーズやマンチェスターでの経験は別に示す）を通じて，実際上の経済的エリアを横断する地方自治体の境界を跨いだ協力に関する要件などである。さらに明確な転換は，学習・技術協議会の廃止によって，16〜19歳の教育についての責任と財源を地方教育当局に再び担わせる形態を提案した（これは，義務教育年齢を18歳に引き上げることの一部として提案された）。

2007年10月に地方主義への譲歩の1つの証として，地方自治体に対して国が定める目標の数は，LAAとセットで定められた新しい全国的指標を通して，2008年4月以降は1200から198に削減されるだろう。イングランドにおける萌芽期でつっかえがちなシティ・リージョンの政策は，公選の地域議会構想が突然の後退で退場したことにより，統合交通庁（ITA）の形態においてさらなる変化を見せた。ITAは，ウィルソン時代の旅客交通庁を改称し，大都市圏カウンティに拡大し，置き換えたものである。一方，ロンドン市長は，首都内における住宅や計画，職業訓練などに関するいくつかの指導権限を手にした。また，ここで著しいのは，2009年法によりビジネス・レイト追加徴収税を課税することを地方自治体に可能にした決定であった（対象となるビジネス・レイト納税者の投票に従って）。ただ実際には，これはクロスレール計画や財源上のギャップを埋めるという中央政府の必要性によりロンドンのみに拡大されたものであった。

2009年のもう1つの立法である広範囲な地方民主主義・経済開発・建設法

は，サブ・ナショナルの枠組みにさらに影響を与えた。それは，いずれかのレベルの地方自治体エリアにまたがり，新しい ITA スタイルの「合同行政機構」の創設を認め，脱リージョン的な経済開発を求めるものであった。ディストリクトやカウンティなどの地方自治体が合同行政機構の設置を選ばない場合は，より軽微な制定法上のしくみである MAA を用いることができる。2012 年のロンドン・オリンピック大会の準備をする東部ロンドンは，時限的なオリンピック提供庁（ODA）を形成したが，それはイーストエンドにまたがる特定目的の提供機関というだけでなく MAA でもあった。これらのブラウン時代に創設されたもののすべてが，ODA のように時限的な機関であることを意図していたわけではないが，CAA や MAA，RDA のような「3 つの頭文字」を持つ機関のすべてが，ホワイトホールの残業（過剰な業務負担）の急激な削減をすぐに進めた。

9　連立政権と地方主義の推進

　10 年ぶりの保守党の首相としてデイビッド・キャメロンは，進めるべきプランや反対に改定するプランなどの取り組むべき政策の束を抱えてダウニング街（首相官邸）に入った。その中には，分権やいわゆる「大きな社会」と呼ばれる市民社会の復活などをめぐる目を引く政策提案が含まれていた。それは，同時にサッチャリズムの「小さな国家」という過度に悪い保守党のイメージを中和させ，ボランタリズムを標準状態にして公共サービスを移す試みであった。キャメロンはそれらの政策を持つことを予期していなかったが，外部アドバイザーの「政策コミッション」と保守党の選挙対策本部の共同作業が，国家機構や労働党時代の憎むべきリージョンを削減することを報告した。キャメロンはまた，非常に明確な地方主義者で，自らの実績を法案化しようとする連立政権のパートナーである自由民主党のチェックを受け続けた。保守党政府が過半数を握っていても握っていなくても，金融危機の始まりによって財政が危険な状態であっ

たため，実際には，分権は優先度が低いように常に見えた。だが，ブレアの憲政改革もあったので，分権は比較的中立的な政策で実施に政治的コストがかからず魅力的であった。そして，キャメロンの裕福な大都市の現代的な知恵袋たちは英国に「公選の地方長官」を持ちこむことは魅力的であると発見した。一方，党の議長からコミュニティ担当大臣に転じたエリック・ピクルスは，英国の憲法体制に対する労働党「好みのレゴ・セット」アプローチを軽蔑していて，その職に就いた。ピクルスは，保守党の地方議員の要請により，リージョンの組織と中央の部門の解体に着手した。場所中心の予算を舞台裏で配分するという地方主導の仕事のやり方は，またピクルスにより（各地方自治体への政府省庁の支出配分を分析することにより）静かに廃棄された。国家の財布を締めようとする連立政権のさまざまな試みの下，より制限され断片的な様式のみに戻った。

　反対に，地方主義をめぐる保守党の政策の発展は，（特にリージョンやロンドンに関する）労働党の政策をまとめて拒絶した数年後に始まった。保守党の政策局長である（後に国会議員，閣僚になる）グレッグ・クラークの2003年の報告書「総合的な政治—労働党の支配する国家—」では，ジョン・プレスコットにより実施され支配的であったリージョナリズムや「官僚的な」業績管理体制について，より微妙に批判を誇張した。こうしたムード音楽を奏でながら，2009年の保守党の地方自治に関する緑書『統制の移行』は，ほとんどそのまま2010年の選挙で勝利することになるマニフェストの中で生き残った。その大半は，大都市における公選の地方長官である首長（ブレアはこの分野で失敗していた）や，地方主義に関する「人々の信頼」を回復するために中央の機関やリージョンのしくみを廃止することなどと関連していた（実際，それらのすべては2015年に制定法の中に書きこまれた）。ウェールズ議会を廃止するという宣言と同様に，2005年にピクルスによりうるさく勧められたGLAを廃止するという以前の地方議員たちの要求は，都合良く忘れられた。

　2010年の総選挙でのマニフェストでは，公共財の点だけでなく，バリュ・フォー・マネーの保障においても分権を枠づけた。ボランティアを祝福する「大

きな社会の記念日」での誓いは実現できなかった（不幸な大臣は後年，「毎日が大きな社会の記念日」だと宣言せざるを得なかった）。しかし，地方主義や分権，地方の成長などをめぐる政府に対する保守党の政策は文字どおりに実施された。イングランドのすべての大都市に，「公選の首長を有する機会」を与えるという計画は，2012年の住民投票により選挙上の試みが行われた時，再び座礁することになった。そして，公選の地方長官（警察・犯罪コミッショナーでもある）の導入はまた，非常に低い平時の投票率に直面した。

　労働党の選挙での敗退の結果，連立の合意を通じて議会内での自由民主党の支援を確保するため，新しく副首相となったニック・クレイグは，内閣のテーブルを囲む保守党の仲間たちの一団に加わった。クレイグは，政治および憲法改革に関する省庁の枠を超えた指示を与えられたが，彼は，政策の実施を変更することは可能であると見ていた。連立の合意自体は，第二次大戦以来英国で初めての平時における連立政権のための交渉の日々の後にまとめられたものであるが，両党の地方主義者たちの傾向の間には多くの共通の基盤が見られた（例えば，EUや教育をめぐる政策とは対照的であった）。だが，集権主義者たちは大都市の公選首長のようなあまり好ましくない要素をめぐりいくつかの漠然とした譲歩を勝ち取った（公選首長は導入されるが，そのポストを決める選挙は，公選首長制導入をめぐる住民投票の1年後に実施するという点をもくろんだ）。保守党が大いに自慢した，地方自治体に「概括授権」的権能を導入することへの関与については言及しなかった。ピクルスは，エランド・ハウスでコミュニティ大臣としての5年間の任期を始めた。彼は，エクスターやノリッジなどをユニタリー・オーソリティーにするという取り残された計画に大なたをふるい，名誉ある党の関与に立法を導入した。ユニタリー・オーソリティーは，労働党の下では「つまらない政策」と認識されていたものである（ピクルスは，「地方自治の再編成を示唆するため，公務員の長に対して，彼の案の中で真珠のグリップの拳銃を持ち続ける」と2008年に述べたことは有名である）。これは残りの任期中に二層制の地図を塗り替えるさらなる試みに関する気配を示している。また，公務員たちは，

イングランドのリージョンのための政府事務所のネットワーク（保守党の前任者であるジョン・ガマーによって1994年に導入されたもの）を解体することを指示された。その廃止に先立って，リージョンの空間戦略が廃止され，CPAのしくみに関する仕事も中止された。ピクルスがこれらを何に置き換えようとしているのかについて部下の公務員から丁寧に尋ねられた時，ピクルスが「何もない」と返答したというのは本当のことである。

　他にも幾分物議をかもすいくつかの改革が公共サービスの全般にわたって取り組まれた。2011年までで典型的なのは白書『開かれた公共サービス』である。それは，過去のNPM的なアプローチの下で観察されたものより広い範囲に，通常の範囲を超えた提供者にサービスを解放することをもくろんでいた。労働党政権下で導入された「アカデミー」に抵抗しながらも，地方教育当局は，地方による統制の最後の名残として行動するには力不足だと自ら認めていた。ホワイトホールから直接財源が提供されるアカデミーやさらに自律的なフリースクールにさえ導入を促進する新しい立法により，地方教育当局は脇に蹴飛ばされた。同様に，2012年保健およびソーシャル・ケア法は，GPが率いるコミッション集団や独立的な病院などの緩い同盟的なしくみに賛成している国民保健サービスの「官僚的な」命令構造の放逐へ向けた批判を誘発した（「NHSのさらなるトップダウン的な再編成」を避けることが連立の合意で約束されていた）。ただし，自由民主党は1974年当初のように公的な保健に関する責任を地方自治体に戻し（新しい国のエーシェンシーであるパブリック・ヘルス・イングランドの指導の下で），NHSと地方自治体の間で計画化と効率性の統合を図り，カウンティ・レベルに地方保健・福祉協議会を導入するという案を脇に持ち続けていた。

　一気に，連立は数年間の政策的関わりを良いものにすることができ，そして，2011年地方主義法を通して，連立の合意に含まれた地方主義に関係する多くを立法化することができた。2011年地方主義法は240ページにわたっていたが，それは1935年インド政府法以来の最長の立法の1つであった（1999年の

GLA法だけがそれを超えた業績だった）。地方主義法の最初の部分では，概括授権の広範な権限（おそらく自由裁量の効果を抑制するために「権能に関する概括的な権限」と巧妙に改名された）に関するヨーロッパ的な概念を導入した。そして，他のことの中でも，ロンドン開発公社と共にイングランド基準委員会やその関連のしくみ，未熟なカウンシル・タックス・キャッピング（自治体予算の増加に関する国務大臣の懐古的な拒否権は，地方選挙での何かの判断に属さない限り，地方の住民投票のしくみによって置き換えられた），リージョンの空間戦略，基盤整備計画化コミッションを廃止した。ローカル・プラン（Local Plans）と並んで，近隣の自治体間で住宅や都市計画について協力する新しい法的義務が，増加する住宅建設に関するリージョンでの計画化アプローチを置き換えた。

　また，同法は，市民自身に地方サービスを提供することについて自治体に異議申し立てをできる過剰な市民権を生んだ。それは，住宅の建設や，使用していない建物の保全，不動産開発に反対する公共空間の保全などに関してである。リージョンの政府事務所と並んで，イングランドの地域開発公社（RDA）を「嫌われ者」や廃止のうれ頃として描くのが当時は決まり文句であった。ただし，RDAは消滅に向けた企てを追い払うことにすでに慣れっこになっていた。それは，支出に見合う投資の見返りや，欧州基金のプログラムを監視する組織的必要性などを売りにしていたからである。必要があろうがなかろうが，首都におけるロンドン開発公社のようなRDAは，2011年に地方産業パートナーシップ（LEP）に迅速に置き換えられた。LEPは，「軽微」で「ビジネス主導」で，落ち着いた審議機関であり，制定法に根拠を置かないもので，イングランドの39のエリアで設けられた。これらは，1990年代の職業訓練・事業評議会を若干整備したものに過ぎなかった。「嫌われ者」のリージョンを解体するという要望の中には，リージョンが機能的で経済上の地理を尊重していないこともしばしばあった。RDAの役割と機能はまた，この変化の時代の中で，集権的な地域成長基金により継承された。それは，5年間で32億ポンドの額（対照的に，RDAは毎年平均19億ポンドを支出していた）で，LEPは地域内のプロジェクト

に合致する財源を競い合った。

　サッチャーの第1期の任期中に制定された立法下で導入されたが，労働党政権下で創設された都市開発公社の第二の波はまた，「地方主義者」たちがそれへの懸念を述べることにより，速やかに終わった。同時に，地方主義法の庇護の下，ロンドンは2つの新しい「市長管轄下の開発公社」を手に入れた。1つは，かつてのオリンピック公園とその周辺地区（歴史的にまとまって積極的に活動するのに失敗した4つのロンドン・バラに広がっていた）のためのもので，もう1つは，西ロンドンの放置された部分を横断した区画（後に High Speed 2 や Crossrail grand プロジェクトが交差する中心地となる場所）のためのものであった。同様に，サッチャリズムを再起動させる以上の勢いで，エンタープライズ・ゾーンはイングランドの24（後に48）のエリアで地方の成長を始動させるために，2012年にジョージ・オズボーン大蔵大臣により再活用された。それは，投資家たちにビジネス・レイトの軽減ならびに，また地方産業パートナーシップ（LEP）に未来の成長の進展の両方を提供した。

　また，地方主義法により促進され，そして，おそらく地方エリアへの権限委譲は今まで「最もゆっくりしたスピード」で進んできたという認識の中で，コア・シティ・グループ（当時，ロンドン以外の8のイングランドの大都市を代表していた）により法案に示唆された修正は，一揃えの権限と財源の流れについて，中央政府と個々の都市の間を仲介する「シティ・ディール」という注文を認めた。合計で，26のディールが「第二波」として最終的にサインされた。同法の下で，ロンドン以外のシティ・メイヤーの導入に関する失敗に終わった経験により（レスターとリバプールは地方議会自身の意思により公選首長導入の住民投票を実施しなかった），シティ・ディールの過程は制定法上の権限に関する限られた範囲の抜け道を見つけることをねらっていた。1835年もしくは1972年以来，すべての自治体にほとんど同じ権限を提供してきたしくみの下で，それは都市エリアへの権限委譲を加速度的に提供することを可能とするものであった。

　地方主義法と並んで，グレーター・マンチェスター（1986年の大都市圏カウ

ンティの廃止後，10 の地方自治体の間で協力関係を先導してきた）は，2009 年地方民主主義・経済開発・建築法の下で可能になった権限を利用してきた。同法は，経済開発や交通における現行の権限と（グレーター・マンチェスター合同行政機構が）さらに引き受け可能な権限を統合させる「合同行政機構」として響き渡り知られた連担都市（コナベーション）レベルの構造のために用いられた。その構造は，メトロ・メイヤーの指導力を伴うしくみであり，また，連立政権の地方の成長に関する助言者であるヘーゼルタイン卿の記念碑的な 2012 年の報告書「動かぬ石はない」の中で提唱されたものであった。ただし，ホワイトホールはものぐさで，気が進まない大蔵省はそのような処方箋を暫定的で役に立たない手法と見ていた。結局，2014 年のいわゆるグレーター・マンチェスター合意（その背景にはスコットランド独立住民投票や「イングランドの法のためのイングランド人による投票」などの問題が関係している）により，合同行政機構がかつての（そして「人為的な」）大都市圏カウンティ（マーシーサイド，ティーサイド，タインサイド，ウェスト・ミッドランド）を横断して急に登場することになった。それは，ジョージ・オズボーンにより推進された権限委譲の課題の下で行われ，首相の職をもくろんで「北部」の権威を恐らく高めるためであった（それらの課題はコミュニティ・地方自治省よりむしろ大蔵省によって推進された）。ただし同様に，都市中心の権限委譲を通じて，地域間の均衡を取り戻すオズボーンの「ノーザン・パワーハウス」の課題は，オズボーンを支持するシンクタンクにより提案されたもので，集権主義者の野党労働党に不意打ちを食わせることに関心があった。オズボーンは，この分野において，実際には自身では周到な政策を持たず，政府の前の日の記録を防御することにほとんど専念していた。

　保守党が推進した改革プログラムは，視野や効果において大胆だったが，地方自治体にとって全く予期しないものというわけではなかった。地方自治体は労働党政権の数年間にわたる「効率化の目標」やリージョンのしくみや中央機関の合理化などにすでに関わってきた。しかしながら，容赦のない構造改革や

廃止した機関や体制の代わりとなる新しいしくみの出入りと並んで，2010年以降の時代の本当の目玉は，緊縮財政の完全な規模だった。それは，地方自治体が法律に基づいて求められてきたサービス提供に関する自治体の権能に及ぶだけでなく，故ピーター・ホールが英国の「公共サービス階級」として描いた種類の存在をも抑制した。カウンシル・タックスの値上げの凍結と共に，最も保守的と目されるものは本書の執筆時（2018年10月時点）において，2010年以来，49.1％の中央からの補助金の削減の要求であった（独自の財源を値上げする自治体の権能はすでに制度的に禁じられていた）。「財政破綻図」を伴う難しいな話題は新聞（タブロイド紙ではない一般紙）の分析のために通常取っておかれ，自治体サービスの利用者，特に生活に余裕のない人々は，自身が自治体歳出の削減をねらったさらなる変化にさらされていることを知るのだった。カウンシル・タックス給付金を地方財源による裁量的な支出に置き換えることや，余った部屋を持つ社会的住宅の居住者にいわゆる「寝室税」（もしくは空き部屋科料）をかける動きなどがそれである。

　それにしても，緊縮財政や懲罰的な財源状況をめぐる大げさな表現を超えて，ビジネス・レイトを再び地方のものにする課題は，権限委譲や地方エリアの自治の枠組みと同程度，合致していると見られた。地方自治体への中央の財源の縮減を促進する一方で，幾分，自治体自身を擁護する機会でもあったからである。2011年にビジネス・レイトを存続するという提案が発表されたが，2012年地方財政法は，1988年にビジネス・レイト制度が創設されて以来の最大の再編成を示していた（1988年の創設時には，ビジネス・レイトの総額の約70％が中央政府からの補助金によって措置されていた）。ビジネス・レイト自体の計算方法や徴収方法に変更はなかったが，むしろ配分方法が変わり，地方自治体は当該エリアから徴収したビジネス・レイトの決められた割合を保有できるようになった。この変更の良い点は議会に対する何回かの公表の中で確認されたが，それは2020年までに地方自治体が完全に自主財源化することになるということであった。ビジネス・レイトの収入が増える一方で，中央からの補助額が減

るからである。別段これは新しいことではなかった。かつての政府も，地方の経済成長を促進する政策やイニシアチブのために自治体に財源を与える地方自治体ビジネス・レイト成長イニシアチブ（LABGI）を経験していたからである。ただし，これは中央の財源から払い戻される何らかのものを伴っていたわけではなかった。さらに，ロンドンの増大化し老朽化した公共交通体系を維持するために大蔵省の温情に長年依存しているロンドン交通局は大蔵大臣から正式に次のように言われた。ロンドン交通局もまた，2020年までに完全自主財源化するようになる。ただし，クロスレールへの財源措置や増税などの財政に関する控えめな権限など，ビジネス・レイト補填改革を超えて働くようないかなる財政的な手段も与えられないと。

　しかしながら，地方主義の話のすべてにわたって，コミュニティ大臣が監査委員会（労働党との関係のために廃品として捨てられた，もう1つのヘーゼルタインが作ったもの）の廃止を決めた同じ法律の下で，自治体のごみ収集の回数や，1年にニュースレターを何回発行するのかといったことに関する命令を出したりして，ホワイトホール（かつての古めかしい環境省のあった場所を内務省と共有している）に陣取ることに関して，多くの観察者が認めがたいと感じていた。これに対して，コミュニティ大臣のエリック・ピクルスは，単に「地方主義に導く」ことが自分の役割であり，それゆえ，彼が反対してきたような過去における官僚的な集権主義の道ではないと熟慮して言った。さらに集権主義者的な傾向は，ピクルスが2014年にタワー・ハムレット区にコミッショナーによる直接支配を強いるように国務大臣の権限を用いた時（ある程度正統性はあったが）に示された。ただし，それは，公選の区長が大規模な汚職を働きそれを申し立てられたからであった（後に有罪になった）。そして，1年後には，ロザラムにおいて，児童虐待から子どもを保護することに自治体が何回も失敗し，それが全国的に有名になった時も国務大臣権限が用いられた。

10 保守党支配の復活

　歴史が既に示すように，保守党政府が多数を握るキャメロンの首相の任期は，2016年のEU離脱（ブレグジット）の国民投票のため短命（1年2か月）に終わった。それに伴い地方自治に関する彼の業績も打ち切られた。キャメロンの連立政権での最初の任期は，集権化や官僚制を解きほどくことを目的とした多くのしかけを伴って着手されたが，ボランタリー・セクターにはサービス提供に関する担い手の選択肢として高い評価を示さなかった。キャメロンと彼の新しく昇進したコミュニティ大臣のグレッグ・クラークは，大都市圏エリアでの公選首長やその導入のための立法に対する自由民主党の不安のため，それらを調整することもできた。ちなみに，その立法は目玉的な立法の2016年都市・地方自治権限委譲法で，その法案は彼の2期目の最初に提出された法案で，唯一女王の演説に盛り込まれた法案であった。かつての議会での福祉改革のように，また住宅・計画法では，自治体が「高い価値」の住宅株式に安住していると政府は考え，それらの資産を売却することを自治体に強制して，締め付けた。

　しかしながら，権限委譲に関する熱意は続いていた。例えば，それは，要求があれば，イングランドにおける日曜日の営業時間の法規制を自由化することを新しいメトロ・メイヤーに許す初期の提案の形態などにおいてであった。その提案は，最終的に庶民院での票決により潰され，諦められた。ただし，2017年バス運行法の下で，メトロ・メイヤーたちは少なくとも彼らの管轄エリアのバスについてロンドンのような形態での営業権を得ることができた。メイの首相任期の初めの頃の動揺にも関わらず，ノーザン・パワーハウスは，政府（内閣）の交代の中をくぐり抜けた。ただし，ジョージ・オズボーンが大蔵省にいた頃のような勢いや熱意は恐らくなかった。

　しかしながら，デボリューション・ディールは明確な中休みにより取って代わられることにより恐ろしい速さで終了した。ノーザン・パワーハウスの区域

内の 11 の LEP により構成される，いわゆる「NP11」が作られた時に，「北部」がどこなのかについての定義に少なくとも政府が同意したことが確認された。それはまた，「今日の北部会議」として，未来の方向性について助言するものであった（いくつかの他の政策的関与と共に，議会制定法上の根拠の上に LEP を置こうとした 2017 年の選挙マニフェストの公約は静かに途絶えた）。メトロ・メイヤーは，2017 年にシェフィールドでも誕生し，2018 年には「北部集会」が設置された。ノーザン・パワーハウスの区域は，「北部交通」と同じ広がりを共有している。「北部交通」は，イングランド初の制定法上（2008 年法や 2016 年法の下で）の地域的交通機関としてノーザン・パワーハウスと同じ年に誕生した。「北部交通」は，リージョン単位における基盤整備プロジェクトについて交通省に助言もしている。イングランドの緊急サービスをめぐる統治は，2017 年警察・犯罪法を通してもう 1 つの調整を受けた。同法は，警察・犯罪コミッショナーが，消防サービスについて合同で引き受けることを許すものである。その最も重要な影響は，ロンドン消防・緊急計画庁が廃止され，GLA 内の首長部局に置き換わったロンドンで見られた。

　ホワイトホールや内閣は，2020 年に迫るブレグジットの期限の実施に関する些細な点や大げさな言動に集中していたので，地方自治について言及することは多くなく，さらなる地方自治改革や権限委譲には，ほとんど熱意もなく後回しのままに置かれてきた。ビジネス・レイトを地方のものにすることに賛成して，地方財政を再編しようとしたかつてのキャメロンの立法的関与の中で，唯一残ったのは，穏健な 2018 年電気通信基盤整備（ドメスティック・レイト軽減）法の形において議会の審議時間を確保したことであった。ほとんど 20 年におよぶ政策的懐妊期間の後にメトロ・メイヤーが登場したが，ホワイトホールが実際何を提供できるのか，メトロ・メイヤーがするべきこととしてホワイトホールは何を要求するのか，などの考え方が加わると，中央（ホワイトホール）が共に活動することもあり，さらなる改革や分権はしばし一休みとなるように見える。地方自治体に対するブレグジットの影響が，2020 年という連合王国

の変わり目の年においても全く不透明さを残し，それはダウニング街（首相官邸）にかつてのロンドン市長がいたとしてもである。ソーシャル・ケア財源の改革に関する長々とした緑書があった。それは，カウンシル・タックスやビジネス・レイトの両方を，より平等で成長志向のものにするという，長々と続く要望に関するものであり，ソーシャル・ケアの元々の限られた機能を超えるものであった。政府は決断を延ばして財源を使い果たしてしまうかもしれない。ただし，政府は自治体に財源措置する余裕がもはやなかったとしても，地方自治は道路舗装やごみ収集の管理の点では残ることになる。自治体は，これら両者の財源を保障する方法について取り組まなければならないことになる。

11　ロンドンに関するノート

　ロンドンの地方自治は，国の立法や政府の座がそこを基盤としているので，国の政治家からは常に不当なほどの注意を払われてきた。そのように，ロンドンにおける地方自治の役割と形態は，国内の他のところとは大きく異なっている。ロンドンは，イングランドの首都として認められているが，不文憲法の下で，連合王国の唯一の事実上の首都でもある（ロンドンは，実際上，その中に位置する2つのシティを持つ地域である。そのうちの1つは，ウェストミンスター・シティで，立法のための国会や政府が座している）。

　ロンドンは，19世紀に確かに大規模で急速な都市成長（それゆえ，社会的な圧力も経験した）にさらされた。そしてこれは，ロンドンのその後の政治的行動のパターンを説明するものである。いわゆる「ロンドン」は，19世紀までは，シティ・オブ・ロンドン（コーポレーション・オブ・ロンドンによって統治された歴史的な「平方マイル」周辺の地区）および，おそらくサザークやウェストミンスター（シティ）のような，シティを囲むバラの寄せ集めを意味すると大体捉えられてきた。ロンドンは，外見上，エセックス，ケント，ミドルセックス，サリーに拡大した。しかし，過度のアドホック機関が既に存在する上に，さら

にもう1つ別の機関を付け加えるような状況が毎年繰り返されて，増加する地方サービスへの要求を処理するのに失敗した。シティ・オブ・ロンドンは，1835年の改革の影響を受けなかった。コーポレーション・オブ・ロンドンは，改革がシティの境界内に拡大することに対して，ロビー活動を成功裏に展開した。ロンドン統治の広範な問題に取り組むことは，コーポレーション・オブ・ロンドンの非公選的な性格に疑問を投げかけることになるだろう。しかし，それは，もう20年間手つかずのまま放置された。

1858年の「ひどい悪臭」は，ロンドンにきちんとした衛生が欠如していることが国会に影響を与えているとして，国会議員を活動に駆り立てた。その時でさえ，制定された立法は妥協的なものだった。と言うのは，この機会に任命された王立委員会は，ロンドンの独特の環境は異なるアプローチに値し，単一の包括目的型の公選議会はふさわしくないという固い信念を持っていたからである。1855年首都管理法は，99のパリッシュ区域を創設した。それらの大半は，ディストリクト委員会によって監督されるディストリクトにグループ化された。ディストリクト委員会は，排水，舗装，街路美化のような基本的なサービスに責任を負った。上記のように，首都事業委員会（MBW）が設けられていた。その45名のメンバーは，それぞれディストリクト委員会から指名され，それは首都の主要な衛生を監督する責任を有した。時を経るにつれ，それはより大きな権限を持つようになり，その結果，それは住宅，道路改善，消防への責任を行使するようになった。

しかしながら，予想されたように，これは理想からはほど遠かった。一貫しない政府の行動様式は，サービスの効率性を向上させることはなかった。さらに，その非公選という地位ゆえに，MBWは，正統性を欠いていた。ロンドン学校委員会，首都救護委員会のような，首都におけるアドホック機関を任命しようとする政府の傾向は，勢いを衰えることなしに続いていた。イングランドの他の地域の地方政府が，改革され再編されたという事実に気付かない者はいなかったし，MBWにおける汚職の申し立ては，首都改革に小さな運動の盛り

上がりを与えた。ロンドン都市改革連盟のようなグループの集合体やフェビアンの社会主義者たちが，この動きの一部だった。それは，1888年地方自治法の結果として，1889年にLCCの創設を導いた。また，1888年法は，イングランドの他の地域と並んで，カウンティ議会を創設した。

　しかしながら，公選制政府の権限外で，より管理的な団体を任命する傾向は継続した。首都警察，埋葬委員会，もったいぶって名付けられたテムズ川保存委員会などがそれである。言うまでもなく，LCCは，すぐに首都におけるすぐれた政治制度として発展した。最初の政権は，自由党とフェビアンの社会主義者との「進歩派」の連合だった。後者（フェビアン）は，LCCを首都における都市社会主義的事業（ガス，水道，交通，ドックなどの公営化のような），そして，住宅や失業のような広い社会政策を調整する団体として認識されていた。

　これは，当然，当時の保守党政府を警戒させた。そして，それは，1899年地方自治法を生んだ。同法は，LCCの境界内で機能していた過多の委員会や教区会を，28の公選制で基礎自治体レベルのバラに置き換えることを求めた（歴史的伝統を尊んで，コーポレーション・オブ・ロンドンは全く手つかずのまま残された）。この変化は，下からLCCに釣り合いを取ろうとしたものであると原理的に説明することができる。

　LCCは，効率的で献身的に仕事に取り組む自治体であるという評判だった。ロンドンは，それにも関わらず，1950年代後半には，大きくなりすぎて，その19世紀的地方自治制度が合わなくなったことが広く知られていた。エドウィン・ハーバート卿によって率いられた王立委員会は，LCCの管轄下にある内ロンドン地域より広いロンドン地域を担う地方自治のレベルを調査するために任命された。委員会は，満場一致でグレーター・ロンドン・カウンシル（GLC）の設置を勧告した。それは，その下のバラに委譲することができる多くの権限を伴っていた。バラの数は，52に引き下げられた。その勧告は，1963年ロンドン政府法として制定された。だが，政府は，その提案された自治体の規模を修正した（遠隔のディストリクトによるロビーイング，もしくは他の自治体を含める

ことへの反対によって)。そして，32 のロンドン・バラのみを創設した。教育は，遠く（外ロンドン）のバラについては，バラに委ねられた。元々，LCC の境界内にあったところでの教育については，新しい内ロンドン教育庁によって監督されるようになった。実際，新しいしくみは，ある程度，1972 年地方自治法のコピーだった（それは，イングランドとウェールズについて，同様の路線に沿った包括的な二層制を提供していた）。

1979 年の選挙でマーガレット・サッチャー保守党政権が登場したが，1981年には労働党が GLC を保守党から取り戻すという結果がすぐに続いた。2 つの事件が，イデオロギー路線をめぐって 2 つの層の政府間での衝突を特徴づけていることを明らかにした。交通政策における対立と，GLC のリーダー，ケン・リビングストンの保守党を誘惑するしぐさが，GLC の廃止を要求する声を高めた（保守党のバラでは，元々 1980 年代初めにそれについて論じられていた）。そして，1985 年地方自治法によって，ロンドンっ子たちは，1 世紀前と同様の状況を目にした。つまり，GLC の機能は，バラか多数の政府任命の特殊法人（クアンゴ）かのいずれかに譲渡された。

GLA の創設（直接公選の市長および 25 名の議会議員）およびそれに続く 2000年のリビングストンの選挙までの 14 年間，ロンドンはいかなる公選の代表制政府も持たなかった。加えて，新しいしくみの下，拡大した「GLA ファミリー」は，首都警察庁（その機能は，かつては内務大臣によって単独で実行された）および新しいロンドン消防・緊急計画庁のような機関が，ロンドンの人々が選挙した代表によって監督されるという利点を持つこととなった。しかしながら，ロンドンのガバナンスのしくみは，GLA の設置後でさえ一貫しない点が見られ，しばしば問題になっている（時々匿名になるロンドン議会の役割のように）。外ロンドンが直面する問題，例えば，ハローが，交通や教育の面において内ロンドンのランベスよりハートフォードシャーのウォトフォードとより共通した面を持っていることは，ロンドンの政治制度（ある政党の選挙上の都合で計画された1965 年の境界に基づく）にいくぶんかの改革が必要であることを意味している。

2004 年，ロンドン議会と首都にある 33 の地方自治体は，特別委員会の下でロンドン統治について検討することに同意した。その特別委員会は，2006 年に報告書を出し，バラの合併より，むしろ現存の機関の強化を通じた大規模な改革を勧告した。労働党は，2000 年の市長選挙では，リビングストンの出馬に反対したが，2004 年の選挙では，彼の立候補を受け入れた。また，労働党が 1990 年代中頃の野党時代に形成した改革案への変更の必要性を認めた。そして，2005 年の総選挙のマニフェストにおいて，住宅，職業訓練，廃棄物のような事柄について今までより大きな権限を市長に与えることを提案した。

さらに，2007 年グレーター・ロンドン・オーソリティー法は，2008 年の市長選の時にこれらの提案を立法化した。2008 年の市長選は，保守党の国会議員でメディア界の人物であるボリス・ジョンソンが勝利した選挙だった。

ボリス・ジョンソンは市長として，少なくともシティ・ホールに関する限りは，首都である都市の統治における何かしらのチャンピオンであり改革者であった。ジョンソン市長はその職に就くと，通常の局長やアドバイザーより一連の米国式の「副市長」を任命したが，それは「操作的」な GLA 法が立法の中にそれらの職を置いていたからである。ただし，スキャンダルや論争に続くスタッフの回転ドアのような事態（スタッフの交代）は，ジョンソン市長の 1 期目の統治スタイルに疑問の痕跡を残すことになった。計画に関する事項をめぐるバラとのいくつかの小競り合いにも関わらず，多くのロンドンの自治体が保守党の統制下にあったので（2010 年まで），関係は大体安定していて誠実なものであった。首都以外では，地方自治の再編成を通した構造改革的な種類への意欲が見られることは少なかったが，この方面での（首都における）努力は，隣接するバラの間で共有された自治体業務に関する連携を通して，事務部門レベルで行われた。それは，政治的に同じ種類の中央や西部の保守党支配下の自治体である「3 つの区」の間の連携である。また，政治的リーダーシップは別々に保ちながら，職員や資源を蓄積することも可能にした。2011 年地方主義法の下，首都における統治改革に関する所有権を共有した過程は，市長，ロンドン議会，区

の間（ロンドン評議会を通じて）で提案された。統治改革では，市長開発公社の導入やロンドン開発公社（MDC）の廃止などが実現した。一方，市議会は3分の2の多数で市長の戦略を拒絶する権限を得た。ロンドン以外の警察当局に対する改革は，直接公選制の警察・犯罪コミッショナー（PCC）の導入を伴い，同年の警察改革・社会的責任法によるものであった。この改革により，市長が引き受ける責任（もしくは副市長を任命して市長の責任を委任することができた）はより限定された形態になった。市長のその責任は市長部局である警察・犯罪市長室（MOPAC）を通して果たすが，それは2000年に導入された首都警察当局を置き換えたものである（ロンドン議会の委員会は，MOPACと首都警察サービスの両方を監視する役割を果たす）。GLAの統治のしくみに関するさらなる調整が，2017年警察・犯罪法の下であった。同法により，2018年4月にロンドン消防・緊急計画庁が廃止され，それをMOPAC形式のロンドン消防コミッショナー室と市役所内の特命の副市長に置き換えた。「3つの区」のようなものは労働党所属の市長や区の復活の中で生き残ることはなかったが，東ロンドンでは，「ローカル・ロンドン」パートナーシップという区どうしの連携により，中央政府から8の区への権限委譲が求められてきた。また，最近のロンドン市長のサディク・カーンは，彼の最初の任期中に，中央政府から首都への保健や司法に関する権限委譲に関する一連の覚書に署名することができた。

▶ 12　スコットランドに関するノート

他の多くの政治制度と同様に，スコットランドにおける地方自治の発展は，イングランドのそれと常に密接に関連づけられて判断されてきた。バラとして知られた地方行政単位は，地方コミュニティにおける交易を維持することを主目的として，そしてまた，王国の歳入と影響力を保持するために，中世期を通して存続してきた。バラは，次第に地方生活の他の分野を規制するより大きな権限を持つことになるように見えた。スコットランド教会は，イングランドの

教区委員会のように，教区の基盤の上に，救貧と基礎的な教育を提供する「最下級長老会議」を設置した。これらの活動の財源は，教会の寄付と地租の両方によって賄われた。地租は，「供給監督官」によってカウンティごとに定められていた。イングランドの四季裁判所と同様に，それらは次第に，道路を管理し，地方警察隊を組織する権限を増大させた。

　しかしながら，これらの非公選の単位は，19 世紀初めまでに（イングランドとの合同法以降 1 世紀の間に），腐敗と都市の成長に伴う当時の社会的問題を処理する能力が欠如していたため，潰されていった。多くのバラは，1833 年のバラ改革法の下で改革された。だが，小さなバラのいくつかは，1900 年まで手つかずのまま残された。19 世紀の中頃，いくつかのさらなる改革が実現した。それは，1845 年の地方における公選の救貧委員会や，1857 年の精神病ケアについての地方委員会，1872 年の公選の学校委員会の導入だった。1889 年に公選のカウンティ（イングランドと同様に）が導入され，1900 年にタウン（スコットランド）法は，すべてのバラが公選の団体になることを保障した。

　1918 年，学校委員会は，カウンティや大きなバラに基づく普通（紋切り型）の LEA に置き換えられた。そして，1929 年に地方自治制度は，カウンティ，都市カウンティ（イングランドのカウンティ・バラに類似），大規模バラ，小規模バラ，ディストリクトに整理された。ホイットリー卿によって率いられた王立委員会（レッドクリフ・モード委員会と並行して運営された）が，さらに制度を改革する方法を見つけるために，ハロルド・ウィルソン労働党政府によって任命された。この委員会は，9 つのリージョンと 53 のディストリクトによる主として二層制の路線に沿ったスコットランドの地方自治改革を勧告した。その勧告は，3 つの統合型の島嶼自治体とパリッシュ・レベルの代議的コミュニティ（全く機能的なものではなかったが）から成っていた（ただし，この存在については統一的なものではなかった）。ウェストミンスターの保守党政府は，この委員会勧告を受け入れた。そして，1975 年から，これがスコットランドで地方自治制度として機能した。

ウェールズと同様に，ジョン・メージャー保守党政府下で始められた地方自治再編は，1996年以降，32の地方自治体から成る完全統合型として，スコットランドに残された。それは，境界を変えたが，その際，ディストリクトの利益を優先して，リージョンに大なたをふるった。1999年以来，スコットランドの地方自治は，権限委譲されたスコットランド議会の統制下で機能してきた。多分，権限委譲後，スコットランド行政府によって実施された最大の改革は，2007年からのスコットランドの地方議会における単記移譲式投票（STV）方式の導入である。それは，公選首長制のようなイングランドの現代化施策に抵抗するものであった。STV方式は，独立委員会によって勧告された。それ（STV方式）は，1997年と2003年のスコットランド議会選挙以後の労働党との連立交渉期間における，自民党の主要な要求であった。そして，その年の地方選挙で導入された結果，たいていのスコットランドの地方議会では，優越した支配力を持つ党がない状態（これは今日まで残る傾向）になるという影響を与えた。またその年の選挙の結果，スコットランド民族党が政府を率いるようになり，スコットランド政府は，スコットランドではカウンシル・タックスを主として地方所得税に置き換えようとしていたが，これは後に断念された。

　スコットランドでは地方自治の政策に関する完全な権限委譲を有しているにも関わらず，また，スコットランド議会へのさらなる権限委譲の順調な動き（特に2014年の独立住民投票以来の）が見られるにも関わらず，スコットランド政府は，英国の他の地域で見られた構造改革より，カウンシル・タックスやビジネス・レイトなどのマイナーな改革について勧告する独立委員会に努力を集中させてきた。いくつかの点で，スコットランドにおける地方サービスの管理は，いくつかの新しい構造を通じて集権化されてきた。例えば，現在，ソーシャル・ケア（社会福祉）については，32の地方自治体単位でNHSの統合機関により管理されている（2005年以降）。また，スコットランドの8つの消防・救助当局は，2012年警察・消防改革（スコットランド）法の下，2013年に単一のスコットランド消防・救助サービスに統合された。同法はまた，同年，「スコット

ランド警察（Police Scotland）」を創設し，それまでの 8 つの地域警察当局をス
コットランド政府の大臣に説明責任を負う 1 つの機関に置き換えた。

▶ 13 ウェールズに関するノート

　国としては個別の歴史を有するにも関わらず，ウェールズはイングランドと
長期間に亘り歴史的にも憲法的にも調和（および法的連合）を保っていたゆえ
に，ウェールズの地方自治は，イングランドと同様の環境をその起源として持っ
ている。そして，その改革は，一般的にイングランドの改革（例えば，レッドク
リフ・モード委員会）に沿って実行されてきた。しかしながら，ウェールズとイ
ングランドでは，近頃いくつかのちがいがある。ウェールズの公選制の教区単
位は，「コミュニティ・カウンシル」として知られている。そして，1990 年代
中頃の地方自治再編の結果，ウェールズは，22 の地方自治体から成る完全統合
型の地方自治になった。それは，1974 年以来使われてきたカウンティとディ
ストリクトから成る二層制の終焉をもたらした。

　1999 年のウェールズ議会の下での権限委譲されたウェールズ政府の導入後
も，その公国（ウェールズ）における地方自治に関する事柄は，ロンドンのウェ
ストミンスター国会が関与する事項として主として残っていた（スコットランド
の権限委譲後の状況と対照的）。しかしながら，2007 年地方自治・保健サービス
への住民関与法の下，ウェールズ議会は今日，ウェールズにおける地方自治体
に対して完全な立法的権能を有している。それらは，2006 年ウェールズ法の
下で設けられたものを超えた追加的な権限委譲の分野である。ビジネス・レイ
トに関する政策については，2015 年に完全に権限委譲された。それは，バー
ネット・フォーミュラによる査定を止めた結果である。

　さらなる法律や 2011 年の住民投票がたいていの内政事項についてウェール
ズへの権限委譲を大切に記したが，ウェールズ政府はウェールズの諸機関を再
編成するいくつかの青写真のどれも進めることができなかった。その代わりに，

22 の地方自治体の間での自主的な合併と選挙の投票年齢の 16 歳への引き下げを促進した。すべての公的サービス（例えば，消防，警察，保健）の連携は，2015年将来世代福祉（ウェールズ）法の下で各地方エリアの公的サービス評議会および地方福祉計画を通じて促進された。

14 北アイルランドに関するノート

　その地域規模と連合王国の一部としての北アイルランドの変則的な憲法的性格によって，北アイルランドの地方自治の役割や機能は，国の他の地域と異なっている。1970 年の「マクロリー報告」の結果，1973 年に地方政府は，26 のディストリクト（比例代表制採用の公選制）と 9 つの地域委員会（ディストリクトからの指名の地方議員と大臣任命者の混成体）に再編された。1973 年の再編は，北アイルランド内における地方サービスの中央政府への移管の結果だった。地方自治体内でのセクト主義的行動から地方サービスを守るため（それでいわゆる「マクロリー・ギャップ」が創られた），関係を修復し，よりコミュニティを交差するような権限委譲された政府が期待されていた。現在，北アイルランドの伝統的な 6 つのカウンティ（アイルランド島におけるアルスターの 9 つのカウンティの部分）は，ただ儀礼的なものである。ディストリクト議会に残る機能には，レジャー，環境サービス，市場やエンターテイメントの認可，食品衛生，商取引基準などがある。保健やソーシャル・サービスについては，4 つの地域委員会があり，教育や図書館については，5 つの地域委員会があった。また，北アイルランド全域を管轄区域とする住宅機関と消防庁もある。1998 年のグッドフライデー合意そして 1999 年の地域議会選挙以降，北アイルランドにおける他のサービスや地方自治事項に関する一般的な監督は，北アイルランド行政府（もしくは権限委譲の中断期間は，北アイルランド省）によって通常管理されている。

　権限委譲の後，北アイルランド行政府によって設置された行政レビューが，2005 年と 2006 年に報告書を提出した。その勧告は，北アイルランド省によっ

て受け入れられたが，ほとんどの地方自治体によって拒絶された。それは，北アイルランドの地方自治体の数を 26 からわずか 7 に引き下げ，地方サービスに責任を持つ特殊法人（クアンゴ）の数を整理すると共に，いくつかの分野（計画，環境，経済開発）における地方自治体の権限を高めることを含んでいた。2007 年に権限委譲された政府が再開された結果，新しい行政府は，来るべき 2011 年から地方自治体の数を 11 に減らすという恐らくより受け入れやすい提案を発表した。

　しかしながら，これは政党間の合意を得るのに失敗したため，執政部により延期され，2010 年には再び断念された。2012 年の統治プログラムの中にもう一度採用されただけである。ただし，2005 年の報告書から 10 年の時を経て，2015 年に新しい 11 の自治体がスタートした。

　北アイルランドの教育やソーシャル・ケアに関する行政機関に対してさらなる改革が行われてきた。例えば，2015 年に教育当局が設置された（それはそれまでの 5 つのエリア単位の評議会を置き換えるものであった）。また，2009 年に保健およびソーシャル・ケア評議会が創設された。しかしながら，これらの機関は執政部により任命されるものである。また，北アイルランドでは英国の他地域と異なり，ローカル・レイトが残っていて，地方自治体に代わって執政部の機関である土地・資産サービス・エージェンシーにより徴収されている。選挙や選挙人の登録も 1973 年の再編により，北アイルランド選挙事務所により（地方自治体によってではなく）一元的に管理されている。

第2章

英国における地方自治の全体像

> 2021年現在におけるイングランドの主要な自治体のしくみ（緊急サービスを含む）について述べる。スコットランド，ウェールズ，北アイルランドに関しても短く記述する。

　前章では，連合王国の地方自治が，それを構成する国のそれぞれに異なる道筋に沿って，どのように発展してきたかを見てきた。その地方自治体に委譲された機能には，多様性や複雑な配置があった。このようになるまでに，1601年救貧法に始まり，全国的な政治制度に対する評価と共に，いくつかの局面を経験してきた。1835年以来，地方民主主義的なしくみであると考えられるものが誕生すると共に，中央と地方レベルの関係は，常に緊張に満ちたものとして特徴づけられてきた。少なくとも1945年以来，それは，地方の自律性と権限が徐々に侵食されることによって特徴づけられてきた。しかしながら，イングランドにおける地方自治は，政府の他のレベルに比べて，非常に多くの公選の代表を有している。それと共に，国民経済の重要な要素であり，最大の雇用者でもある。権限や自律性への侵食にも関わらず，地方自治は，すべての市民への公的サービスの重要な提供者としてとどまっている。市民は，彼らが暮らし働いているところに応じて，異なる地方自治体のサービスを非常にしばしば利用している。

　第一に，地方自治の権限がどのようなものであるかは，英国の不文憲法の中で規定されている。英国の地方自治のしくみは「論理的には不満をもたれてき

たが，経験的には受け入れられてきた」（かつてレッドリッヒやハーストが観察したように）。それらは，かつての植民地に引き続き影響を及ぼしてきた。自治領であったカナダ（区 'ridings' を有している），オーストラリア，南アフリカ，さらには米国においてさえそうである（例えば，ニューヨーク市議会のモデルは，シティ・オブ・ロンドン・コーポレーションである）。しかしながら，公的サービスにおいて地方の説明責任や指導が着実に侵食される中，地方民主主義が重要になってきたことは多くの人の目に明らかであった。1980年代後半から90年代初めの間，地方自治がサッチャリズムによって激しく攻撃された結果，多くの地方自治体は，地方自治を促進し，さらなる侵食を防ぐ手段として，「概括授権」の概念を擁護した。概括授権は，たいていのヨーロッパや英連邦内のいくつかでも採用されている政治制度における規範である。そして，概括授権の下では，地方自治体は担当することを明白に禁じられているものを除いて，適当と考えることを行う自由がある。これは，2011年地方主義法の下で「概括授権」が登場するまでの英国とはまったく反対の状況であった。それゆえ，英国の地方自治体の権限や責務は，制定法によって定められ，権限踰越（その定められた権限を越えること）がないように運営されている。地方自治に関する改革は，英国の憲法を現代化し，地方民主主義を生き返らせる広範な取り組みの一部として取り上げられた。しかし，既に論じられた「経済的・社会的・環境的福祉を促進する」ための権限を除いて，2010年までは実質的には何らの効果ももたらさなかった。それは，欧州地方自治憲章のためのリップサービスに過ぎなかった。

　さらに，この集権化の特徴は，国会主権によって支えられている。それは，地方自治の存在が，いかなる情勢においても，下院での1票差の多数決に基づいて，理論的には容易に廃止できることを意味している。ウィディコム調査が報告したように，中央地方関係が最悪であった期間には，地方自治は独立して存在する権利さえ持たなかった。

1 法的枠組み

　地方自治の憲法上の地位を確認すると，政治制度として，そして，地方の公共サービスの提供者として，その存在を支えている多くの法には価値がない。我々は，英国の地方民主主義の起源を「遠い昔の時代」（例えば，1189年以前の法）まで遡ってきたが，ある意味での最初の地方自治法と言ってもよいのは，1601年救貧法だった。それは，国民生活扶助法の通過の結果，1948年になってようやく廃止された。イングランドおよびウェールズの地方自治を構成するものとして，次の法が現行制度の基盤を形成している（付表Ⅱ参照）。

・ロンドン：1963年ロンドン政府法，その後，1985年地方自治法，1988年教育改革法，1999年および2007年グレーター・ロンドン・オーソリティー法
・ロンドン以外の大都市圏：1972年地方自治法，1985年地方自治法により修正。
・シャー地域：1972年地方自治法，1992年地方自治法の下で作られた規則により修正。2007年地方自治・保健サービスへの住民関与法。2009年地方民主主義・経済開発・建築法および2011年地方主義法（この2つの法は上記のロンドンおよびロンドン以外の大都市圏にも適用される）。
・ウェールズ：1994年地方自治法（ウェールズ）および2007年地方自治・保

表2−1　イングランドにおける一層制自治体

イングランドのシャー地域	58 ユニタリー（一層制自治体）
グレーター・マンチェスター	10 大都市圏ディストリクト
マージーサイド	5 大都市圏ディストリクト
サウス・ヨークシャー	4 大都市圏ディストリクト
タイン・アンド・ウェア	5 大都市圏ディストリクト
ウェスト・ミッドランド	7 大都市圏ディストリクト
ウェスト・ヨークシャー	5 大都市圏ディストスクト
グレーター・ロンドン	32 ロンドンバラおよびシティ・オブ・ロンドン

健サービスへの住民関与法。

　イングランドには，合計 333 の地方自治体がある。一方，スコットランドには 32，ウェールズには 22，北アイルランドには 11 ある。スコットランド，ウェールズ，イングランドの都市部では，一層制自治体がすべての地方サービスを提供している。一方，イングランドの他の地域では，ディストリクトとカウンティに分かれた二層制によって提供されている。イングランドでは，24 のカウンティがあり，これがさらに 181 の小さなディストリクトをカバーしている。加えて，ウェールズでは 22，イングランドでは 128 の一層制自治体があり，それらは都市地域で用いられている。これらの一層制自治体の数は，表 2-1 のように説明できる。

　大都市圏ディストリクトは，それと並んでかつて存在していた大都市圏カウンティの廃止の結果，1986 年に現在の権限と地位を得た。同様に，ロンドン・バラとシティ・オブ・ロンドン・コーポレーションは，同年のグレーター・ロンドン・カウンシルの廃止の結果，現在の権限と地位を得た。イングランドのシャーにおいて最初に 47 のユニタリー（一層制自治体）が，1990 年代の中頃から末にかけて，一部の地域で創設された。それは，1992 年地方自治法およびバンハム報告によってもたらされた過程であった。さらに，二層制の農村地域において 9 の新しいユニタリー（一層制自治体）が別の再編成過程によって 2009 年 5 月に活動を始めた。その 10 年後の 2019 年，2020 年，2021 年にも小規模な再編が続いた。

　二層制では，下位の層は，ディストリクト（もしくはノン・メトロポリタン・ディストリクト）と呼ばれる。これらのディストリクトのいくつかは，かつて授与された古い王立憲章を通じて，バラとしての地位を有することもある。ディストリクトはまた，都市部にも適用されている。ただし，いくつかのバラは，最近，改名されたり，シティの地位に昇格されたりしてきた。すべての地方自治体が，儀礼上および市民への顔としての議長もしくはメイヤー（首長）を有

している。いくつかの大きな，そして，古いシティでは，それらは，ロード・メイヤー（首長閣下）という形を取るところもある。自治体が，ディストリクトと呼ばれるところでは議長を有し，バラもしくはシティではメイヤー（もしくはロード・メイヤー）を有している。

　地方自治の境界は，現在，地方自治立法に基づいている。ただし，自発的合併は，それらの法の下で認められている。そして，現在，イングランドの境界委員会が，地方自治の境界や構造全般の検討について責任を持っている。地方自治立法は，地方自治体のそれぞれのタイプによっていくつかの責任を与えている（以下に記述する関連章の各部分を参照）。

▶ 2　シティ（市）

　シティは，法によって特別な権限を与えられる地位ではない。そして，それから受ける印象とは異なり，人口規模もしくは宗教的特徴のような何か単一の要因と関係しているわけではなく，わずかに，国王の勅令にのみ関わっている。今日のシティの地位は，通常，特定の出来事に関して首相の助言に基づいて行動する国王によって授与される。だが歴史的には，シティの地位を付与することは，君主を中心に決定されていた。タウンは，王立憲章によってバラと名乗ることができる。シティの地位は，実際には特許状によって付与される。これらのシティの成立は，歴史的にはイングランドの君主政治にさかのぼり（1189年以前の）遠い昔の時代から慣習によってシティとして扱われてきた。

　16世紀以前のシティの地位は，宗教的特徴があることによってのみ保障されていた。一方，19世紀の間に工業都市や地域の中心都市（バーミンガム，リーズ，リバプール，マンチェスター，ニューキャッスル，ノッティンガム，シェフィールド）などの新しい都市が出現して以後，そうしたケースはなくなった。英国国教会の主教区の設置が16世紀に中止され，それ以降しばらくの間，新しいシティは創られなかった。16世紀以降の新しい監督区とシティは，1832年に

設置されたリポンだった。これ以降，シティの地位が与えられた唯一の宗教的居住地は，ウェールズのセント・デイビッドと北アイルランドのアーマーであった。それらは，1994年に誕生したが，それ以降そうしたケースは見られなく

表2-2　イングランドのシティ

バース（1590年）	マンチェスター（1853年）
バーミンガム（1889年）	ニューキャッスル・アポン・タイン（1882年）
ブラッドフォード（1897年）	ノリッジ（1195年）
ブライトン・アンド・ホーヴ（2000年）	ノッティンガム（1897年）
ブリストル（1542年）	オックスフォード（1542年）
ケンブリッジ（1951年）	ピーターバラ（1541年）
カンタベリー	プリマス（1928年）
カーライル	ポーツマス（1926年）
チェルムスフォード（2012年）	プレストン（2002年）
チェスター（1541年）	リポン（ハローゲイトの一部）（1836年）
チチェスター	セント・オールバンズ
コベントリー（1345年）	セント・アサフ（フリントシャーの一部）（2012年）
ダービー（1977年）	サルフォード（1926年）
ダラム	ソールズベリー
イーリー（イースト・ケンブリッジの一部）	シェフィールド（1893年）
エクスター	サウサンプトン（1964年）
グロスター（1541年）	ストーク・オン・トレント（1925年）
ヘレフォード（ヘレフォードシャーの一部）（1189年）	サンダーランド（1992年）
キングストン・アポン・ハル（1897年）	トルロ（キャリックの一部）（1877年）
ランカスター（1937年）	ウェークフィールド（1888年）
リーズ（1893年）	ウェールズ（メンディップの一部）（1205年）
レスター（1919年）	ウェストミンスター（1540年）
リッチフィールド（1553年）	ウィンチェスター
リンカン（1880年）	ウルヴァーハンプトン（2000年）
リバプール（1880年）	ウスター（1189年）
シティ・オブ・ロンドン	ヨーク

(注)　大昔故に設置年が欠けているものもある。シティが非主要な地方自治体である場合には，新しい地方自治体は，シティとは異なる名を名乗っている（例えば，「ハローゲイトの一部」など）。

なった。スウォンジーは，プリンス・オブ・ウェールズの叙任を記念するために 1969 年にシティになった。一方，ダービーは，1977 年に女王の在位 25 周年を記念してシティの地位を贈られた。タウンがシティの地位を求める最初の公開競争は，女王の君主在位 40 周年を記念するため 1992 年に実施され，サンダーランドがシティになった。2000 年のミレニアムのお祝いでは，ブライトン・アンド・ホーヴ，ウルヴァーハンプトン，インバネスがシティの地位を与えられた。一方，2002 年に女王の在位 50 周年を記念するため，プレストン（イングランド），ニューポート（ウェールズ），スターリング（スコットランド）がシティに格上げされた。北アイルランドでは，2 つの都市にその名誉を贈ることが決められた。1 つは，主としてナショナリストのニュリー，もう 1 つは，主としてユニオニストのリズバーンである。これは，この地域が政治的に敏感なためだった。2012 年の女王の在位 70 周年では，さらにいくつかの創設があった。たいていのイングランドのシティは，「シティ議会」を有しているが，その権限は，ディストリクトか，ユニタリーか，大都市圏ディストリクトか，ロンドン・バラかによってまったく異なる。

　イングランドには，パリッシュもしくはタウンと呼ばれる 1 万近くの主要でない地方自治体がある。ウェールズでは，それはコミュニティと呼ばれている。これらは，その所在地でより地方的な役割（市民農園や街灯の維持など〔下記の節および第 10 章参照〕）を担う。これらのうちの少数は，儀礼的にシティの地位を有している。それらは，再編成によって大きな単位に吸収される前に，バラの時代からの権利として認められていた。チチェスター，イーリー，ヘレフォード，リッチフィールド，リポン，トルロ，ウェールズがそれである。イングランドのシティのリストについては，表 2 - 2 を参照のこと。

▶ 3　カウンティ，ディストリクト，一層制自治体─権限と責任─

既に見たように，イングランドの地方自治体にとって基礎となる法律の 1 つ

は，1972年地方自治法である。これによって，イングランドおよびウェールズの全域に大都市圏および非大都市のカウンティとディストリクトの二層制が導入された。一般にカウンティとは，イングランドの地方自治の目的からすると，1972年地方自治法によって創設された46の行政的カウンティを指すと言われている。もちろん，イングランドのシャー・カウンティはそれ自体古い歴史を有する。「シャー」という語は，アングロ・サクソン起源であり，「カウンティ」（伯爵による支配）は，ノルマン起源である。いくつかの歴史的カウンティは，行政的な意味ではもはや存在しないが，儀礼的なものとして残っているし，総督（国王の任命する地方代理）が残されている。

1972年法以前における最初の行政的なカウンティは，1889年に創設された。1974年に大都市圏および非大都市圏のカウンティ（それらも，1985年の大都市圏カウンティとグレーター・ロンドン・カウンシルの廃止により修正された。下記参照）が設置されるまでは，1965年のみ修正がなされた（グレーター・ロンドンの場合）。非大都市圏カウンティで残った27のそれぞれ（シャー・カウンティとして知られる）は，公選議会を有している。その議会は，4年ごとに選挙され，2000年地方自治法に基づきリーダーや内閣によって率いられている。それは，名誉職としての議長を有している。カウンティの主要な機能として，教育（地方教育当局）とソーシャル・サービスがある。また，カウンティは，道路や廃棄物処理，公共交通，経済開発，消費者保護においても重要な役割を果たす。カウンティは，2004年計画および強制収用法の下，その戦略的計画機能を削除された。同法は，リージョンの空間戦略を承認する計画機関が設置される際には，この機能を各地域審議会の下に置いた。カウンティの地方財政は，ディストリクト（カウンティより下の自治体）が請求し課税する「プリセプト」によって調達するしくみが続けられている。1972年地方自治法の下で，カウンティやディストリクトは，お互いの代わりにサービスを引き受けることを同意している。ただし，責任は，法律上そのサービスに責任を持っている委任した自治体に残っている。

地方自治の再編の最初の構想では，元来は英国全土で完全な一層制型の地方自治を導入することが企図されていた。しかしながら，これには意見の対立があり，一層制自治体は，1990年代中頃の1995年から98年にかけて設置された。一層制自治体は，既にディストリクトが担っている役割と並んで，それまでカウンティのために設計されていた役割も担うようになった。一層制自治体は，1985年地方自治法によってGLCや6つの大都市圏カウンティが廃止された結果，ロンドン・バラや大都市圏ディストリクトという形においても，既に存在していた。また，シリー諸島自治体は，カウンティでもディストリクトでもないが，1972年法によって設置された。それは法的には一層制自治体であるが，独特なものである。1995年から98年の間に創設された新しい一層制自治体は，その先駆者に似ている。しかし，それらには法的なまとまりがなかった。と言うのは，異なる立法によって，それらが設置されたからである（以下本書ではそれらをまとめて「一層制自治体」と呼ぶ）。このようにして現在，一層制自治体は，二層制が残るシャー地域の自治体によって担われるすべてのサービスを果たしている。そして，それは，カウンシル・タックスを定め，徴収する徴税自治体でもある。

　非大都市圏ディストリクト（またはバラとして知られている。上記参照）は，1972年法によって導入されたカウンティの下の層であり，1996年から98年（そして2009年および2019年〜2021年）の間に一層制自治体になったものを除いて，ほとんど変わらず残っている。シャー地域におけるイングランドのディストリクトは，主として環境，ごみ，住宅，計画サービスに責任を持っている。自治体が提供するサービスの内訳については，表2−3を参照のこと。

　各地方自治体は，その地名を変更することができる。ただし，承認は必要である（例えば，マートン）。ただし，ディストリクトにはそれはできない（バラならできる）。同様に，承認が必要であるが，2つのディストリクトは統合を提案することができる。2つのディストリクトが合併して1つのディストリクトになることを望むところでは，2007年法の下で分離の手続きが存在している。こ

の手続きの下で，イングランド地方自治境界委員会が，国務大臣もしくは地方
自治体からの求めによりレビューを実施する。レビューでは，境界線の変更（修
正も含む），「地方自治体区域（議会の区域）」の廃止，新しい地方自治体区域の

表2-3　地方政府の層によるサービスのちがい

サービス	カウンティ	ディストリクト
成人向けソーシャル・ケア	＊	
出生，死亡，結婚の登録	＊	
建築規制		＊
埋葬および火葬		＊
児童サービス（児童保護，養子縁組および養育，特別援助を含む）	＊	
海岸保全		＊
コミュニティの安全		＊
カウンシル・タックス，ビジネス・レイト		＊
文化（博物館，美術館を含む）	＊	
経済開発および観光	＊	＊
教育	＊	
選挙および選挙登録		＊
緊急事態計画	＊	
環境衛生		＊
道路，街灯，交通管理	＊	
住宅（社会的住宅，無居住，賃貸人登録）		＊
レジャー（スポーツ・センターおよび公園を含む）		＊
図書館	＊	
市場および営業許可		＊
駐車場	＊	＊
旅客交通（バス），割引，交通計画	＊	
都市計画，開発統制	＊	＊
公衆衛生	＊	
道路清掃，公衆便所		＊
商取引の基準（規制）	＊	
廃棄物収集，リサイクル		＊
廃棄物処理および計画	＊	

(注)　1：ロンドン・バラ，大都市圏ディストリクト，一層制自治体は，一層制である。
　　　2：それらの一層制自治体では，共同でサービスを処理したり，合同行政機構にサービスに関する
　　　　　権限を委譲することがある。

構成などについて提案する。この手続きは，2つのディストリクトの統合もしくは自治体の分割にも用いられる。しかしながら，現在あるカウンティもしくは一層制自治体の境界を変更する手続きにはこれを使うことはできない。

イングランドの全域は，（少なくとも）1つの地方産業パートナーシップによって管轄されている。地方産業パートナーシップは，地方エリアの経済開発と成長政策を調整するために 2011 年に設けられた。そして，地方産業パートナーシップは，その区域内の地方自治体（および合同行政機関）と密接な協力関係を持っている。しばしば，地方議員たちが地方産業パートナーシップの理事会のメンバーになる。しかし，地方産業パートナーシップには，地方自治体に対する公式の説明責任はない。

▶ 4 緊急サービス

警察と消防は，1830 年代に着手された改革の結果，カウンティ・レベルにおける地方自治活動の伝統的分野であった。1856 年に，警察は必ず提供されなければならないようになった。1889 年の行政的カウンティの設置まで，それ（警察）は治安判事によって監督されていた。イングランドとウェールズにおける警察当局は，1946 年と 1964 年の再編後，1994 年警察および治安判事裁判所法と 1996 年警察法の下，カウンティから独立した。同法は，地方議員から任命される者，独立に任命される者，治安判事などで構成する独立の警察当局を創設した。たいていの警察隊と警察当局の管轄は，カウンティと境界線を共にするようになった。ただ，それができないところでは，合同で設置されるところもいくつかある（例えば，レスターシャー警察の下のレスターシャー・カウンティとラトランド・ユニタリー・カウンシル）。また，スコットランドの警察当局も合同設置である。ただし，2つの一層制自治体だけが，警察当局と一層制自治体が同じ境界線を共にしている。グレーター・ロンドンでは（シティ・オブ・ロンドンを除いて），首都警察の業務エリアは首都警察庁によって監督され

ていた。首都警察庁は，GLAの機能的な機関であった。イングランドやウェールズでは現在のカウンティを基盤とする警察当局は，2006年に提案された改革によって，その大部分が新しいリージョンを基盤とした「戦略的な」エリアに統合されることになった。ただし，その計画は，警察当局の強い反対に直面して棚上げされた。また，英国の交通警察は，首都警察エリアを含めて（例えば，ロンドンの地下鉄），別の全国的なしくみの下で運営されている。

2011年警察改革・社会責任法の下，イングランドには，ロンドン市長も含めて38人の警察・犯罪コミッショナー（PCC）がいる。加えて，ウェールズには4人いる。警察・犯罪コミッショナーは，直接選挙され，任命制の地方議員から成るパネルによる監視に従う（首都警察庁の廃止の結果，ロンドンでは，ロンドン議会の委員会がこの機能を果たしている）。イングランドでは，これらのタイプの組織のそれぞれの境界線は，1972年地方自治法の下で設けられたカウンティの区域に大体基づいている。しかし，スコットランドおよび北アイルランドは，領域全体を管轄する単一の消防・救助サービスおよび単一の警察サービスを有している。しかし，直接選挙されるPCCはいない。

また，イングランドおよびウェールズの消防隊は，19世紀半ばに都市およびカウンティで発足した。しかし，第二次世界大戦の間に，それは全国消防サービスに再編された。戦後，1947年消防サービス法は，消防をカウンティやカウンティ・バラのレベルにおける地方自治体に戻した。1972年地方自治法の下，1974年（そして1986年）の再編によってその（消防の）数が減らされた。現在，消防および救急当局は，地方議員による任命制として，カウンティもしくは合同機関（新しい一層制自治体の場合）に存在している。また最近，消防コントロール・センターへの改革が，リージョン管理評議会と共に，ある程度，リージョン・レベルでも再編されてきた。ただし，これは後に廃止された。グレーター・ロンドンでは，ロンドン消防および緊急計画庁が，GLAの機能的団体としてその管轄地域全域の消防サービスに責任を有している。

現在，イングランドには45の消防・救助機関（ロンドン消防コミッショナー

を含めて）があり，ウェールズには3ある。そのうちのいくつかは，2つ以上の上層地方自治体の区域（カウンティまたは一層制自治体）を管轄する「合同消防機関」である。他は，単一の上層自治体の区域を管轄し，カウンティもしくは一層制自治体の部局を形成している。地方自治体は，1974年の救急車条項によって，担っていた健康管理の責任を免れた。ただし，それは2013年に公衆衛生に関する責任が再導入されるまでのことである。

5　合同行政機構

　10の合同行政機構がイングランドに設置されてきた。それらは地方自治体ではなく，地方自治体の集団が協力する法的な合同機関である。それは，直接公選の首長（いわゆるメトロ・メイヤー）を伴って設けられるか，もしくは直接公選の首長を伴わずに設けられることもある。これに関する主要な立法は，2009年地方民主主義・経済開発・建築法および2016年都市・地方自治権限委譲法である。

　合同行政機構は，2つ以上の地方自治体により設置される。そして，合同行

表2−4　合同行政機構の一覧

合同行政機構の名称	設置年	主要都市	公選首長の初の選挙年
グレーター・マンチェスター	2011年	マンチェスター	2017年
リバプール・シティ・リージョン	2014年	リバプール	2017年
ノース・イースト	2014年	サウス・シールズ	
シェフィールド・シティ・リージョン	2014年	シェフィールド	2018年
ウェスト・ヨークシャー	2014年	リーズ	2021年
ティーズ・バレー	2016年	ミドルズブラ	2017年
ウェスト・ミッドランド	2016年	バーミンガム	2017年
ケンブリッジ・アンド・ピーターバラ	2017年	ケンブリッジ	2017年
ウェスト・オブ・イングランド	2017年	ブリストル	2017年
ノース・オブ・タイン	2018年	ニューカッスル	2019年

政機構は，国務大臣が定める命令により移管される制定法上の機能および，構成自治体が共有することに同意したいくつかの機能を担う。

　最初の合同行政機構の設置は，2011年のグレーター・マンチェスター合同行政機構だった。2014年から2016年にかけて，政府はいくつかの地域と「デボリューション・ディール」について交渉した。現行の各合同行政機構はディールについて交渉してきた。また，新しい公選首長を有する合同行政機構が，他の新しく参加する区域において提案されてきた。これらのデボリューション・ディールを実施する命令は，2016年の議会前に定められた。

　現在の合同行政機構は上記のとおりである。

6　準主要な自治体

　1972年地方自治法の下で設立された地方自治体は，「主要な自治体」として設計された。だがまた，歴史があり変わりやすい7800に及ぶ準主要な自治体が存在する。パリッシュやタウン・カウンシルは，地方自治の初期の基礎単位として，英国国教会の管理下で運営されていた教会パリッシュの大昔からのネットワークに起源を持つ（まず，1555年には道路の維持に関わり，1601年には救貧法の下に組み込まれた）。教会パリッシュと市民パリッシュの間の結びつきは，1894年地方自治法で切断された。イングランドのすべてが，パリッシュによって被われているわけではない。パリッシュは，首都の地方自治組織が変更される中で，グレーター・ロンドンでは1965年に廃止された。そして，1974年には，都市エリアの大部分で，その多くは段階的に廃止された。1997年地方自治・地方税法の下，新しいパリッシュが，住民が要望する地域で設置できるようになった。そのためには，請願，住民投票，中央政府の承認といった手続きを経ることが必要である。そして，2005年の労働党のマニフェストは，パリッシュの反社会的行動に対する権限を増大することや，ロンドンでの設置に向けての立法措置を採ることを約束した（2007年に法として施行された）。これは，

後に 2007 年地方自治・保健における住民関与法の中で制定された。同法はまた，自治体の決定に対してコミュニティが抗議できることや，パリッシュ議会の創設を可能にすること，パリッシュについて，「コミュニティ」「ビレッジ」「近隣社会」議会などの形態を認める影響を持っていた。

　都市地域では，パリッシュは，首長を有すると共に，「タウン・カウンシル」という形態を採る場合がある。最大のタウン・カウンシルは，約 7 万 2000 人の人口を有するウェストン・スーパー・メアである。しかしながら，いくつかのパリッシュは，人口 100 人未満の地域を担当している。パリッシュの責任は，それを設置している人たちの意思に基づいて多様である。そして，その権限は，中央政府へ申し出ることによって増やすことができる。大まかに言って，ほとんどのパリッシュは，道路の状態管理，公共緑地空間の維持，その他のいくつかの関係する機能（例えば，農園，コミュニティ・ホール）などに関わっている。また，パリッシュは，ディストリクトや一層制自治体が計画する問題について協議を受ける権限を持っている。パリッシュは，徴税団体（自治体）に賦課するプリセプトによって財源が手当される。しかし，そのプリセプトのために，支出を決めたことに対する説明責任に反感をもたれたり，ある場合には，新しいパリッシュの創設に対して抵抗に遭うことがある。パリッシュ議会は，4 年ごとに選出されなければならない。だが，この選挙は，議席数を超える候補者がいる場合のみ実施される。多くの場合，選挙はない。候補者が非常に少ないところでは，10 名以上の住民が選挙を求めない限り，議会が新しいメンバーを任命することもできる。イングランドを通じた統一性の欠如（パリッシュ・エリアと非パリッシュ・エリア）によって，パリッシュは真剣な検討の価値のない準主要な機関として多くは扱われてきた。近年の全国組織化の努力（全国地方自治体協議会）により，またパリッシュを再設置しようとする中央政府によって，クオリティ・パリッシュ・イニシアティブが実現された。それは，良いサービスを提供し，完全な民主主義を支持するパリッシュを評価するものである。

　スコットランドやウェールズには，パリッシュやタウン・カウンシルは存在

しない。それらは，コミュニティに置き換えられた。コミュニティは，1972年地方自治法および1973年地方自治（スコットランド）法の下，設立された。ウェールズは，イングランドと異なり，その全域がコミュニティに分かれている。ただ，コミュニティの公選制（議会）は，要望があるところにのみ存在する。スコットランドでは，コミュニティがいくつかのエリアにのみ存在する。それは，定められた権限を持つサービス提供団体というより，代議的な集まりである。

7　スコットランド，ウェールズ，北アイルランド

　　イングランドの一層制自治体と1996年以来存在しているスコットランドの32の類似物（一層制自治体）の間のちがいは，ほとんど名前だけである。ただ，権限委譲されたスコットランド行政府が地方自治を監督しているため，また数世紀来の異なった地方自治制度によって，権限，責務，名称などについていくつかのちがいがある。それらは，イングランドのものと比べると，本書で挙げるには数が多過ぎる。例えば，スコットランドの地方自治体の長は，プロボストもしくはコベナーとして知られる。そして，イングランドの市民的な市長が毎年交替するのに対して，4年ごとに選挙される。スコットランド行政府は，2000年にイングランドやウェールズで行われたガバナンス改革を真似ようとしなかった。また，スコットランドのユニタリーは，すべてが4年ごとに選挙される。ただ，2007年以降は，北アイルランド以外では初めてSTV方式で実施されることになった。

　　ウェールズにおける22のユニタリーの役割と構造は，イングランドのユニタリーと同一である。ウェールズのユニタリーも，1996年以来存在している。ユニタリーのうち，いくつかはカウンティの形を採り（ポーイス），いくつかはカウンティ・バラ（ブライナイ・グエント），合同カウンティもしくはシティ（カーディフ）の形を採っている。ウェールズのユニタリーの選挙は，4年ごとに同じ時期に行われる。ウェールズ政府は現在，地方自治体の選挙制度改革について検討している。

北アイルランドは，スコットランドと同様に，連合王国の他の部分と異なる法的および憲法的関係を保持している。現在，北アイルランドは，11 のディストリクト・エリアに分かれている。そこで，ディストリクトは，主に道路，コミュニティおよび環境サービスに責任を持っている。一方，教育，ソーシャル・サービス，住宅は，北アイルランド全域を担当する機関もしくは任命制の合同機関のいずれかによって管理されている。それらは，北アイルランドの公務員制度および北アイルランド行政府（それが置かれている時は）の監督下にある。北アイルランドでは公共部門における雇用は，他の部門での雇用がないため，異常に高い。2005 年における行政レビューは，26 のディストリクトをわずか 7 つの新しい「スーパー地方自治体」に統合することを勧告した。また，「民主主義の赤字」を埋め合わせ，北アイルランドにおける過度の統治および公的雇用への依存を削減する手段として，特殊法人（クアンゴ）の合理化を大臣に勧告した。その調査勧告は受け入れられ，2009 年に予定されていた選挙で実現されるはずであった。2007 年の権限委譲された政府の回復の後，新しい行政府は 2011 年以降，自治体の数を 11 に減らすより受け入れられやすい提案を発表した。現在，ディストリクトの選挙は，すべてのところで 4 年ごとに行われている。そして，STV 方式を用いている。一風変わっているが，北アイルランドでは，アルダーマンの選出が未だに行われている。それは，ブリテン島では，1972 年に廃止されたものである。

第3章

公選議員と選挙

> 地方議員の役割，法的義務，選挙方法などについて述べる。標準的な枠組み，有権者登録，2000年地方自治法の下での新しいしくみ，つまり公選首長と内閣，監視などについても触れる。

　私たちが検討するのは地方自治であるので，公選という要素が最も重要である。公選の地方議員は，1835年の創設以来，近代地方自治の基盤だった。地方の公的サービスの監視を委ねるにふさわしい地方代表者を定期的に選出することが，この制度の中核である。イングランドの地方自治は，全体として見ると，地方自治体の主要な層に属する約2万人の地方ごとに選挙された地方議員によって監督されている。本章では，彼らがどのように選挙されるのか，そして，地方統治制度の中における彼らの責任について詳説する。

1　法的地位

イングランドで地方選挙を実施するための主要な立法は下記のとおりである。

・1983年国民代表法
・1998年政党登録法
・2000年地方自治法
・2000年政党，選挙および住民投票法
・2000年国民代表法

・2006 年選挙管理法
・2013 年選挙登録・管理法

　英国の地方選挙における投票資格は，他のすべての公的選挙とほぼ同じである。有権者登録として含める主な基準は，ディストリクトおよび一層制自治体の選挙登録担当者（ERO）が定めるものであるが，それは以下のようなものである。
・選挙日で 18 歳以上
・連合王国およびアイルランド共和国の国民
・投票についてのいかなる法的な欠格条件を持たないこと

　法的に選挙権を持たない者には，貴族院議員（ただし，そのような貴族たちも，地方および権限委譲された政府，ヨーロッパ・レベルの選挙では投票できる），EU もしくは英連邦の市民（そのような市民たちも，国会の選挙を除くすべての選挙で投票できる），他国の市民，既決囚，精神衛生上の理由で拘束される人および過去 5 年以内に選挙上の犯罪が確定した者などが含まれる。ERO は，法律によって，ディストリクト内のすべての適格者（有権者）が年次登録に参加することを保障するように努めなければならない。年次登録の中には，海外での投票や郵便による投票も含まれる。郵便投票を希望することは，2000 年以降可能になった。これは，あらかじめ文書で理由を示した場合のみ可能である（例えば，肉体的・精神的衰えなど）。

　選挙は，有権者の選挙人名簿に基づいて，4 年任期であるが，各地方議会ごとに異なる方法で実施される。例えば，カウンティ・レベルでは 4 年ごとに全議席を選出（例外なしに）する，もしくはディストリクトおよび大都市圏ディストリクト・レベルでは，毎年 3 分の 1 ずつ改選する，または，いくつかのユニタリーの場合には，2 年に 1 回，議会の半数が改選される。2007 年地方自治・保健サービスへの住民関与法の下，各地方自治体は現在，自ら選挙の方法を決めることが認められている。

カウンティ議会の選挙区では，一般的に1名の議員が選出される（小選挙区制）。ただし，人口密集地域では2名の選挙区も珍しくない。複数区の選挙区（一般的に3名，時々2名）は，ユニタリー，ロンドン・バラ，大都市圏ディストリクト，都市部のディストリクト議会では一般的である。農村部のディストリクト議会の選挙区は，一般的に小選挙区である。すべての地方選挙は，5月の第1木曜日に行われる。地方議員が任期中に死亡したり，辞任する場合，補欠選挙が新しい議員を選ぶために当該地域において実施される。選挙区ごとの議員の数は，各地方自治体において10年から15年ごとに行われる選挙に関するレビュー（再検討）過程の一部として，最終的にはイングランド地方自治境界委員会により決定される。

　地方選挙は，イングランドやウェールズでは（公選首長とロンドン議会を除いて），現在は小選挙区制で行われる。最高得票を得た候補者が当選する。あるいは，大選挙区制の場合には，2〜3名のトップ候補者が当選する。高順位を付けることのみが必要なのであって，総得票数の過半数を獲得することは必要ない。実際には，3つ以上の政党が候補者を立てるところでは，勝者の候補者は，投票の50％未満しか獲得していないことがしばしばある。

　連合王国の地方自治体の候補者として立候補するための法的要件は次のようなものである。

・任命日において18歳以上であること
・英国，英連邦，EUの市民
・立候補する地方自治体で選挙人登録をしていること，あるいは少なくとも12か月以上，当該自治体区域内に居住しているか，土地や家屋を所有しているか，働いていた者

地方自治選挙において立候補資格のない者は次のような者を含む。
・選挙を実施する地方自治体に勤務する職員（合同行政機構の公選首長への立候補の場合も含む。合同行政機構を構成する自治体の職員は合同行政機構の公選

首長に立候補できない）

・政治的に制限された他の地方自治体の職についていると見なされた者
・破産の条項が適用される人
・過去 5 年以内に 3 か月以上の懲役の判決を受けた者
・過去 5 年以内に何かの選挙上の犯罪により立候補資格を剥奪された者

　上記の基準に合致した上で，選挙に立候補するには，選挙公示で定められた期日（通常投票の約 1 か月前）までに地方自治体の選挙管理人に立候補用紙を提出しなければならない。立候補届は，当該選挙区の住民 10 名によって署名されていなければならない。その後，選挙管理人は，数日後に立候補者，候補者の選挙責任者の名前，事務所などを発表する。

　政党を代表して立候補する候補者に関するルール（最も一般的な立候補の形）は，投票用紙についての不正行為事件もしくは誤解を招く恐れのある申し立て（しばしば引用される自民党の例）などの結果強化された。候補者は，6 語までの政党の略称と登録された政党のロゴ・マークを投票用紙に使ってもよい。これは，政党の指名担当者（もしくは地方の代表者）によって点検されなければならない。政党の推薦を受けない候補者は，「無所属」と名乗るか，何の説明もしなくてもかまわない。

　立候補した候補者は，選挙キャンペーンのための代理人を任命できる（一般的にはそうする）。非常にしばしば，1 人の政党職員が複数の候補者の代理人をする。そして，たいていの政党は，地域での研修を行う。代理人を任命しない人は，自身で代理人の役割も務めていると思われる。また，候補者は，選挙当日に投票所や開票を監視するための代理人を任命できる。他の選挙と異なり，地方選挙では供託金は求められない。

　選挙候補者のキャンペーン活動で最も厳格なことの 1 つは，キャンペーン文書に関する制約である。それは，支出の制限から誹謗，中傷，潜在的な煽動的記述に関する一般法にまで及ぶ。しかしながら，特に選挙では，候補者もしく

はその代理人によって発行されるいかなる公の文書も，印刷業者やその文書の後援者を示すため，法で定められた語（印刷所名など）を付さなければならない。2018年時点での地方選挙における候補者1人あたりの支出制限は，740ポンドで，選挙区の有権者が1人登録されるごとに6ペンス追加される。この額には，選挙期間中の事務経費，旅費などが含まれる。そして，各候補者の代理人は，選挙後35日以内に選挙管理人に詳細で正確な収支報告を提出しなければならない。そうしなかったり，不正な報告を提出した場合には，犯罪として告発を受け，候補者が選挙に勝利した場合でも，当選は無効となる。

　投票は，一般的に午前7時から午後10時まで行われる。ただ，選挙を現代化するいくつかの実験的な枠組みの下，これらの時間は変えられてきた。各投票所で投票を管理する責任を負う選挙管理人スタッフには，投票の秘密厳守を確保することが求められる。そして，候補者やその代理人は，そのプロセスに干渉することを法的に禁止されている。投票の締め切り後，地方議会スタッフは，その結果が選挙管理人によって宣言されるまで（電子カウントのような実験的な枠組みがあるにも関わらず），票を手で数える。いったん結果が報告されたら，それで終了である。ただし，数え間違いがある場合，法的異議申し立てに従う。そして，選挙管理人は，選挙結果について市民に公示を出さなければならない。当選者は，選挙後の2か月以内に，つまり選挙結果が有効であるうちに，結果を受諾する宣言文に署名しなければならない。

2　選挙政策

　英国における地方選挙の投票率は，市民の関心と地方民主主義の健全さの指標として，政党および政治過程に関心を持つ人々の双方にとって，長い間関心の的だった。それは，総選挙より著しく低く，最も良い時でも平均30〜35%ぐらいだった。

　低い投票率をなくすため，1997年以来，いくつかのしくみが導入されてき

た。それには，選挙登録の現代化（移動式の登録や要望に応じての郵送投票）や，伝統的な投票所や投票用紙に替えて，投票方法の簡易化を模索することをねらいとした数々の実験的枠組みなどを含んでいた。選挙上の水先案内人的な試みが，2000 年 5 月と 2002 年 5 月，イングランドのいくつかの地方自治体で行われた。2000 年 5 月には，32 の地方議会が合計 38 の実験的な投票方法を実施した。それには，要望に応じての郵便投票，すべてが完全郵便投票，複数日の投票（週末を含む），投票時間の延長，移動式の投票所，電子投票や電子式集票などが含まれていた。2002 年 5 月には，30 の地方自治体が合計 36 の刷新的な投票手続きを実験した。それには，郵便投票，投票時間の延長，移動式の投票所などに関するさらなる試行や，電話やインターネット，テキスト・メッセージを使った電子投票に関するいくつかの実験が含まれていた。たいていの場合，投票は簡単になり，投票率は明らかに増加した。そして，完全郵便投票が試みられた地域では，さらに成功した（チョーリーでは，投票率は，31.3%から 62.5%にほぼ倍増した）。しかしながら，この試みは，2004 年の郵便投票悪用事件の後，中止された。ただ，政府は，選挙プロセスを現代化することへの関わりを続け，いくつかの試みは，2006 年のイングランドにおける地方選挙でも行われた。その後，いくつかの選挙上の不正行為が，イングランドやウェールズでさらなる試みの可能性を減らした。タワー・ハムレットの現職の区長が 2015 年に選挙に関する裁判によりその職を追われたことが最も有名である（米国やいくつかのヨーロッパの国々の投票にロシアが国家ぐるみで選挙干渉していると申し立てられるような，結果的に安全保障の懸念があることには言及しない）。ただし，スコットランド政府では，選挙プロセスの現代化のアイデアは開かれていることを近年示唆している。

▶ 3 政党の役割

　たいていの地方議員候補者たちは，登録された政党の支持を受けて選挙を戦

う。無所属の候補者が選ばれることもあるが（全地方議員の 10 ％で，ほとんどは農村地域において），党名がしばしば有権者の手助けとなり，選挙を確実にしようとする候補者は勝利を得るために選挙戦で政党の支援を受けることができるという状況が続いている。

　いったん議会に選出されると，議員たちは党グループに所属する。その党グループが，政策を形成するための役員を選び，議場で党の方針を維持する。グループとは関係なくバラバラに議員が座ることを求めた英国最後の地方議会は，2006 年にこの慣習を止めた（ポーイス）。いったん選ばれると，同一の党に所属し続けなければならないという法的な要件はないし，基本方針や（もしくは）党規をめぐり各党からの離反が時々起きる。3 つの主要政党が，地方議員と党本部間の日常的な共助と連携を提供するため，全国レベルで地方議員たちの組織を持っている。そして，これら 3 つの政党は共に，地方自治体協議会で認定され，そこに彼ら自身の党グループを持っている。候補者選出に関するルールや手続きは，政党ごとに異なる。労働党は，最も厳格で規範的である（1 年以上の党員としての経歴が必要で，公式の面接が求められる）。自民党が最も緩やかである（前もっての党員資格は必ずしも必要ない）。

4　構　　　成

　2013 年，地方自治体協議会は，イングランドとウェールズの地方議員に対して 7 度目の統計調査を実施した。それは，地方議員たちの役割や特徴に関する正確で時宜を得た情報を提供するためだった。この統計調査は，定期的に実施され，そして，イングランドにおけるディストリクト，一層制自治体，カウンティ議会の公選メンバーのプロフィールのスナップ写真を提供している。統計調査からもたらされる情報に基づいて，地方自治体や中央政府などの機関は，多様な候補者群を地方選挙に惹きつけようとした政策や提案がどの程度影響を及ぼしたかを評価することができる。

2013 年の統計調査では次の点が分かった。

・地方議員の 67％は男性で，32％は女性である。女性地方議員の割合は 2001
　年時点における 29％から増加した。

・地方議員の平均年齢は，1997 年時点での 55 歳から 2013 年時点では 60 歳
　と，高まった。

・地方議員の 96％が白人で，4％は民族的バックグラウンドの少数者出身で
　ある。

2013 年の国勢調査はまた，地方議員たちが，議会や政治的業務に週平均 25
時間を費やしていることを明らかにした。地方議員の 53％が，1 つもしくはそ
れ以上の議会内における指導的な責任ある地位を有していた。

2006 年 10 月の地方自治白書『強く繁栄するコミュニティ』では，イングラ
ンドにおける地方議会の選挙について，より多様で広範な候補者が参加するよ
う，その障壁を検査するための地方議員委員会が設置されることを提案した。
その委員会は，ジョン・ロバーツ博士（ロンドンのカムデン・バラの元リーダー）
の指導の下，設置された。そしてそれは，地方議会を政治的キャリアとしてよ
り魅力的なものにするために，失職後の解雇手当の支払いを含む広範な提案を
慎重に審議した。委員会は 2007 年 12 月に報告書を出し，投票年齢を 16 歳に
引き下げることなどの変更点を勧告した。政府は，その提案のいくつかを受け
入れた。地方民主主義を促進すること，地方自治体職員のいくつかの職制で政
治的規制を引き上げることなどが，地方議会における新しい法定上の義務になっ
た。そこでその後，政府は，女性や少数民族の議員の数を増やすために別の諮
問委員会を設置した。その諮問委員会は，代表性の多様性を高める一連の方策
について勧告したが，当時の政府が 2010 年の選挙で敗北したため中断された。
ここ 10 年間ほどの間，何人かの観察者たちは，現在の地方議員は国会議員ほ
どの多様性がないと指摘してきた。例えば，ランベスにおいて，黒人や民族的

少数者出身の地方議員は 20％未満であるが，それと比べて黒人や民族的少数者がランベスの全住民に占める割合は 60％である。2008 年の地方自治体協議会による地方議員に関する統計調査の時点では，地方議員の 3.7％が民族的少数者の背景を持っていたが，一方，2018 年の時点では，その数字は丁度 4％である。

5 議員の責務

　地方議員は，いったん選ばれると，選挙区のために無料相談を行ったり，ケースワークを促進したりする法的な義務はない。ほとんどの地方議会は，これを適切に促進するシステムを持ってはいるが，手に余る仕事はしない。しかしながら，地方議員が再選を確実にすることを望むならば，選挙区での責務は重要である。同様に，いったん議会のメンバーになると，法律上最小限度求められる議会への関与は，本会議と総括・審査委員会に出席すること，6 か月ごとの議会の会議に少なくとも 1 回出席することである。もし，彼らがこの要件に合致しないならば，そして，本会議が欠席のための休暇（例えば，医療上の理由により）を与えなければ，議員は辞任し，自動的に補選が行われる（選挙が 6 か月以内に行われるのでないならば）。

　2000 年以降，各地方議員および公選首長たちは，彼らが代表としての責務

表 3-1　自治体タイプごとの地方議員数

自治体のタイプ	自治体数	地方議員数
ロンドン・バラ	32	46 〜 70 人
大都市圏ディストリクト	36	48 〜 120 人
大都市圏外のカウンティ	27	45 〜 84 人
ユニタリーのカウンティ	6	39 〜 123 人
大都市圏外のディストリクト	201	24 〜 62 人
イングランドのユニタリー	49	26 〜 82 人
スコットランドのユニタリー	32	21 〜 79 人
ウェールズのユニタリー	22	33 〜 75 人

を果たすことを可能にし，所得等の損失を相殺するために，適切な課税対象の年俸を受け取ることになった。それまでの唯一可能な報酬は，参加した会議ごとの手当という形態だった。それは，地方自治を退職者や失業者，仕事のない人，家族への責任のない人にだけ成り立つものにしたように思われた。地方民主主義を現代化し，改善する動きの１つとして，地方議員に対する新しい報酬と年金の枠組みが導入された。個々の地方議員たちに対する定額報酬は，制定法上の制約に従うものであるが，個々の地方自治体で毎年定められる。それは，独立して地方ごとに募集されたパネル（専門調査員団）によって作られた勧告に基づく。基本的な報酬は，自治体間でかなり異なることがあり得る。それは，自治体のタイプや特徴に応じており，いくつかの地方議会は，その枠組みを疑いの目で見続け，平均報酬より低く定めている。追加的な報酬を，特別の責任を持つ者に支払うことができる。地方自治体の執行部にいる者，もしくは，委

表３−２　イングランドの地方自治体における直接公選首長の年収

地方自治体（タイプ）	首長（政党，選挙年）	報酬（2018年時点）
ベドフォード（ユニタリー）	Dave Hodgson（自民，2009）	£62,550
ブリストル（ユニタリー）	Marvin Rees（労働，2016）	£65,700
コープランド（ディストリクト）	Mike Starkie（無所属，2015）	£50,000
ドンカスター（ユニタリー）	Ros Jones（労働，2013）	£30,000
ハクニー（ロンドン・バラ）	Philip Glanville（労働，2016）	£80,000
レスター（ユニタリー）	Sir Peter Soulsby（労働，2011）	£69,000
ルイシャム（ロンドン・バラ）	Damien Egan（労働，2018）	£77,700
リバプール（ユニタリー）	Joe Anderson（労働，2012）	£70,500
マンスフィールド（ディストリクト）	Kate Allsop（無所属，2015）	£54,800
ミドルズブラ（ユニタリー）	Dave Budd（労働，2015）	£61,000
ニューアム（ロンドン・バラ）	Rokhsana Fiaz（労働，2018）	£82,000
ノース・タインサイド（ユニタリー）	Norma Redfearn（労働，2013）	£63,000
サルフォード（ユニタリー）	Paul Dennett（労働，2016）	£62,500
トーベイ（ユニタリー）	Gordon Oliver（保守，2011）	£63,000
タワー・ハムレット（ロンドン・バラ）	John Biggs（労働，2016）	£67,000
ワトフォード（ディストリクト）	Peter Taylor（自民，2018）	£65,700

員会の議長などがそれである。また，会議報酬は，全国や地域の地方自治関連団体に属する者にも支払うことができる。しかし，それらは，地方自治の枠組みの一部としてではなく，法令の定めに従い，関連団体によって支払われる。

　各地方議員の責任は，本会議の年次総会で毎年決定される。それはまた，地方選挙後すぐに招集される。党グループと無所属議員は，指名する者を事前に決定した上で，投票のための本会議に提案する。選出される職は次の範囲に及ぶ。

・市長と副市長（非公選首長のシティおよびバラにおいて）
・本会議の議長，副議長（公選首長の自治体，カウンティ，ディストリクトにおいて）
・準司法的規制委員会（例えば，計画および免許）の委員長と副委員長（ディストリクトおよび一層制自治体において）および統括・審査委員会の委員長と副委員長
・自治体の内閣／執行部，総括・審査委員会／パネル，規制委員会
・他のパネルやサブ委員会

　議員としての適格性以外に，いかなる職もその他の要件や資格を求められることはない。だが，いくつかの職は同時には務められない。しかし，いくつかの職はこの限りではないと見なすルールが適用できる。党によっては，いくつかの公職や党グループの職に就くことを制限している。例えば，幹事長が委員会の委員長や執行部に入ることを妨げている。市長職は，野党グループからは選出されないので（市長職は，多数派の支配下にある），彼らには他の役割がある。「影」の執行部となるか，もしくは，特定問題についての先導的なスポークスマンとして行動することがそれである。しかし，それは，関係するグループの判断次第で，公的な地位ではない。

6 基　　準

　2001 年に政府は，報酬枠組みと並んで，イングランド基準委員会とそれに
伴う体制を導入した。基準委員会の設置やそれが監督する体制は，近年の地方
自治をめぐる汚職スキャンダルや公的生活の標準を改善することを目指す全体
的な流れに応じたものだった。基準委員会は，自治体の活動において地方自治
規則を守らせるための中央機関として行動した。すべての地方議員たちは，そ
の規制に署名をしなければならないし，基準委員会は法的にそれを強制できた。
各自治体は，2001 年に国会が定めた標準規則（モデルコード）を採用もしくは
修正（制限された範囲内で）しなければならなかった。規則は，主要な自治体だ
けではなく，パリッシュやタウン・カウンシル，GLA，国立公園当局，消防・
警察当局，旅客交通庁も対象にしていた。基準委員会は，市民や議員が申し出
た苦情を受け付けると共に，イングランド審判パネルに委ねるべきかどうかを
倫理標準官による査察基準に基づいて決定する。イングランド審判パネルは，
憲法関係省（現在の司法省）の管轄下で苦情を扱うために設置された機関であ
る。そのパネルの法廷は，訴訟事件と上訴の両方を聴聞し，裁定する。そして，
規則への行為違反が発見された議員に対して制裁を与えることもできる。譴責
から職の完全な免職まで，そして一定期間の選挙への立候補の禁止などの制裁
がある。

　基準委員会は，その存在が繰り返し批判の対象になってきた。と言うのは，
基準委員会の体制自体が非常に小さく苦情に対して払われる努力がお粗末で，
調査や裁定があまりにゆっくりだからである。

　政府はついに，2006 年 10 月の地方自治白書において基準委員会の体制（そ
の廃止に反対する求めは少なかった）に関する改革に着手した。そして，2007 年
4 月に二次立法を改正し，簡素化されより「軽いタッチ」のモデル規則として
実現した。さらに，かつて基準委員会によって処理されてきた多くの事例が，

現在は，各地方自治体の標準委員会の中で処理されている。かようにして，議員たちは長期に亘る訴訟を免れることができるようになった。そこで，基準委員会は，新しい体制に関する全国的な規制機関としての働きをする立場になった。しかしながら，保守党がその廃止を求めた結果，2012 年に廃止され，代わりに，地方自治体は自身の基準を作ることが求められるようになった。

7　2000年地方自治法

1835 年から 165 年間，地方自治の働きを支えてきた意思決定のしくみは委員会制だった。委員会制によって，地方議員たちは，委員会への所属を基盤としてきた。委員会は，定期的な周期で開かれる会議を通して，自治体の政策を決定するものである。委員会制の改革案は，1969 年にレッドクリフ・モード王立委員会が既に示していた。しかし，新しいしくみの導入を推進しようとする力は，約 30 年後まで具体的な青写真につながることはなかった。1997 年に政権に就いた労働党は，公選首長を導入するというしっかりした公約を持っていた（ただし，公選首長を持つという選択については，党内にもいくらかの沈黙があった）。住民投票という形については比較的痛みが少なかったが，ただし，GLA という形でロンドンに公選首長を導入する際には痛みが伴った。労働党のマニフェストにおける公約は，画期的な 2000 年地方自治法が通過することによって実現した。同法によって，公選首長の導入，ほとんどの地方自治体における統治のしくみの合理化，議員の報酬や標準的体制などが可能になった。また，同法によって，各地域は経済的・社会的・環境的福祉を促進するという責務に効力を与え，これに関係して自治体の意思に沿ったコミュニティ戦略を作ることにもなった。

同法の下では，各地方自治体は，報酬案に同意を与え，自らの行為に関する標準規則を裁可しなければならなかった。それに加えて，最初に各自治体は，自治体の憲章において統治のしくみや，自治体活動などに関する中核的な文書

を成文化しなければならない。2001年，すべての地方自治体には，直接公選の首長制への要望を確認するため，その統治のしくみを地元住民と協議することが義務づけられた。同年，イングランドの16の地方自治体が公選首長の導入の可否をめぐり住民投票を実施した（10月18日に6市）。2001年から2016年の間に実施された53の投票のうち，公選首長を自治体の構造としてより好ましいシステムであるとして導入したのは，わずか16自治体だった（ギルドフォードが最後になった）。同法は，この問題について住民投票を行うため，地方住民が自治体に請願することをいまでも認めている（住民投票を行うためには5%以上が必要）。

2000年地方自治法の下，各自治体は提案された4つのモデルからより好ましい統治のしくみを（協議に従って）選ぶことを求められた。

・直接公選の首長および内閣
・直接公選の首長およびカウンシルマネージャー（支配人）
・リーダーと内閣
・改革された委員会制度（選択的しくみあるいは第4の選択肢として知られる）

多くの地方自治体が，2000年以前の伝統的なリーダーおよび委員会制に最もよく似たリーダーと内閣モデルを選んだ。改革された委員会制は，8万5000人以下の住民のディストリクト，もしくは，公選首長を選出するための住民投票を実施し，予備の選択肢として，このモデルを選んだところだけで可能になった。唯一，ブライトン・アンド・ホーヴ・シティが後者の例だった。2011年地方主義法の下で，イングランドのすべての地方自治体は，委員会制度（総括・監視委員会がなくても）を再導入することが認められた。つまり，2000年法で禁じられたことを撤廃した。また，2011年法は，イングランドで人口の多い12の大都市に公選首長を有する住民投票を実施することを義務づけた（サンダーランドは2001年に早めに住民投票が実施されたため除かれた）。ただし，ブリストルだけが2012年5月の選挙時に住民投票を実施することを選択した。一

方，レスターとリバプールは，地方議会が公選首長を導入することを決定し，住民投票の実施を回避した。首長・カウンシルマネージャーモデルは，1つの自治体でのみ採用された（ストーク・オン・トレント）。そして，この種の住民投票は，たった2か所でしか提案されなかった（もう1つは，2005年のフェンランド・ディストリクト）。このタイプは，英国の地方自治の伝統と相容れなかったため，うまく定着することができなかった。そして，その廃止が提案され，実行に移された。2000年法の制定以降，ウェールズではいくつかの多様性があった。2011年のウェールズ議会の規則（Measure）は，地方自治体に公選首長か，もしくはリーダーと内閣型のいずれかを採用することを迫った。北アイルランドで2015年に誕生した11の新しい地方自治体では，委員会制度か内閣中心型のいずれかを選択することが要求された。

　政府の2006年の白書は，公選首長制の改革を提案した。それは，首長・カウンシルマネージャー制という選択肢の廃止を含んでおり，また，自治体が公選首長制を導入する前に住民投票を行うという条件を削除した。2007年地方自治・保健サービスへの住民関与法の下，地方自治体で採用可能な政治的リーダーシップの型は，リーダーと内閣モデル，直接公選の首長および内閣モデルに限られた。それぞれは4年任期である。同法の通過によって，ストーク・オン・トレントは，首長・カウンシルマネージャー制を置き換えるために，2008年10月に住民投票を実施することを余儀なくされた。ストーク・オン・トレントは，2009年5月から，リーダーと内閣制に逆もどりすることになった。地方自治体における公選首長のポストを廃止する6つの住民投票が実施され，そのうちの3市（ストーク・オン・トレントを含めて）が廃止に同意した（トーベイの公選首長は2019年に廃止される予定で，イングランドで公選首長のいる地方自治体の数は15に減る）。リーダーと内閣型から委員会型に戻す住民の請願に基づく2つの住民投票が実施された。フィルドとウェスト・ドーセットのディストリクトは，2014年と2016年にそれぞれこれに同意した。

第 4 章

人的資源

> 　本章では，地方自治体職員の役割について扱う。法的義務や地方議員との
> 関係を支配している枠組み，職員配置の基準や民間部門の役割などについて
> も触れる。

　地方自治体の職員は，パリッシュ・クラークの時代以来，地方自治体におい
て変わることのない特徴となっている。戦後の時代，地方自治体は，英国の公
共部門内における主要な雇い主として登場した。そして，2010 年以降，厳し
い削減に見舞われているにも関わらず，今日でもその最大の構成要素のままで
ある（200 万人の労働者の中で，公務員は 43 万人）。地方自治体職員は，道路清
掃職員から事務総長にまで及ぶ。その中には，教師，ソーシャル・ワーカー，
計画担当者なども含まれる。ただし，国によって財源措置されるアカデミーへ
の移行により，多くの教師たちが地方自治体の支払いを離れる状況が見られた。
よく知られた伝統的な名称の多く，例えば，カウンティの出納役，バラの法務
官，タウン・クラークなどは，法定指定職もしくはより現代的な名称のいずれ
かに取って代わられてきた。同様に，効率性やより連携的な業務を求める流れ
は，上級ポストの統合などに見てとることができる。例えば，それは，教育部
長の多くが，児童サービス部長にもなっていることなどに見られる。上級管理
層の下には，専門スタッフが配置されている。計画担当者，政策担当者，弁護
士，人事担当者などがそれである。職員たちは，地方自治体の日常的な業務を
遂行することにおいて不可欠な役割を果たしており，それは非常にしばしば委

任された権限を伴っており，過小評価されるべきではない。信頼は，こうした特徴のいずれの関係性においても必要とされるが，究極の説明責任は，業績によって明確になる。職員たちは，自らの行為について地方議員への説明を続けるからである。

1 議員と職員の関係

英国の地方自治体における議員と職員間の相互作用は，公選された権限と公平な助言への尊重によって歴史的に定義されてきた。議員・職員関係は，1972年のベインズ報告および1986年のウィディコム報告以来，発展してきた。とりわけ，それは，2000年地方自治法の下で変化がもたらされたからである。議員の役割や意思決定過程が現代化され，最終的に変更された。しかしながら，地方自治体の役割は変化し続けているので，その発展は続いている。最も重要な関係は，議会のリーダーと事務総長の間の関係であると最終的に言うことができる。それは，彼らの関係（議員と職員の相互作用）が，自治体の全体について住民に説明する最前線であるからである。職員の任命や意思決定過程における議員との接触が法や規制によって定められた上級ポストは別として，議員と職員間の相互作用は，自治体ごとで異なることもある。いくつかの地方自治体では，議員と職員の関係がダイナミックで，両者が学究的精神を働かせ続けているという点で，「職員主導」と見なされている。政治的論議が熱い口論を導くとしても，地方議員への助言の提供や議員からの応答では，（理論的には）いかなる敵意も示されるべきではない。指針や常識は次の点を命じている。それは，職業的礼儀や議員と職員間のいかなるなれあいをも回避することによって，両者の関係を補強すべきであるということである。しかしながら，近年の変化によって，執行的な議員や審査委員長と，彼らを補佐するスタッフや関連の管理的職員の間の接触が密接になったことは，この壁が幾分取り除かれてきたことを意味している。それは，平議員についても，同様のことを意味している。と

言うのは，平議員は地区の一線に立つ役割があると理解されており，彼らが近隣地区事務所のスタッフとの間で交わす相互作用が増加しているからである。言うまでもなく，議員自身は，その公職あるいは選挙区の代表としての役割を越えて，サービスの運営に直接介入するべきではないというのが，職員にとっての理論的な意味での政治的公平の要望である。

2　法的枠組み

　他の国とちがって，連合王国には体系的な地方公務員制度はない。地方自治体の職員は，ある程度，全国的な組織や職業上の枠組みを受け入れているが，契約や昇進などは，各自治体が決めるべき事柄である。制度の多くの部分は，専門ごとの単一の仕事の進路に基づいている。定期的に所属部局を変えるジェネラリスト型の地方自治体職員はいない。各自治体には契約事項についての決定権が残されているが，政府は近い将来，地方自治体職員に制定法に基づく服務規律を導入することを協議してきた。それは，地方自治体職員を他国と同様の法的基盤に置くものである。

　2000 年地方自治法の下，各地方自治体は 5 名（現在は 6 名）の法定の主要な職員を任命すること（類型に応じて），および，自治体憲章（council constitution）の中でその役割を認めることを求められた。

・有給職の長（1989 年地方自治・住宅法に基づく）

・監査官（同上）

・首席財務官（1972 年地方自治法に基づく）

・児童福祉部長（2004 年児童法に基づく）

・公衆衛生部長（2006 年国民保健サービス法に基づく）

・成人社会福祉部長（1970 年地方自治体社会福祉法に基づく）

その職は法で規定されているが，その職の名称は法定されていない。ただし，

たいていの有給職の長は一般的に事務総長（もしくは，いくつかの場合には，管理部長）と呼ばれる。監査官や首席財務官は，しばしば自治体によって，それぞれ法務部長や財務部長として知られている。ディストリクトは，教育やソーシャル・サービスを担わないので，それらの職員を任命することは求められない。しかし，カウンティ，ユニタリー，大都市圏ディストリクトでは，任命しなければならない。すべての層の地方自治体が，最初の3つの中核ポストを任命しなければならない。

　法の文脈に沿えば，地方議員たちは，政治的もしくは個人的な判断に関係なく，3つの中核ポストによって与えられる助言を受け入れなければならない。特に，監察官は，公的権限を付与されることで，自治体の活動がいかなる時でも合法的であり，いかなる時でも決して権限踰越しないことを保障することを求められている。

　2011年地方主義法の下で，地方自治体の事務総長の給料の「高騰」（首相の給与の2倍）に対するメディアの懸念に従って，現在，地方自治体は主要な職員の給与だけではなく，低い給与の職員の割合についても，毎年，給与の支払いに関する政策文書を準備し，地方議会の承認を受けなければならない。

　保守党政府は，「トゥィン・トラッキング」（上級自治体職員が他の地方自治体で政治的キャリアを目指す傾向）と，これに伴って地方自治体の管理が政治化されることで生じる影響を防ぐ方法を見つけることをウィディコム報告（地方自治体業務の行使に関する調査）に委ねた。政府は，1989年地方自治・住宅法を立法化することによって，ウィディコム報告の勧告に応えた。同法は，初めて政治的に制約された長のポストを導入した。また，同法は，政党グループを政治的に補佐する任命職や，地方議員が政治的助言を受けることができる調査員や政策担当者を創設した。政治的に制約されたことの影響は，政治的に制約されたポストにあるとみなされたスタッフがどのレベルの選挙へも立候補（もしくはすでに公選職を有する者が職員として雇用されること）することを禁止されたことであった。そして，選挙において他人のために運動すること（メディアへの発

言も含めて），もしくは政党内でいかなる公選職に就くことも禁止された。政治的制約に違反することは，職員の懲戒問題として扱われた。その一方で，自治体の監査官は，そのスタッフが法律に従うことを保障することを求められた。次のポストは，政治的に制約されるものと自動的に見なされるものである。

・有給職の長
・法定首席担当者
・副首席担当者
・監査官
・首席財務官
・委任された権限を持つ職員
・政治的助言者

　同法とそれに付随する二次立法（規則）は，地方自治体の俸給表の基幹ポイントで 44 点（2007 年時点で 3 万 5852 ポンド）以上のすべての地方自治体職員を政治的に制約されたものとして扱った。しかしながら，もし彼らのポストが「政治的に敏感」なものでないと彼らが考えるならば，そのような職員は独立の審判官に抗議することが認められている。副首相府の報告書「イングランドにおける地方自治体の運営基準—その未来—」は，政治的制約の原則を保持する一方で，多くの上級で敏感なポストのみがそれに従うべきで，抗議は独立審判官よりむしろ地方の標準委員会によって扱われるべきであるとした。2007 年地方自治・保健サービスへの住民関与法は，この点を同法の中に取り込み，独立審査官の職を廃止した。一方，2008 年の地方自治に関する白書は，最上級の地方自治体職員を除いて，政治的制約を高めることを提案した。これは最終的に，2009 年地方民主主義・経済開発・建築法の下で提供された。

3 地方自治体の専門職

2006年，地方自治体雇用者（LGE）の組織が創設された。それは，かつての雇用者組織（EO）と改善・開発庁（IDeA）によって行われた調査結果に基づいていた。新しいしくみの下，かつてのEOの政策的役割の多くは，IDeAに移管された。LGEは，賃金支払い交渉や雇用状況について中央政府やそのスタッフと交渉する全国的な団体として全イングランドの地方自治体のために活動している。俸給表（基幹ポイントやグレード）はこの団体によって決定される。この俸給表は，それぞれのポストの職員の給与を決定するために各自治体で用いられる。地方自治体協議会のさらなる再編により，すべてのこれらの働きは雇用関係ユニットの組織に再編されることになった。

全国地方自治体連合（NJC）は，地方自治体職員および消防士の賃金支払条件を決定している。1997年，NJCは，単一地位合意に同意した。それは，ブルーカラーとホワイトカラーとで交渉を分けることを終わらせ，特に性別で支払いを分けることを終わらせた。単一地位の実施は，多くの自治体にとって高くつくことが証明されることとなった。とりわけ，それは，平等な支払いは遡及して認められるべきだという要求のためだった。

国家公務員や他の国の地方自治体とちがって，地方自治体に入るための学歴に関する統一的な制度や早期昇進のキャリア制度はない。しかしながら，全国大学卒業資格開発プログラムが地方自治体協議会によって設けられた。それは新卒者の就業能力を現代化し改善するという流れの中で，地方自治体を存立可能で魅力的なものにするためであった。その枠組みは，今日まで継続しており，そのプログラムのために地方自治体は2年間の研修制度を担っている。そのプログラムは年2回募集されるが数は限定されている。それはまた，参加者に大学院ディプロマの称号を付与し，2年間の終了時に適当な職を提供する。

地方自治体職員は，地方自治体の年金制度に加入する資格を持つ。それは，

すべての地方自治体，そして，地方自治体との関連に基づいてその制度への加入が認められている団体をカバーしている（そして，地方自治体職員はイングランド，スコットランド，ウェールズを対象にした100の個別の財源によっても管理される）。しかしながら，いわゆる85歳ルール（地方自治体における雇用を85歳になるまで認めるもの）へ最近移行したことにより，地方自治体被雇用者の退職できる年齢が65歳に引き上げられたので，労働組合は非常にいらだっている。2013年のさらなる改革は，最終的な給与価値に基づく年金率（全雇用期間の平均額ではなく，最後の3年間の給与に基づいて）を2014年以前に年金に加入した人に限定した。そしてまた，地方議員を年金の加入者から除外した。

4 外 注 化

　強制競争入札（CCT）およびベスト・バリューの下，多くの地方自治体のサービスは，サービスの提供者という形において，民間企業や他の組織に外注されてきた。このプロセスは，運動場の維持管理，ごみの収集，学校給食のような定型的な業務（ブルーカラーのCCT）に関する契約を外部の提供者もしくは内部の入札（直営労働組織）に与えることで始まった。そして後に，「ホワイトカラーへのCCT」を経由して，ITサポートや住宅手当の管理のような分野に拡大した。ベスト・バリューの下，すべての地方自治体サービスは，外注化によって得られる潜在的な節約を厳格に評価しなければならなくなった。これには，コーポレート・コミュニケーション，配膳業，人事などが含まれる。

　地方自治体の職員が，外注化によって新しい組織に移る場合，彼らの雇用状況（年金を含めて）を保護するために規制が効力を発揮する。最近の規制は，それまで長年に亘った協定にとって代わった。それは，2006年事業譲渡（雇用保護）規則によって定められ，2014年にさらなる規則により修正された。外注化に従事する企業の倒産に関するいくつかの有名な事件（2018年のカリリオン）により，近年の傾向は，地方自治体が再び直接提供するなどの「内部化」に向かっ

ている。しかしながら，これは，地方自治体の取引会社（地方主義法の下で認められた）の数の上昇も伴ってきた。地方自治体の取引会社は，公的に所有されるが，商業的基盤で運営されるものである。

第**5**章

全国的枠組み

> 中央政府と地方政府の間の関係，会計検査，監査体制，そして，国傘下
> の組織の役割，広報の基準などについて説明する。

　近年の連合王国における地方自治の歴史は，しばしば行き過ぎた中央政府に
よる介入の歴史である。このことは，1976 年に集った地方議員たちへのアン
ソニー・クロスランドの演説で明確になった。その演説で，クロスランドは，
地方自治体に支出抑制を求め，「宴は終わった」と述べた。それ以来ずっと，地
方自治体は無駄遣いしがちであり，国の与党の価値観とは調和しないというの
が，中央政府に行き渡った態度であった。多分，1980 年代のマーガレット・
サッチャーとニュー・アーバン・レフトの間に孤立状態のどん底にたどり着い
た。サッチャリズムの「暗黒の日々」について話すことは流行であるかもしれ
ないが，その傾向は，頑固な集権主義者である労働党の下で始まった。そして，
連立政権によって「導かれた地方主義」や，地方には「今だけでなく，永遠に」
削減が求められるというデイビッド・キャメロンの繰り返されたフレーズの時
代の間，地方自治について議論されないことが続いた。この分析は，政治的な
行動を強調している。実際，全く一致しない説明であるが，地方自治体は，主
権を持つ国会において，中央政府によって設定された基準に従って存在し続け
ている。地方自治体は，国会による「創造物」である。保守党政権の「暗黒の
日々」以来，掲げられたスローガンはしばしば「パートナーシップ」，そして
「自治の実現」だった。それは，そうした日々が過ぎ去ったと安心させることを

目的とした特定の政策（決して成功しなかった）を伴っていた。労働党は，一律のキャッピング（歳出抑制）を廃止したが，同党がそれを適当であると考える個々の地方自治体に対しては歳出を規制する留保権限を保持し，その後もそれを用いている。地方自治体は，次の地方選挙よりむしろ，次の支出見直しの下でのホワイトホール（中央省庁）による決定の結果を最も思案するようである。それは，地方で徴収される財源から，中央政府の補助金への完全な依存や，使途が限定された支出の増加へ，徐々に移行するギア変換的な影響と言うことができる。

　欧州地方自治憲章を批准するという1997年の労働党の決定は，地方財政の自律性や，中央の介入を防ぐことに関する憲章の規定を考えるならば，全く空虚な響きである。ちなみに，同憲章は，相対的に消極的な欧州懐疑主義者（しかし大半が比較的誠実な）の先達たちが反対してきた法律である。それにも関わらず，労働党は，「自治の実現」というドラムを繰り返し打ち鳴らした。それゆえ，最善の業績を出した自治体は，その業績へのご褒美として適度な自由を受け取り，一方，最悪な違反者たちは，介入に向けて選別されるだろう。最善そして最悪の業績である地方自治体を識別するために使われたメカニズムは，包括的業績評価（CPA）と呼ばれる（第1章参照）。CPAへの反対者たちは，低い業績に対して，望まれるリーダーシップや説明責任を達成する究極の方法として投票箱を引き合いに出すことを常としていた。しかし，CPAは，有権者がその政治的決定の基礎にできるようなベンチマークの基準を提供することをねらいとしていた。例の如く，悪魔は細部に宿る。「会計および監査体制」部門が，新労働党の中央地方関係へのアプローチにとっての決定的なライトモチーフ（主目的）として実践の中で確実に機能しているかどうかについては下記で論じることにする。中央地方関係への新労働党のアプローチにおけるもう1つの具体例は，2003年の学校財源の危機だった。LEA予算の不足額をめぐる教育・技術省と地方自治体協議会（LGA）との言葉の応酬の中で，中央政府はこの問題については増大する財源に対し地方が管理を誤った産物であると断言した。こ

れらの発火点は脇に置くとしても，近年の改革に関する立法の流れや，そして，集権化へ向けた傾向を見つけ証拠づけるため，明確な理論的根拠に注目しなければならない。基本的には新労働党は，以前の時代のむき出しの集権化を正式に承認し，正統化するように求めた。一方，連立政権は，地方主義に向けたいくつかの小さな段階を作った。

1 中央・地方関係

　新労働党が，1997 年に政権に就いた時のキャッチフレーズは「パートナーシップ」だった。地方自治体との関係など全く見られなかった。本節では，1997年以降設定された中央政府と地方自治体の公式のしくみについて考慮する。ただし，このしくみは，具体的に見れば履行されなかった例がある。国において地方自治問題を先導する省は，日常的な事柄に基づいて，政策に関することから運営や財政的な意思決定まで担当するコミュニティ・地方自治省である（DCLG は，1997 年以降の 4 番目の省である）。それは，2006 年 5 月に創設された。1997 年 11 月に副首相のジョン・プレスコットと LGA 議長のジュレミー・ピーチャムが，「パートナーシップへ向けての枠組み」に署名した。それは，中央・地方パートナーシップ（CLP）を設置し，新政府の下，DCLG と LGA という 2 団体が新しい政府の下で中央地方関係をどう発展させるかについて描いたかの概略を示した協定であった。そこには，相互依存や一連の共有する目的についての認識を含んでいた。取り決めの細部はさておき，その文書は中央政府が半年ごとにサミットを開催することと，LGA に政府の政策に関する協議権を与えることを約束した。

　住宅・コミュニティ・地方自治省は，イングランドの地方自治に関する先導的な省として行動している。その一方で，地方自治体の働きは，日常的に多くの他の政府機関との接触をもたらすことになった（反社会的行動については内務省，交通の財源については交通省など）。そして，これは CLP の構成に影響した。

また，次の省はパートナーシップのメンバーである（省の名称は最新のものにした）。内閣府，ビジネス・エネルギー・産業戦略省，デジタル・文化・メディア・スポーツ省，教育省，環境・食糧・農村問題省，保健・社会福祉省，内務省，司法省，交通省，大蔵省，労働・年金省。

　2007年7月の司法大臣による緑書『英国の統治』は，次の点を提案した。「地方エリアに効果的なリーダーシップを提供する責任や，可能なところでは，地方コミュニティに権限を付与する責任を含め，地方自治体の権利と責任について初めての合意を成立させる」ことを提案した。これは，その年の後半に，コミュニティ・地方自治省と地方自治体協議会によって，「中央・地方協約」として締結された。それはその後，『連携のための枠組み』に置き換えられた。

　言うまでもなく，このアプローチは，2010年の連立政権の登場により中断された。コミュニティ大臣のエリック・ピクルスは，少なくともコミュニティ・レベルでは，公式的な関係は本物の地方主義を迫られると論じた。「公選首長の内閣」と噂されたものが，デイビッド・キャメロンによって，彼の地方主義という政治課題の一部として描かれた。有権者たちが，2012年の公選首長をめぐる住民投票で，キャメロンの計画をひどく拒否したことにより，大都市における公選首長の登場は失敗した。2016年の欧州連合に関する国民投票の結果，ブレグジット地方自治提供協議会が住宅・コミュニティ・地方自治省により2018年に招集された。それは，住宅・コミュニティ・地方自治省，他の政府の省庁，地方自治体協議会（カウンティやディストリクトのネットワークも含めて），コア・シティ・グループ，キィー・シティ・グループの間を，EU離脱に関する計画的な業務やその地方への影響に関して調整するものだった。

2　会計検査および監査体制

　地方自治体は，中央政府の機関によって常時監督されている（地方自治体によ

り実施されている法定の職務は 1200 ほどある）。それは，地方自治体の運営の細かな部分に介入する多くの権限を国務大臣が所有していることによる。この文化は，運用面だけではなく，監査の役割の面にも益々広がってきている。監査は，この介入文化の一部となっており，中央政府が地方自治体の選択に関する行動を指図するための道具となっている。中央政府の命によって存在している監査団は，地方自治体のさまざまな側面をカバーしようとするため数が多過ぎる。ただしそれは，効率性や統合的な働きを求める傾向から免れることはできず，その体制はまた，一連の統合を経験している。

　監査委員会は，地方自治体の厳格な財政運営を実現するという保守党政府の意気込みにより 1982 年に設置された。それは，地方自治体の財政を規制することに責任を持つ非省庁型の公的機関であった。それは，住宅協会，NHS トラスト，警察，消防，救助機関のような他の地方公共サービス機関も扱う。またそれは，各地方自治体で連携役として行動するディストリクト監査官を任命した。ただし，監査委員会内ではディストリクト監査サービスの仕事のほうが主要であるため，この職はかつての場合ほど重要ではなくなった。それは，中央政府の財政を検査する別組織である会計検査院と混同されるべきではない。そして，2015 年の監査委員会の廃止と続いた（監査委員会は自治体の清廉さより部門としての頑強さにより関心があった）。監査委員会の廃止の結果，地方自治体はそのしくみの清廉さを検査するため民間の監査人を任命する責任を負うようになった。地方自治体協議会も 2019 年までこれに関係する業務（手数料の設定や手引きの策定など）を先導してきた。

　2 つの他の監査組織が地方自治体の監査体制に密接に関わっている。質ケア委員会（QCC，2004 年にソーシャル・サービス監査官の後継者として創設され，監査委員会によってかつて担われていたいくつかの合同的な事業を担った）は 2009 年以降，監査業務を提供し，または，委託することにより地方自治体（カウンティおよび一層制自治体）のソーシャル・ケアに関する役割に携わってきた。そしてまた，合同事業評議会が，この分野で NHS と共に請け合っている。それはま

た，NHS のプライベートおよびボランタリー・セクターのパートナーに関与
している。それらのパートナーは，地方自治体に代わって増加する役割を引き
受けている。QCC は，高齢者や障がい者（学習障がいおよび精神障がいをもつ
人々）へのサービス提供に関する各地方自治体の業績に関する個々の報告書を
公表する。2005 年以来，QCC は，児童福祉についての合同地域報告書を提供
するため，他の監査官と共に活動してきた。もう 1 つの重要な監査官は，特に
児童福祉との関係では教育標準局である。それは，より一般的には，オフステッ
ドとして知られている。オフステッドは，学校監査に関する主務官庁として
1993 年に創設された。女王任命の主席監査官（およびより多数の女王任命の監査
官）の職は，19 世紀に公教育が創設されて以来，存在している。その創設から
オフステッドの権限は，着実に増大した。近年では，16 歳以降の教育および児
童福祉についても担当している。加えて，すべての学校の業績を 5 年ごとに報
告するために，オフステッドは，特別監査体制の下，問題のある学校の指導に
ついても責任を持っている。

　監査委員会の地方自治体に対する主な仕事は，包括的業績評価（CPA）であっ
た。CPA は，2001 年の白書『強い地方リーダーシップ，質の高い公共サービ
ス』で初めて構想が示された。そして，2002 年にカウンティや一層制自治体
で初めて披露された。ディストリクトについては，2003 年にあまり厳格でな
い評価モデルによって運営されるようになった。監査によって低い評価（グレー
ド）を与えられた地方自治体は，一連の法的異議申し立てをした。その後，
その体制は 2003 年地方自治法において法的地歩を築いた。元々の枠組みは，各
自治体のサービスに関する業績について，団体評価の形で平均点を提供するた
め，監査の配列から業績データを用いた。カテゴリーごとの全国的なリーグ表
の中で位置づけた。

　優秀なスコアを獲得した地方自治体には，その業績への見返りとして自由と
柔軟性が約束された。

　「低い」カテゴリーの中で最低にランクづけされた地方自治体は，介入を受け

る候補として見なされた。自治体は「手も足も出ない状態」だということはこの時点ですでに分かっていた。我々が見てきたように，この体制への批判者たちは，地方の説明責任は地方選挙の際の投票箱を通して最も良く擁護されると主張した。ただ，いくつかの自治体は，CPAの過程が，自治体に焦点を当てる機会や自治体をより良くする機会を自治体自身に与えてきたと主張した。その中には，監査官一団による訪問も含まれているので，学校に対するオフステッド監査がそうであったように，地方自治体を心理的にへとへとに疲れさせることになった。CPA体制の下では，最悪の自治体は，まず改善プランという形の介入措置に従わなければならなかった。それだけではなく，国務大臣が，外部による援助や他のサービス提供者への外注化を自治体に命じる権限にも服さなければならない。批評家たちはまた，強い業績の遂行者であっても，想定されたような自由や柔軟性が見られないことがあると論じた。基準委員会や監査委員会と同様に，包括的エリア評価（また，地方のNHSの業績も含めて）のような体制は，合理的な改革の結果，2010年に登場した連立政権により廃止された。そこでそれ以降，地方自治体協議会はピア・レビュー（仲間同士での評価）として知られる過程を通して自治体の業績を自発的に測定するよう自治体に働きかけてきた。その一方で，他の自治体では，独自の評価の方法で取り組んだり，独自の業績指標を公表したりしてきた。

3　地方政府の代表

　イングランドとウェールズの主要な地方自治体は，ある単一組織，すなわち地方自治体協議会（LGA）によって代表される。LGAは，3つの別々の層の協会の合併によって，1997年4月に設立された。その3つの協会とは，カウンティ協会，ディストリクト協会，大都市圏ディストリクト協会である。その統合は，イングランドの地方自治体が1年前に，農村エリアでは伝統的な二層制を維持しつつ，都市エリアでは単一型（一層制）が発足し始めたという事実に

基づいていた。また，3つの協会が別々に存在していては，1つの組織がなしうる程には，自治体の役に立たないからである。LGA は，イングランドの地方自治体に対して，唯一代表する（ウェールズについてはまた別の団体が存在する）。しかし，いくつかの自治体は，メンバーシップ料を問題にして LGA から脱退した。LGA はまた，国立公園当局，警察・消防当局，旅客交通庁についても代表している。パリッシュやタウン・カウンシルのような主要でない自治体は，全国地方自治体協議会によって代表される。それは，1947 年に設置された。地方自治体への政策ガイダンスの提供や中央・地方パートナーシップにおけるかつての役割と並んで，LGA は中央政府と国会の両者への地方自治体のロビイストと自身を見なしている。加えて，LGA は，地方自治体の地位を向上させる推進力的な役割，より大きな権限の獲得を目指す役割，地方自治体の評判を向上させる役割を担ってきた。ただしその一方で，いくつかの地域では，中央集権の達成を容易にするような地方自治が行われたという低い評価も LGA は認識していた。LGA は，メンバーシップ制の組織なので，毎年役職者を選挙する。そして，イングランドやウェールズにおける地方議員の議席割り当てに従って，政党グループに基づいて組織される。労働党によって数年間率いられた後，現在 LGA は，保守党グループによって率いられている。ただ，LGA は，むき出しの党派主義によってというよりも，むしろ合意に基づいて機能している。そして，非常にしばしばその政策路線は，2つの主要グループ間で決定される。LGA には，いくつかの公認の，そして，特定の利益集団から構成されたものを含んでいる。旅客交通庁，警察当局，カウンティ・カウンシル・ネットワーク，大都市圏ディストリクトおよびユニタリーのためのグループ（実質的に前任組織の働きを継続している）がそれである。また，特定の利益集団は，海沿いの地方自治体や選択的な統治のしくみを用いている地方自治体のためにも存在する。ロンドン評議会を含めて，いくつかのリージョン協会が存在する。ロンドン評議会は，他のリージョンの集団に比べてユニークである。それは，首都における駐車違反不服申し立てサービスとの関係において，グレーター・ロンドン内

のいくつかの機能を実質的に履行しているからである。

　ウェールズのためには LGA 内に別のしくみが用意されている。それは，ウェールズ地方自治体協議会という形態で，ウェールズへの権限委譲や最近のウェールズにおける行政サービスの分析結果に従って，益々完全な独立へ向けて活動してきた。

　スコットランドは，長年，スコットランド地方自治体連合という形態の自身の協会を持っていた。それは，32 の地方自治体を代表し，その役割は，イングランドの LGA とほぼ同じである。北アイルランドの 26 の自治体は，歴史上のさまざまな理由により完全に協力することを長い間拒絶してきた。しかし，2001年，北アイルランド地方自治体協議会を発足させることになった。その協議会は，北アイルランドにおける行政レビューの結果に反対する運動を展開した。そのレビューは，地方自治体の数を 7 つに減らす勧告を受け入れることを政府に求めた。そして，その提案への反対はコミュニティを越えて大きな支持を得た。

▶ **4　広報規則**

　地方自治体の広報は，時々，論争になることがある。特に，政治的宣伝とみなせるものに財源措置をするという公的資金の利用についてである。現在の体制は，1986 年に導入され，2001 年に修正された地方自治体の広報に関する推奨実施規則の下で施行されたものである。この現在の体制は，時代を投影したイデオロギー的な小競り合いの間の中央・地方関係をはらんだ状態の大いなる産物であった。地方の説明責任を強化するため，有権者に対する活動を促進することを地方議会に認め，期待していることを，その規則は明らかにしている。地方議会が政治的環境の中で本務を果たすことは認められるが，政治的目的を持って地方議会が広報を使うことは控えられるべきである。選挙法，特に 1983年国民代表法は，選挙期間中（いわゆる「カーテン」と呼ばれる）に地方自治体

のコミュニケーション部局が中立を保つことに関して条文を設けている。それゆえ，この点について地方議会の予算を利用することを責任ある地位にある現職議員にさえ禁じている。また，別のしくみが，2000年地方自治法の下で存在している。それは，市長職の住民投票を実施する期間における広告に関するものである。同法では，議員たちが中立な立場で提案したり反対したりすることが期待されている。

　2007年の地方議員委員会報告と政府の反応は共に，地方議会が自らの活動への認識をより深めることを可能にするために，推奨実施規則を再検討する機会があったことを認めた。2008年12月，コミュニティ・地方自治省と地方自治体は，こうした認識に基づき，同規則を再検討することについて協議した。ただし，連立政権の下で，新しい政府によるさらなる協議（consultation）により，2011年に国会により承認される時に，同規則の厳格化が実現した。2014年地方会計検査・説明責任法は，規則の範囲を拡大した。それは，規則違反と思われる資料の公表の中止を地方自治体に命じる命令を出すことを国務大臣に認めることにより効力を持った（例えば，地方自治体発行のミニコミ誌を年4回までに制限することなどである）。

第 **6** 章

地方自治体の財政

> 地方自治体における財政の歴史および現行システムの概要，補助金（また
> はEU基金），およびカウンシル・タックスも含めて説明する。

　世評だけからすると，地方自治体の財政はその存在が最も退屈な面を有して
いる。それはまた最も議論のあるものであるが，ここ数十年間，政治的重要事
項の陰に隠れてきた。しかし，学校における紙ばさみ1枚から事務総長の給料
まで，地方自治体の運営の非常に些細な面に影響を及ぼす問題は他にはない。
1976年のアンソニー・クロスランドの「宴は終わった」という演説以降，既
に多くの議論があった。地方自治体財政が，英国における地方自治の将来につ
いてのすべての議論の中で最前線にあった。マーガレット・サッチャーの下で
のキャッピングやポール・タックスの導入から，トニー・ブレアの下での2003
年の学校予算危機まで，地方自治体はいくつかの困難を切り抜けてきた。その
中で，1990年のロンドンにおけるポール・タックスをめぐる暴動ほど，騒動
の規模から見て地方自治に影響を与えた争点は後にも先にもなかった。憎むべ
き地方税の不払いのため刑務所に入れられることになった何名かの地方議員の
抵抗に言及するまでもない。そして，その地方議員たちは，最終的には，その
年の後半にサッチャーの保守党を放り出すという歩みを証明した。サッチャー
やメージャー政権でのイデオロギー上の大衝突や，続く労働党政府と労働党率
いる地方自治体協議会との間の短い協力関係の後，中央政府のアプローチは，
次のような枠組みを作ろうとしてきた。それは，慎重にそして費用効果が高い

方法で地方自治体財政を運営することより，他に選択肢がないので自治体をそのままにするような枠組みであった。それから，倹約の10年を迎えた。同様に，全面的なキャッピングの廃止のジェスチャーは，国務大臣がキャッピングの保有を付与され，必要と思われる時に用いてきたことと対をなしていた（それゆえ，各自治体は，その予算要件を財源措置するためにカウンシル・タックスをどれぐらいまで上げ得るかを率直に知っていた）。「地方主義」の下で，連立政権によってこれらを緩める場合でさえ，条件づけられている地方での住民投票の実施が必要であった。成文憲法が存在しないため，政治的な便法がまさに求められた。現在の政府は，地方自治体の支出を3年制の予算制度に移すことによって論争に対する視点を学ぼうとしてきた。それは，地方がより良い計画を立案できるようにするためであり，毎年各地方自治体へのより良い配分を探すことを防ぐためであった。

そのままの数字で見ると，地方自治体の支出は，2003年度で1195億ポンドと見込まれているが，それは連合王国におけるすべての公共支出の4分の1を少し超えており，国家の歳入の11％である。この点では，ライオンズ調査の仕事には価値がなかった。その調査は，マイケル・ライオンズが主導した。彼は，政府との仲介者に転じたかつての地方自治体の事務総長だった。ライオンズ調査は，財源均衡調査によって担われていた業務を継続するため2004年6月に設置されたものである。もう1つの調査では，地方自治大臣のニック・レンスフォードが議長を務めた。しかし，それは，現状への選択肢を明確に勧告できなかったことで，藪の中に迷い込んでしまった。現行のカウンシル・タックス制度による地方税制は，一般の税のように源泉徴収する方式をとっていないため，非常に目立ちやすくごまかしようがない税として特に嫌われている。

2004年6月の調査の対象は，主に財政的なものだったが，2005年9月にそれは，イングランドの地方自治体の形態や機能にまで拡大された。そして，報告の期限は2006年末まで延期されることになった。それゆえ，勧告は，2005年5月の総選挙後になった。その間，この調査は，地方自治体の財政と地方自

治それ自体の将来を決定する考えや方法を概説する一連の中間報告を発表した。しかしながら，批評家は次のように論じた。ライオンズの仕事は，長く待たれた地方自治白書や教育に関する財源が地方自治体の影響から除かれたことと同じように，いたるところで見られる展開によって効果的に弱体化されることになるだろうと論じられた。調査の範囲が，政策決定サークルとシンクロしなかったからである。第二の中間報告書は，2005年5月に出され，それは次のように論じた。中央政府は，自治体の活動をあまり監督することなく，「形を整える」程度としてより多くの自由を地方自治体に認めなければならない。しかし，同時に地方自治体は，より良い政治的リーダーシップを提供することによって，その仕事を高めるべきである。さらに彼は財政問題に関して，サービス・チャージについての勧告を提案した。それは，家庭内の廃棄物をリサイクルできない人へのリサイクル課税やホテルベッド税などである。

　しかしながら，最終的にライオンズの2007年3月の最終報告は，いくつかの穏やかな改革を政府に勧告するという安全な道を選んだ。それは，地方自治体の歳入を増やし，その活用を促進させるため，カウンシル・タックスをより公平な税にするよう，上下にバウンドを加え，そして，空き物件へのビジネス・レイトの減税を止めることなどであった。しかしながら，政府は，その報告が公表された日に，それを事実上葬り去った。それ以来，意味のある地方自治体の財政に関する報告は現れていない。

▎1　地方自治体の財源

　標準的な歳出評価は，地方自治体の財政において以前は最も重要なものであった。それは，地方のニーズを判断すること，各地方議会に提出される年次決算の中にこれを反映すること，そして，歳入援助補助金（RSG）の配分やキャッピングの上限を計算することなどにおいて重要であった。各地方自治体に対するRSGは，中央政府によって自治体サービスの財源を保障するために計算さ

れた。そして，フォーミュラー支出割合制度を使って配分された。それ（フォーミュラー支出割合制度）は，地方の状況を確かめ，歳出と可能な徴税能力を合致させるため，地方自治体の財政能力を確認するものである。地方歳入の中の税収額が低いにもかかわらず，歳出が大きい自治体は，調整された RSG を受け取ることになる。それは，裕福な地域が不利になることを求めるものであり，不足分に対処するために，カウンシル・タックスの値上げを強いるものでもある。補助金と税の間の置換は，ギアリングとして知られている。いわゆる補助金の税に対する割合である。自治体財政の決算が増大しているにも関わらず，地方税を増やす機会は減ってきた。現在，財源は英国議会の議決が必要な年次地方自治財政制度によって決定される。これは，ビジネス・レイトによる歳入の再配分の提供と，地方自治体ごとの RSG の固定額から成っている。いくつかの小規模の補助金を併せて，これは自治体財源制度（SFA）として知られている。2020 年に計画されていた RSG の廃止は，2017 年の総選挙により必要な法案が成立しなかったため消滅した。ブレグジット関連の立法が求められている結果，本書の執筆時点においては，その代わりとなるものは現れそうにない。

　地方自治体に配分される中央政府の補助金は，資本支出と歳入支出に分類できる。資本支出は，地方自治体による資産（ビルなど）の取得や維持に関係している。一方，歳入支出は，給与と最も関係している。2 つのカテゴリーは，別々の勘定に属している。例えば，資産の売却からの資本受領額は，歳入関連の活動を財源措置するために使うことはできない。また，住宅サービスを提供する地方自治体は，住宅歳入会計（HRA）を分離し維持することが要求される。住宅の供給によって生じる歳出や歳入との関係や，住宅サービスを財源措置するためにいくつかの自治体には HRA 補助金が利用可能になるからである。2006 年に特定の目的を持った専用の学校補助金の導入以降，中央政府の補助金から LEA への資金提供に関して，学校への直接的な財源措置がさらに減らされた。それは，何名かが議論しているように，地方財政の自律性をさらに侵害した。

しかしながら，ほとんどの LEA 管轄の学校が国によって財源措置されるアカデミー制度に移行したことによって，地方財源の自律性はさらに浸食された。

2 EU基金

　欧州連合は，構成国のうち最も貧しいリージョンの経済を再生するための財源を提供している。英国は，経済的に最も豊かな構成国の1つであるが，いくつかのリージョンは，設定された基準の下，EU 基金をもらう資格を持っている。基準は，目的1，2，3として知られている。1は，支出必要性が最も高いレベルを表している。欧州地域開発基金は，指定されたリージョンのプロジェクトが利用できる財源を提供している。コーンウォール（サウスウェスト・リージョン），マージーサイド（ノースウェスト），南ヨークシャー（ヨークシャー・アンド・ザ・ハンバー）などのカウンティが目的1に適格している。すべての他のリージョンは，目的2，3の基金の資格を持っている。また，欧州社会基金は，リージョン横断的な労働関係の資金を提供している。

　これらに加えて，欧州構造基金は，英国の4つのコミュニティ・イニシアティブに対して財源を提供している。これらには，リージョン間の開発や特定開発に関して国を越えた協力を促進するインターレグⅢと，都市を再生させるアーバンⅡが含まれている。両方とも，コミュニティ・地方自治省によって管理されていた。地方政府は，（2010年まであった）政府事務所と並んで，連合王国における欧州連合の財源によるプロジェクトを提供する主要機関である。英国政府の「共存繁栄基金」が，ブレグジット後の地方エリアに対して，EU の構造基金に取って代わると考えられている。

3 カウンシル・タックス

　カウンシル・タックスは，その誕生から問題を抱えていた。以来，その存在

は，すべての政党の政治家がしばしば問題にしてきた。しかしながら，それを何によって置き換えるかという問題が，長い間残されたままであった。地方自治体の財源に関する調査が進められてきたが，どのような改革でも実施までには何年もかかるから，既存のものに注目することが最善である。不人気のコミュニティ・チャージの後継者として，1993年に導入されたカウンシル・タックスは，市民権や住宅の所有とは関係なく地方住民によって地方自治体に支払われるものである。この税は，住宅物件の商業的価値に基づいている。それぞれの物件は，1991年の時価に基づいてA（最低）からH（最高）までの段階が決められている。物件の価値は（新築を含めて），評価事務所によって査定される。同事務所は，歳入・関税庁の執行エージェンシーである。地方自治体の年次予算は，バンドDの物件に大人2名が居住する場合を基準として設定される。他のバンドは，これに基づいて自動的に設定される（バンドAはDの3分の2，バンドHはDの2倍程度である）。1人で暮らす独身者は，25％引きになり，登録済みの失業者や低所得者は，カウンシル・タックス補助の形で全額もしくは一部を割り引くことができる。

　バンドは，表6-1のとおりである（イングランドのみ）。

　1992年地方財政法の下，それはカウンシル・タックスを導入した法（2003

表6-1　カウンシル・タックス
の評価額

バンド	評価額
A	40,000 ポンド以下
B	40,001 ～ 52,000 ポンド
C	52,001 ～ 68,000 ポンド
D	68,001 ～ 88,000 ポンド
E	88,001 ～ 120,000 ポンド
F	120,001 ～ 160,000 ポンド
G	160,001 ～ 320,000 ポンド
H	320,001 ポンド以上

年地方自治法によって修正された）であるが，バンドの評価の見直しが，2005年に行われる予定になっていた。そして，それは2007年に施行された。2005年9月，政府は，評価の見直しを地方自治体財政に関するライオンズ調査の結果が出るまで延期すると発表した。ウェールズでは，類似の再評価がイングランドに先行して行われた。多くの物件で，1段階もしくは2段階バンドが格上げされた。そのようなバンドの移動を行うことによる政治的影響が大変大きいため，イングランドでは選挙の年に行うことができなかった。

　カウンシル・タックスは，一層制自治体（ユニタリー）やディストリクトなどの課税請求自治体のサービスを直接財源措置している。カウンティのような主要な（上位の）自治体は，それより下の請求自治体（ディストリクト）に，そのサービスのためのプリセプトという税を賦課しなければならない。これは，カウンシル・タックス請求書の中の特定の箇所に記されている。他の団体も請求自治体にプリセプトを賦課することが可能である。グレーター・ロンドン・オーソリティー，警察当局，消防・救護当局，合同行政機構，国立公園当局がそれに当たる。パリッシュとタウン・カウンシルは，彼らが提供する付加的なサービスに関するプリセプトを賦課する。

　スコットランドでは，スコッティッシュ・ウォーターが提供するサービスのための別個のプリセプトがある。スコッティッシュ・ウォーターは，公営の団体である。北アイルランドの11の自治体は，レイトという地方税を徴収している。1990年のコミュニティ・チャージの導入以前には，大ブリテン島にもあったしくみである。

▶ 4　キャッピング

　地方自治体予算におけるキャッピングは，1984年地方税率法によって導入され，自治体支出に関する保守党的見方の象徴だった。1999年地方自治法によって，政府は一般的なキャッピングについては廃止した。しかし，大臣が提

示されたカウンシル・タックスの引き上げ額が過度であると見なす時には，大臣が各自治体予算に介入する権限を残した。2004年に初めて，6つの地方自治体と1つの消防当局のカウンシル・タックスおよびプリセプトの引き上げに上限を設定するために留保権限が用いられた。2005年には，7つのディストリクトが設定した予算に上限を設定するため，その権限が再び使われた。そして，2006年にもう1度，2つの一層制自治体の予算に上限を設定するためにそれが用いられた。「過度」の引き上げに上限を設定する権限を用いる理由は（例えば，上記のある例では），次のようなものであった。地方自治体への補助金が年々増加してきており，自治体が理にかなった財政原則に違反して，自らの秩序を保てなくなっていると政府が主張しているからであった。キャッピングするという脅しは，2006年以降，提案された類似の引き上げのいずれをも阻止する効果を持った。

キャッピングは後に2011年地方主義法により廃止された。ただし，国務大臣は，年次上限値（annual threshold）を設定することができる（国会の同意が必要である）。しかしその場合，課税もしくは徴税命令自治体は，住民投票により当該地域の有権者の同意を得なければならない（国務大臣が設定できる年次上限値は3%であるが，社会福祉に関する責任を持つカウンティおよびユニタリーは，さらに3%を上乗せすることができる）。これまでのところ，そのような住民投票が実施された唯一のものは，2015年のベッドフォード警察・犯罪コミッショナーによるものである（ただし，住民投票で否決された）。

5 ビジネス・レイト

ビジネス・レイトは数世紀にわたって英国の地方財政制度の重要な要素として形成されてきた。ただし，その近代的な形態としては，1925年税額評価法の下で最初に導入された。全国で施行された統一的なビジネス・レイト（もしくは全国的なノン・ドメスティック・レイト）は，コミュニティ・チャージと共

に，地方ごとに定められていたビジネス・レイトの代わりとして，1990年に導入された。しかしながら，コミュニティ・チャージと一緒に改革されることはなく，今日までそのまま残されている。ビジネス・レイトは，中央政府によって定められ，地方ごとに徴収される。補助金の形で地方自治体に再配分される前に中央の手を通る。また，居住用以外の営業用の建物に対する5年ごとの再評価は，評価庁によって実施される。

　イングランドの統一的なビジネス・レイトは，「乗数」によって（小売価格指数に従って），毎年計算される。2018年度の乗数は，1ポンドにつき49.3ペンスであったので，2万ポンドのビジネス物件の課税評価額は，乗数によって2万 × 0.493 ＝ 9860ポンドになる。小企業とチャリティー組織は，ビジネス・レイトが軽減される。一方，2011年地方主義法の制定以降，地方自治体は当該地域の状況に応じて，さらに任意の軽減を付与することが可能になった。

　地方自治体はこのしくみが不公平であると初めから批判してきた。地方自治体がローカル・レイトを定めることができず，中央政府から公平な税収の払い戻しを受け取ることが妨げられているというのがその根拠である。労働党は，ビジネス・レイトを定める権限を自治体に戻すと約束して，1997年に政権に就いた。しかし，これを実行せず，その決定をライオンズ委員会に委ねた。このいずれからも権限の返還については勧告されなかった。

　大蔵省による2007年の包括支出見直しの一部として，政府は，追加的ビジネス・レイトを導入することを発表した。それは，ロンドンの他には上層レベルやユニタリーの地方自治体が賦課でき，地方経済の利益に適う一定の承認されたプロジェクトに，ビジネス・レイトによる税収を「つぎ込む」ものである。総予算の3分の1以上を追加的ビジネス・レイトからの補助に依存するいずれの事業も，1ポンドにつき2ペンスまでという国のキャッピングと，小企業に対する免除に従い，影響を受けるビジネス界によるレファレンダムによって承認を得なければならない。これは，2009年追加的ビジネス・レイト法によって提供された。ロンドンにおいては，ロンドン市長のみがこれを用いることが

できる。ロンドン市長は，クロスレイル（ロンドン横断鉄道）事業の財源を確保するため，2010年4月から追加的ビジネス・レイトを用いた。

6 民間資金—PFI, PPP—

　公共政策において，公的セクターと民間セクターの棲み分けが一旦明確でなくなったことは，主要な3政党すべてが受け入れているところである。公的なプロジェクトを財源措置する民間セクターの資金を確保する2つの明確な方法は，プライベート・ファイナンス・イニシアティブ（PFI）とパブリック・プライベート・パートナーシップ（PPP）として知られている。2つの用語は，しばしば同一のものとして使われる。しかし，同一の用語とすることはプロジェクトにおいて公的セクターと民間セクターとの関与の仕方が異なるので，不正確である。この2つの用語の表面上の違いは，PFIでは，民間セクターが合意に基づいてプロジェクトを財源措置する責任を持つが，PPPでは，公的セクターにベンチャー的な事業における公平な（負担）割合が与えられる。PFIには，学校建設プロジェクトが含まれ，一方，PPPの例としては，途中で打ち切られたロンドン地下鉄の近代化プロジェクトがある。PFIの最も共通した形態は，設計・建設・資金・運営スキーム（OBFO）であり，それゆえ契約書には，民間セクターが，契約する自治体に代わって4つの仕事を実行することが明記される。PFIおよびPPP計画へのいくつかの懸念や有名な失敗例の結果，2012年に大蔵省はPFIをPF2に改訂した。ただし，新しいモデルの取り入れは，公共調達の手段として，制度の効率性に対する懸念を考慮してゆっくりであった。

7 効 率 性

　2003年8月，ピーター・ゲルション商務庁長官は，公共部門の効率性についてのレビューを政府から求められた。これは，公共の優先順位が最も高い第

一線のサービスを財源措置するため，資源を開放するという政府の重要目的に沿ったものであった。それは，サービス提供の効率性を改善することによって，特に「バック・オフィス」機能の共有を通じて（人的資源の近隣自治体との協力のような），そして，調達の簡素化（近隣自治体もしくは他の地方自治体以外の公共団体との協力のしくみの導入）を通じて達成される。ゲルションは，2004年7月に報告書を発表した。その報告書では，2007年度に公的セクター全体で持続可能な効率によって215億ポンドを得られる機会を確認した。この合計額のうち，少なくとも64億5000万ポンドはイングランドの地方自治体によって達成されるだろう。それは，2004年度の基準歳出の7.5%に相当する。この数字は，地方自治体の公式目標として採用されたものだった。そして，それは，地方自治体（64.5億ポンドの目標の半分近く），学校（目標の40%近く），警察と消防（目標の約15%）がそれぞれ担う活動に合致する。

　2004年の支出見直しでは，地方自治体が年間2.5%の節約を実現できることを確認した。すべての地方自治体は，効率性について2つの年次報告を提出することを求められた。事前検査（来るべき年に計画される節約額）と，事後検査（達成された節約の評価，そして，その方法）の2つであった。ゲルションの指摘した効率性に関する影響はいま，財政危機後，地方自治体のいたるところで見られるようになった。そして，引き続き支出見直しはさらなる効率性を促した。しかしながら，公共部門への緊縮圧力の下，効率性の視角は大胆な圧力の下で全く未熟な削減方法しか与えなかった。

8　ベスト・バリュー

　1999年に強制競争入札の継承者として導入されたベスト・バリューは，すべての主要な自治体とその他の指定された「ベスト・バリュー機関」におけるサービスの計画，実施，継続的な改善についての枠組みを定めている。ベスト・バリューとは，ローカル・コミュニティへのサービス提供者としての地方自治

体が，利用する金額に見合った最善の価値をサービス利用者や納税者に保障する義務を負うという概念である。1999 年地方自治法によれば，すべての自治体は，すべての自治体サービスに「4 つの C」基準を適用してその活動を再検討しなければならない。

- ・そのサービスがなぜ，そして，どのように提供されるかを問う（challenge）
- ・提供可能な他の業者を含む他者との業績の比較（compare）
- ・地方サービスの利用者との協議（consult）
- ・可能な限り最善のサービスを保障するための公正な原理に基づいた競争（compete）

これらは，各地方自治体の機能に対するベスト・バリュー検査やベスト・バリュー計画の作成によって実施される。また，監査委員会は，各自治体の監査業務においてベスト・バリュー・データを使用した。ベスト・バリューの下で，サービスの外注化の影響を受ける地方自治体職員は，事業譲渡（雇用保護）規則の条項の影響を受ける。2012 年公共サービス（社会的価値）法では，何らかの公共調達活動に従事する時には地方自治体は「社会的価値」（広義での社会的・経済的・環境的な利益）について考慮（単に費用上の考慮ではなく）すべきであるというさらなる要件を導入した。

9　地域協定ほか

地域協定（LAA）は 3 年間のしくみであり，それは地方の持続可能なコミュニティ戦略に基づいていた。LAA は，中央政府（関連の政府事務所によって代表される）と，地方（地方自治体と他の戦略的パートナーによって代表される）の間で合意される地域のための優先順位を，地方戦略パートナーシップを通して定める。

LAA は，4 つの政策分野で利用された。すなわち，子どもと若年者，安全で

強固なコミュニティ，健康的なコミュニティと高齢者，経済開発と企業という分野である。これらの目的（2011 年に廃止されるまでの）は，地方の目標を達成すると共に，全国的な優先順位と中央政府が定めた基準の達成に貢献することであった。

【ビジネス改善地区】

　2003 年地方自治法は，地方統治の新しい形として，ビジネス改善地区（BID）を創設した。それは地方自治体内で認められた業務地区である。地方のビジネス・レイト納税者の投票による承認に従って，BID は地元企業への賦課と引き替えに地方の環境改善を保障するために設置された。BID は，課税自治体の命令でのみ設置される。ただし，大臣は，地方自治体に対してその設置を命令したり，その設置を拒否できる。

【電子政府から標準（デフォルト）としてのデジタル】

　2000 年，政府は 2005 年 12 月までにすべての地方自治体がオンラインによって，できる限り多くのサービスを提供できるように電子化を完全に達成するという野心的な目標を定めた。最初の数年間，その目標は非現実的に見えたが，電子政府は地方自治体の通常の姿になってきて，目標が達成された時点では驚くべきことではなかった。今では，カウンシル・タックスやビジネス・レイト，駐車違反金をオンラインで払うことが可能である。同様に地方議会の議題をダウンロードしたり，記入済みの申請書を提出したり，地方自治体の業績データを閲覧することもできる。2005 年以降の目標では，その議論は，『地方自治体の再編』（2006 年の内閣府の文書の題として付けられた）に移ってきた。それは，市民とコミュニティの参加の実現，サービス提供と組織的変化の再構築を，2007 年 7 月までに達成することを目標としていた。この目標は成功裏に達成された。ゲルションや効率性と共に，2007 年以降，電子政府が地方自治の働きにおいて確立された方法になってきた。特に，それは英国政府の GOV.UK プログラ

ムのいわゆる「デジタル・バイ・デフォルト」の下においてそうであった。2018年，住宅・コミュニティ・地方自治省は次のような内容の地方デジタル宣言を明らかにした。

・利用者のニーズに沿ってサービスを再設計すること。組織的もしくは技術的な「蓄積」の上で市民や利用者に優先権を割り当てること。

・効率的に連携していない融通が利かないもしくは高価な技術から脱却する。

・パートナーおよび市民間の信頼を構築し，情報共有に関する安全，確実，有益な方法を設計すること。

・正真正銘の組織的変容が起きるような状態を作り，デジタルに関するリーダーシップを示すこと。

・すべての政府の働きにおいてデジタル的な方法を価値づけ，動機づけ，期待する開かれた文化を埋め込むこと。

第7章

教育とソーシャル・サービス

> 地方教育当局の現在の責任と地位，児童福祉への責任およびすべての層における教育制度の発展の概要などについて説明する。成人ケアと保健についても述べる。

　教育は，かつてはイングランドの地方自治体が提供する最大のサービスであった。それは，2004年度におけるイングランドのすべての地方歳出の34％を占めている。それは，最も議論のある分野であり，中央政府が地方自治体に介入し続けた国家的な関心の賜物であり続けている。地方自治体がサービスを提供する一方，全国的枠組みは，基準を改善するという流れの中で，中央によって絶えず行われる変化に従ってきた。また，教育を地方自治体から効果的に取り除くことはピークに達している。それゆえ，本章は歴史的視点から教育について考察することにする。1870年初等教育法から，新設されたトラスト学校まで，地方自治体が教育を提供する方法は，世代に応じて中央政府が優先順位を変化させることで頻繁に見直されてきた。イングランドの公立学校制度は，1870年法によって設立された。同法によって，13歳以下の子どもたちに対する無料での教育を管理する公選の学校評議会が形成された。それはかつて，教会によっていくつかの地区で行われていたものである。貧弱な立法の下で，何名かの親や雇い主が無料教育の進展を妨げてきたので，1880年のさらなる法は学校教育を義務化した。1902年教育法は，カウンティやカウンティバラ・レベルにおいて地方税によって財源が提供される地方教育当局（LEA）を設置すること

によって，それまでの評議会やその無秩序な財政を置き換えた。このしくみは，大なり小なり，今日でもその場所を残している。ただし，地方自治体の責任は，入学に関する方針や通学上の交通などの事項に限られている。

それに続く改革では，義務教育年齢を 1929 年には 14 歳に，1947 年には 15 歳に，1972 年には 16 歳に引き上げてきた。戦後の期間，労働党と保守党の間のイデオロギー上の争いは，選択制と総合制という教育のしくみをめぐっての対立を繰り広げてきた。1980 年代におけるサッチャー政権の教育政策は，そのほとんどが，LEA から予算的に独立した学校によって補完された全国的な政策枠組みを創設することを中心にして行われた。また，16 歳以上を対象にしたカレッジやポリテクニークのようないくつかの教育制度は，LEA の統制から取り除かれた。ブレア政権の第 1 期および第 2 期の間の改革は，弱体化した学校を対象とした介入や，10 年前もしくはそれ以前の保守党政権による革新的な改革に続く学校の地位に関する組織改革にそのほとんどが基づいていた。しかしながら，第 3 期のブレア政権では，政府が切望し有権者に約束してきた教育の基準が，LEA による現在の形態では，提供されえないことが明らかに認められるようになってきた。LEA が持っていたいかなる予算的裁量権もすでに取り除かれていた。連立政権はこれらの改革を単に加速させた。

教育長は，各カウンティにおける 5 名の法定職員のうちの 1 名であり，一層制自治体では法によって置くことが求められた。さらなる変化は，2004 年児童法の下で導入された。児童サービス部長が必置の役職として設けられた。教育に対する責任が地方自治体に残された一方で，教育を監督する主務政府省庁は，教育省である（その責任は何度かの政権交代や内閣改造を通して変化してきた）。教育・技術省からの直接的な財源の導入によって，教育に関する財政は，以前のように地方自治体への補助金を通した形でコミュニティ・地方自治省によってはもはや扱われなくなった。本章では，イングランドにおける独立系の学校については対象としない。それは，LEA の監督に属さず，異なった構造を持っている。

1 シュアー・スタート

　シュアー・スタートは,「人生において最も良いスタートを子どもたちに切らせる」ため, 1999 年に発表され政府が主導した事業である。そのプログラムは, 教育における地方社会プログラムと最も恵まれないコミュニティにおけるヘルスケアを連携させることをねらった目標設定型の事業である。シュアー・スタートは, 何が欠けているかという項目のリストアップによって設計される。その活動は, 児童福祉, 子どもたちに対する助言や活動を含んでいる。子どもの貧困の削減は, 政府の重要目標の1つである。そして, シュアー・スタートは, この目標の達成に不可欠なものと見られている。2006 年に, 524 か所の地方シュアー・スタート・センターがあり, 政府は 2008 年までにこれを 2500 か所に, そして, 2010 年までに 3500 か所に増やすことを目標としていた。

　シュアー・スタートは, 教育省と労働・年金省によって合同で監督されている。また, ソーシャル・サービス・レベルでは, 地方自治体も間接的に関与したし, それと同様に, 他の公的およびボランタリー・セクターのパートナーも関与した。使用上の制限を取り除くために連立政権により導入された改革の結果, シュアー・スタート財源は各地方自治体の裁量になり, シュアー・スタート・センター数の削減の広がりを招いた（2017 年, すべてのオックスフォードシャー・シュアー・スタート・センターがカウンティによって閉鎖された）。

2 未就学年

　2004 年 4 月から, 3 歳と 4 歳のすべての子どもたちには, 地方の無料のパート・タイム保育園が提供される権利が与えられた。これは, 年 38 週, 1 週に最低 12.5 時間, 公的, 民間もしくはボランタリー・セクターが提供することができた。2006 年児童法の下で, 地方自治体はまた, 共働きの両親向けの十分な

児童福祉策が地方にあることを保障することを求められた。一方，2016年法は，週30時間まで共働きの両親に対する無料で認められるサービス提供を拡大した（1年間に38週，10万ポンド未満の所得に限定された）。

3 地方教育当局

地方教育当局は，イングランドの27のカウンティ，125の一層制の地方自治体に存在している。1988年教育改革法の下，そして，保守党によって試みられた改革によって，いくつかの学校は，政府資金運営校（GMスクール）になるかどうかをめぐる保護者による投票の後，LEAの統制から離れた。GMスクールとは，教育省によって直接財源措置されるものである。1998年学校基準および枠組み法の下，GMスクールは，ファンデーション・スクール（LEAによって財源が提供されるが，組織的には独立），もしくは，コミュニティ・スクール（LEAが財源を提供し統制する）になる選択肢が与えられた。LEAの主な役割は，学校の財源を編成し，適当な場所に学校を配置することであった。彼らはまた，学校への交通手段に責任を持ち，特別な援助を必要とする子どもたちの教育を調整することに責任を有している。またLEAは，授業料への援助を査定するという形で大学の学部教育の財源措置にも責任を持ち，そして，大学院レベルの教員研修を研究するための財源措置にも責任を持っている。

1993年教育法までは，各カウンティもしくは大都市圏ディストリクトには，教育委員会を任命する法的義務があった。この義務は，同法によって外されたが，たいていのカウンティはそれを続けてきた。2000年地方自治法の下では，教育は，各地方自治体（カウンティおよび一層制）の執行部の教育担当議員によって扱われた。2004年児童法以降，これは児童サービス担当議員によって取って代わられた。これらの自治体のうちたいていは，教育もしくは児童福祉審査委員会を任命している。

4 教育制度

　4歳から16歳の間の教育は，初等（4〜11歳）と中等（11〜16歳）の2つの
レベルに年齢によって分けられる。初等レベルは，時々，幼児（4〜7歳）と年
少（7〜11歳）学校に細分類され，いくつかの中学校はハイスクールとして知ら
れている。いくつかのLEAは，主に農村のカウンティでは，低学年（4〜8歳
か9歳），中学年（8歳か9歳〜12歳か13歳），高学年（12歳か13歳〜16歳）と
いうしくみの利用を続けている。現在，4〜16歳の間の教育の期間は，レセプ
ション（4〜5歳）からYear1の第1義務年齢（5〜6歳），そして，Year11（15
〜16歳）まで年齢によって区分けされる。小学校はレセプションからYear6ま
でをカバーしている。中等教育は，Year7から11をカバーしている。全国カリ
キュラムテスト（また非公式にSATとして知られる）のために，生徒たちは次の
ようなキーステージに分けられる。
　・キーステージ1（KS1）：Year2の間（6〜7歳）
　・キーステージ2（KS2）：Year6の終わりまで（10〜11歳）
　・キーステージ3（KS3）：Year9の終わりまで（13〜14歳）
　・キーステージ4（KS4）：Year11の終わりまで（15〜16歳）
　・キーステージ5（KS5）：Year13の終わりまで（16〜18歳）

　16歳でのいくつかの科目からなる中等教育卒業資格試験（GCSE）の実施は
（もしくは子どもの16歳の誕生日が試験後ならば15歳），義務教育の終わりを示し
ている。シックスフォームもしくはFEカレッジのいずれかにおける16歳以降
の教育は，LEAの責任ではない。18歳という共通の入学年齢で大学に入るこ
とに先立って，16歳以上の生徒たちは一般的に上級教育修了資格試験（より一
般的にはAレベルとして知られる）を受験する。ただ，それ以後の年齢で高等教
育に入ること，もしくは，BTEC（Business and Technology Education Council）

という全国ディプロマのような職業的資格を持つことも可能である。イングランドの LEA には次の 4 つの学校の類型があった。

- ・コミュニティ：運営機関と共に伝統的に LEA が維持する学校
- ・ファンデーション：LEA によって維持されるかつての GM スクール，ある程度の独立性を有する
- ・ボランタリー支援：LEA によって監督される宗教学校，ある程度の独立性を持つ
- ・ボランタリー統制：LEA によって監督される宗教学校

イングランドにおける中学校にはもう 1 つのタイプがあり，それは LEA によって統制されなかった。それは，シティ・アカデミーであった。これらは私的な支援者を有している。支援者らは，運営機関を通して学校の運営を監督している。支援者らは，アカデミーの運営機関を任命し，教育省に直接責任を持っている。また，1980 年に政策のさきがけとして創設されたいくつかのシティ技術カレッジが存在した。アカデミーやその立法などのさらなる情報については，付表 II を参照のこと。学習が困難な子どもや障がいのある子どもへの特別学校が一般的な枠組みの他に，LEA 学校としてまた設けられている。

さらに，2006 年教育および監察法の下，政府は，学校の新しいカテゴリーとして，トラスト学校を作った。これは，（どのレベルにおいても）慈善に基づくトラストによって運営される公立の学校である。トラスト学校は，民間セクターとパートナーを組むこともできる一方で，同法は，シティ・アカデミー政策によって検討される諸事業については，トラスト学校とのパートナーシップを認めなかった。また，トラスト学校は，教育省の直接支配下というより LEA の監督統制下にある。2008 年度において，イングランドには 100 以上のトラスト学校が存在した。

それぞれの学校は，カテゴリーに関わらず，学校理事会によって監督される。ただ，その構成はタイプによって異なっている。理事は次のカテゴリーのいず

れかである。

- ・保護者理事：保護者
- ・職員理事：学校職員のメンバー
- ・LEA 理事：LEA によって指名
- ・コミュニティ理事：地方コミュニティのメンバー（運営機関の残りのメンバーによって任命される）
- ・ファンデーションおよびスポンサー理事：支援団体の代表

これまで地方自治体教育委員会はそのメンバーになるため 2 名の学校理事を任命できた。現在，この権限は，教育審査委員会によって保持されている。

5 生涯学習

それぞれの LEA はまた，自由裁量に基づいて成人教育を提供することができる。レジャー，語学，職業コースについては成人教育センターで担われ有料制である（しばしば補助金がある）。また，成人は，そのコースを履修するため LEA の管轄外の継続教育カレッジに登録できる。そして，政府の生涯学習プログラムの一部として，また大学卒業生の数を増やすという目標によって，そうすることを奨励されている。

6 児童トラスト

2004 年児童法の下，設置された児童トラストは，教育とソーシャル・サービスに分けるのではなく，1 つの統合された地方自治体の部局の下に子どもに対するすべての地方自治体サービスをまとめる試みである。その政策の推進力は，ラミング調査に起因している。その調査は，ソーシャル・サービス，保健サービス，警察の間のコミュニケーション不足の結果起きた 8 歳のビクトリア・クリンビーの死について行われたものであった。35 からなるパイロット・トラ

ストの最初の活動が 2003 年に発表された。そして，2004 年法の下，すべての
カウンティおよび一層制自治体は，2008 年までに児童トラストを有すること
になるとされた。2006 年に NHS において明らかにされた改革の下，たいてい
の児童トラストは，地方の NHS プライマリー・ケア・トラストと境界線を共
にするだろう。

　2006 年以降，各カウンティもしくは一層制の地方自治体は，法の下，年次
児童・若年者計画を作成しなければならない。それは児童福祉に対する戦略的
な団体の活動方針の概要を説明するものである。そして，その地域の若い人々
により良い結果を保障するための目標を確認し，オフステッド（Ofsted）によ
る監査に道を開くものである。また 2006 年から，地方児童保護委員会は，児
童保護への先導的機関として，古くからあるエリア児童保護委員会に取って代
わった。地方児童保護委員会の役割には，児童ケア，養子縁組，養育に関する
サービスなどが含まれている。地方自治体，地方 NHS，警察がその構成員で
ある。2008 年，成人委員会は，ラミング調査やベイビー P 事件の結果，導入さ
れた改革の効果について問題にした。ベイビー P 事件とは，ビクトリア・クリ
ンビーと同じ年に同じロンドン・バラで起きた事件で，子どもの保護のしくみ
に関するさらなる検討を導いたものであった。

▶ 7　成人に対するソーシャル・サービス

　カウンティや一層制自治体は，児童福祉と同様に，高齢者の福祉に対しても
かなりの権限を行使している。現在それは，成人ケアおよび保健の名の下で，
組織されている。この節は，この役割の発展およびカウンティ，一層制自治体
では現在免除されている責任について述べる。

　地方でのソーシャル・サービスは形式的には，1601 年救貧法の下で始まっ
た。しかし，地方自治体という意味では，それらは 1834 年改正救貧法による
都市団体の創設と並んで始まった。改正救貧法は，救貧委員会を創設したが，

それは 1929 年に廃止された。カウンティは，1890 年に精神病患者を拘留し処置する職務を獲得した。ただ，この機能はその後 NHS の設置に伴って NHS に移管された。地方自治体のソーシャル・サービスは，1970 年地方自治ソーシャル・サービス法の下で，正式に設けられた。同法はソーシャル・サービス部局を必置にした。ソーシャル・ケア問題に対する所管省は保健・社会福祉省である。

▶ 8　ソーシャル・ケアと保健

1990 年国民保健サービスおよびコミュニティ・ケア法は，地方自治体を高齢者に対するソーシャル・ケアを提供する新しい職務の下に置いた。「ソーシャル・ケア」の語は，地方自治体によって提供される有り余る程のサービスを表している。そしてそれは多くの形態において提供されている。ソーシャル・ケアは，ホームケア，デイセンター，もしくは居住型ナーシングホームなどを設けることができる。この語にはまた，高齢者に車イスの上で食事を提供することや障がい者へホームヘルプ（居宅での援助）を提供することのようなサービスも含まれる。近年ますます地方自治体は，ソーシャル・ケアサービスを民間セクターの中に移してきた。そして，2000 年ケア基準法は，ソーシャル・ケアの未来に向かっての枠組みを定めた。それには次のものが含まれている。

・独立の全国ケア基準委員会。全国最低基準に一致するように，すべてのケアホーム，民間およびボランタリーのヘルスケア，一定範囲のソーシャル・ケアサービスを規制する。

・総合的なソーシャル・ケア評議会。100 万強のソーシャル・ケア労働力に対して専門的基準および訓練基準を引き上げる。

・ソーシャル・サービスのための訓練組織。社会福祉を学ぶ学生に対して，実践的な学習の機会の質と内容の両方を改善する。

・優秀なソーシャル・ケア研究所。知識に基づいて活動し，ソーシャル・ケ

アサービスにおける最善の実践を促進する。

　ソーシャル・ケアの現代化と同様に，住宅ケアの分野においては高齢者に対して援助付きの一人暮らしを奨励する方向に向かって動き出した。それは，従来の何もしないでも提供される手厚い福祉からの転換を意味していた。近年における自治体から適格者への直接支払制の導入は，どのようにケア・パッケージが提供されるかを決めることにおいてより多くの選択肢を高齢者に可能にした。もう1つの重要な点は，ホームヘルプもしくは成人配置計画の提供によって高齢者ケアに安心を提供することにある。これらの計画では，高齢者は一時的に他のところで居住することもある。また，成人ケアの分野においては，ソーシャル・サービス部とNHSプライマリー・ケア・トラストの間には，多くの合同事業の例がある。しかしながら，近年，「ベッド・ブロッキング」という問題事例があった。地方自治体が患者らに適当な住宅を世話することができなかったので，患者らは，必要な処置が終わっても引き続き長期間病院に居続けなければならなかった。たいていの地方自治体では，執行部内で成人ケアや保健に対する主担当メンバーを任命している。そして政府は，この役割が将来的に立法の下で，義務化されることを示している。これは，成人ソーシャル・サービスに関する新しい法定の部長ポストに連動したものである。地方自治体やソーシャル・ケアの提供者は，ケア質委員会によって監視される。

第8章

住宅, 計画, 交通

> 持続可能なコミュニティ, 住宅, 計画, 開発への統制, 環境保護, 旅客
> 交通機関および道路に関する権限と責任の概要について説明する。

　地方自治は長い道のりを歩んできた。それは，1855年にロンドンの首都事
業委員会を設置する立法が通過し，1868年に地方自治体が不衛生な住宅を取
り壊すことを認められ，他の国々からかつて驚嘆されたイングランドのタウン
計画制度を有して以来のものである。ビクトリア時代の公衆衛生運動に関する
社会改革は，イングランドの急速に成長する都市の中心において，地方自治体
が環境衛生で重要な役割を演じることを導いてきた。またタウン計画は，田園
都市の設計者であるエベネザー・ハワードの先駆的業績を通じた原則によって
形成された。彼の都市主義に関する影響は，いまだ今日においても感じられる。
1835年の都市団体の創設の時点から，地方自治は1868年，1890年，1909
年，1919年，1936年といった大体時代ごとに住宅に関する権限を増大してき
た。一方，1909年に最初に導入されたタウン計画の面は，1919年，1925年，
1932年に改善された。それは，1947年の記念碑的な法律の中で設けられた計
画許可といった今日でも親しまれるしくみを伴っていた。第二次大戦後，ニュー
タウンが，住宅不足に取り組み，リージョンの経済を活気づけると考えられた。
それ（ニュータウン）は，1940年代後半にロンドンの周辺で建設され，1960年
代初頭には他のところでも建設された。1968年に旅客交通庁がイングランド
の大都市（大都市圏カウンティになった所）に創設された。そして，1980年，都

市開発公社が，8つの経済的に衰退した地区に設置された。ブレア政権の下では，副首相府，つまり，地方自治に責任を持つ国の省は，「持続可能なコミュニティを創る」という旗の下，明確に都市への関心を持っていた（それは，後により大きなものになる）。しかしながら，それ以降，新しい家をどこに建てるかを決める時に，その力点は，よりアフォーダブル住宅（手頃に入手可能な家）を造ることと市場（買い物）や仕事などの場所中心のアプローチに移ってきた。最終的に，住宅・コミュニティ庁（現在のホーム・イングランド）の設立や新しい基盤整備計画委員会が有する計画過程の合理化は，2008年に両方ともブラウン政権の政策課題のうちの住宅と計画化に関する重要な要素として実現された。2010年からの連立政権の両党間では，より多くの社会的住宅を建設するという英国における需要に対して，考え方が異なっていてうろたえていたのは有名である（キャメロン首相は，社会的住宅が労働党の票を増やすことになると信じていた）。一方，ロンドンを取り巻く「グリーン・ベルト」の煩わしい問題は，さらなる混乱を提供する可能性があった。

1 持続可能なコミュニティ

都市問題をめぐる労働党政権の政策は，特に再生や基盤整備などをめぐる，「持続可能なコミュニティ」の定義によって導かれてきた。この一連の政策に対する青写真は，コミュニティ計画であり，『持続可能なコミュニティ―未来への建設―』（副首相府，2003年）として発表された。そして，それは持続可能なコミュニティを次のようなものとして定義している。

・人々が購入できる価格のまずまずの住宅

・良好な公共交通

・学校，病院，商店の整備

・清潔で安全な環境

その計画は，新しい住宅建設に関する巨大なプログラムを活用して，地域として住宅不足に取り組むため，南東イングランドの4つの成長エリアを指定した。その4つの成長エリアは，①ケントのアシュフォード（既にユーロスターのためのアシュフォード国際駅があった），②M11道路およびA1道路に沿ったロンドンからスタンステッド，ケンブリッジ，ピーターバラの回廊地帯，③ミルトン・キーンズとサウス・ミッドランド，そして④テムズ・ゲートウェイの4つであった。またテムズ・ゲートウェイは，ストラドフォードの2012年のオリンピック公園を含んでいる。またこの計画は，住宅市場の再生プログラムを特徴としている。それゆえ，北部やミッドランドにおける住宅需要の低い地域では，空き家物件が解体の対象となるだろう。この業務に関するほとんどの部分は，2008年12月に誕生した住宅・コミュニティ庁にそれ以降ずっと吸収されたままである。テムズ・ゲートウェイはそれ以降，つまらない統治の足跡を持つ一握りの政府の諮問団体に降格されたが，ケントのエブスフリートは，2015年に開発公社が設置されて以降の時間の中で，イングランドで最初の「ニュータウン」（もしくは田園都市）になった。また，国家基盤整備委員会により主導されたCamOxプロジェクトの下，オックスフォードとケンブリッジの間にニュータウンが拡大する「成長回廊」の発展について検討する。

Box 1. ケンブリッジ・ミルトンキーンズ・オックスフォード成長回廊

　ケンブリッジ・ミルトンキーンズ・オックスフォード成長回廊（時々，CaMKOxもしくはCamOxと呼ばれる）は，オックスフォードとケンブリッジのエリート（もしくは伝統的な）大学都市間の機能的エリアに対する中央政府および地方自治体の長期戦略に付与された名前である。3つの地域開発公社によって2003年に始められたオックスフォード・ケンブリッジ・アークの初期の政策に続いて，このエリアは，大蔵省の委託で行われた業務に基づいて，英国政府の執行エージェンシーである国家基盤整備委

員会により，国家の資産に指定された。オックスフォードとケンブリッジの間の市街地エリアを結ぶ１つのグローバル・レベルの知識集約型クラスターには，2050年までに100万戸の住宅が追加されると予測されている。このプロジェクトを支援するためには，新しい統治のしくみと投資の両方が必要であることが検討されている。

　2016年３月の予算において，大蔵大臣は，成長回廊にはそのグローバルな重要性（シリコンバレーと並ぶ）を向上させる可能性があることを分析し，それをさらに可能にする政策上の勧告を与えることを国家基盤整備委員会に課した。その前に，地方主導の３つのカウンティによる戦略的同盟（2015年11月以降は，イングランド経済中核地域戦略同盟として知られる）が2014年12月に形成されていた。それは，エリア内のすべてのカウンティおよび一層制自治体と地方産業パートナーシップの代表者で構成された。同年（2016年）11月に公表された国家基盤整備委員会の中間報告は，このようなグローバルな広がりを持つ知識集約型クラスターを形成するための最大の課題は住宅と交通の能力であるが，その改善を果たすための戦略的ビジョンが欠けていると述べた。その１年後（2017年），国家基盤整備委員会は最終報告書を公表し，成長回廊はその経済生産高を年間900億ポンドから2500億ポンドに増大させる可能性を持っていると結論づけた。しかし，それは，大臣や自治体のリーダーができるかぎり早く基盤整備を改善する野心的な計画について協力し，2050年までに100万戸の新規住宅を提供する場合のみである。2018年10月の予算において，政府内の業務を円滑に進め，国家基盤整備委員会の勧告を前進させるために成長回廊に関する担当大臣を任命すると発表された。特に，それは，オックスフォード・ケンブリッジ・アークからニュータウン開発公社におよぶ新しい統治構造の発展にも関わるものである。

2 住　　宅

　地方自治体の住宅管理は，ディストリクトおよび一層制レベルによって担われている。そして，それ（住宅管理）は，それらの地方自治体のレベルでは重要な責任であり続けている。ただ，住宅の公的所有の概念は，多様なセクターの間において社会的住宅の考え方に大きく道を開いてきた。1980年代に保守党によって導入されたカウンシル住宅の所有権を売る試みは，この概念（自治体による住宅管理）への最初の攻撃を形作った。そして，地方自治体の住宅ストックはそれ以来，次第に減少してきた。ただ，労働党は，大規模な自治体所有の政策に戻るというよりむしろ，社会的住宅セクターを強調することを通じて，この状況を変えようとしてきた。地方自治体は，まだかなりの老朽化した住宅ストックを保有している。しかしながら，労働党政府の政策は，まずまずの水準に改善する負担が他の社会パートナー（所有権が自治体の管轄から外れ，住宅協会に入ること）もしくは民間セクター（PFIの形態において）のいずれかで具体化されることを望んでいた。もう1つのモデルは，公営住宅管理組織（ALMO）だった。この新しい機関は，自治体に代わって住宅を管理するために設置されたが，所有権は自治体が保持している。新しいALMOを創設する歩みは，地方議員や所有者の反対のためにゆっくりであった。そして，すべてのカウンシル住宅がしかるべき標準になるという2010年の目標に直面して，政府は，地方自治体が別の方法によって改善のための資金を調達することを受け入れ妥協した。

　社会的住宅への高い需要を満たすことが景気の失速で難しい折，労働党政府は地方自治体が住宅に関して重要な役割を果たすことに反対し，地方の需要と供給を評価することが地方自治体の「戦略的な住宅に関する役割」であるとそれから考えるようになった。

　リージョン・レベルでは，リージョン住宅評議会が，リージョンの住宅戦略

を準備し，リージョンの住宅資金から住宅資本の改善のための財源を提供するため，財源の配分を大臣に助言することについて責任を有していた。この評議会は，地域審議会や政府のエージェンシー，住宅公社，コミュニティ・地方自治省管轄下の非省庁型公的団体の代表者によって構成されていた。2005 年のケイト・バーカーによって率いられた住宅供給に関する大蔵省が委任したコミッション報告は，リージョン住宅評議会がリージョン計画評議会と統合することを報告・提案した。また，政府は，新しい建設は年間 15 万件から 20 万件に増加するという報告に応えて，開発業者から，必要な新しい基盤整備を財源措置するため計画利得補償金を徴収するべきであると提案した。この目標は，2020 年までに 300 万の新しい家を建てるように引き上げられた。そして，すべての新しい住宅は，2016 年までにゼロ炭素とならなければならなかった（この目標は，2015 年に保守党により廃棄された）。賃貸セクター（住宅協会）における社会的住宅の提供は，住宅・コミュニティ庁との合併までは，住宅公社によって管理されていた。

　住宅・コミュニティ庁は 2018 年にホーム・イングランドに名称変更された。そして，住宅供給を増大させるため広範な権限が与えられた。ただし，住宅政策を操縦し続けているのは計画機関としての地方自治体である。2011 年地方主義法の下，リージョンの住宅戦略と統治は，近隣自治体間が協力すべき事項（例えば，自らの自治体の計画を作成する場合に，他の自治体の住宅供給や能力などを参考にすることなど）になった。

▶ 3　計画と開発の統制

　英国の先駆的なタウン計画制度，特にグリーン・ベルトは，かつて世界の羨望の的であり，第二次大戦以来，着実に発展してきた。1947 年タウンおよび田園計画法は，地方自治体が枠組みを設定するという計画の基本原則を導入し，また，計画への同意を通じて地方自治体に地方の開発を管理する責任を求めた。

そしてそのことは，自分自身の土地を開発するという自然的な権利を終焉させるものだった。また同法は，指定建築物制度を導入した。それゆえ，特別な特徴を持つ建造物は，改築や解体から保護されている。1990年タウンおよび田園計画法によって，その体制（計画制度）の導入以来の変化を強化した。最も有名な第106条のしくみによって，地方自治体が開発業者に新しい建物周辺の基盤整備について改善するように強制することを認めた。それはコミュニティ施設の建設を含んでいた。ただしそれは，開発がもたらす悪い影響が証明される地域においてである（いわゆる「計画利得」）。計画利得制度は，2008年計画法の下で導入されたコミュニティ基盤整備課税の形において現在改革の下にある。同課税は，新しい建設に対して基盤整備を提供する際，開発業者に対して相応の貢献を求めることを地方自治体に認めるものである。ディストリクトや一層制自治体は，地方計画の問題を聴取し決定するために，準司法的な計画化委員会や小委員会（申請の少ない場合には）を形成する責任を負っている。

　2004年計画および強制収用法は，国会の1会期から別の会期に繰り越された最初の法案であったが，戦略計画を中心に計画制度への全面的な改定を導いた（GLA法の下で，導入されたロンドン・プランをある程度モデルとしていた）。以前の計画体制の下では，各地方自治体は，ローカル・プランを準備しなければならなかった。ディストリクトの場合は開発計画，カウンティの場合は構造計画，一層制自治体の場合は統合開発計画（開発計画と構造計画の混合）を準備しなければならなかった。新しい制度は，各計画当局（ディストリクト，一層制自治体，国立公園）による地方開発フレームワーク（LDF）づくりを伴っている。それらの機関は，当該地域内における開発と土地利用に関する当該機関の方針を定める。この改革の下，それはイングランドにおける公選のリージョン政府の設立へ向けた動きと一致することをねらっていたが，カウンティは計画化過程における主要な役割を失った。それは，カウンティの構造計画がリージョンの空間戦略（RSS）のため廃止されたからである。ただし，鉱物および廃棄物の計画についての権限はいまだにカウンティが保持している。RSSは，カウン

ティに代わってリージョン計画機関（RPB）によって作成される。RPBとは，その目的のために設けられた間接選挙の8つの地域審議会のことである。またカウンティは，自身の管轄に影響する問題に対してRPBに代表を送る役割を保持している。LDFは，RSSを尊重して実施されなければならない。

　また，2008年計画法は，論争を呼ぶような大規模計画の申請を決定するために新しく基盤整備委員会（IPC）を創設した。これは，異議や司法調査に関する長期的視点に立った長々しい過程に従うようなものではない。IPCは，2010年以降に連立政権により廃止されたいくつかの公的団体の1つであった。その業務は，2012年以降は，住宅・コミュニティ・地方自治省管轄下の計画・検査庁により担われている。2011年地方主義法の下，各地方計画当局（ディストリクトもしくは一層制自治体）は，住居系の性格やゾーニングなどのすべての面を含むエリア内の地方開発を導くローカル・プランを準備することが期待されている。提案された開発に特に危険性がない場合，自動的に認可される。また，持続発展可能性についても考慮される。2010年に，イングランドの計画に関するすべての手引きと規制（1000ページ以上）を50ページ程度の単一の文書に整理することが提案された。国家計画化政策枠組み（NPPF）が2012年に公表（2018年に改訂）されたが，それはイングランドの空間計画戦略と考えられている。

Box 2. 国家計画化政策枠組みと近隣計画化

　国家計画化政策枠組み（NPPF）は，イングランドのみに適用され，2012年3月にコミュニティ・地方自治省によって公表された。そこで，地方計画化当局（LPA）は，考慮すべきそれ自身のローカル・プランの改訂に12か月を要した。

　NPPFは，すべての既存の計画化のガイダンス（廃棄物に関するものを除いて）を置き換えた。そして，NPPFは，計画化の申請に関する個々の意思決定を行う時に事前に考慮すべきLPAにとっての「検討材料」を形成

している。2011 年に政府によって公表された NPPF の原案は,「開発業者のための憲章」と批判された。と言うのは,ローカル・プランが不在もしくは沈黙,不明確,または,関連の政策が時代遅れの場合においても,地方自治体が計画化の同意を与えるという要件のためである。しかしながら,修正された最終的な NPPF は,「持続発展可能な開発に賛成するという仮説」を含んでいる。それは NPPF を「計画策定および意思決定の両方を通して用いられる黄金の系として見るべき」というものである。改訂版のNPPF は,住宅白書に続いて,2018 年 7 月に公表された。改訂版の NPPF では,達成すべき持続発展可能な開発は,計画化体系の目的を残していて,それは次の 3 つにわたる目的を置いていた。

a) 経済的目的：成長や刷新,改善された生産性を支援するため,正しい場所と正しい時において正しいタイプの十分な土地が利用できることを保障することにより,強力で即応的で競争力のある経済の構築を助ける。

b) 社会的目的：十分な数と種類の住宅が現在および将来世代の需要に合致するために提供できることを保障することにより,強力で活気に満ち,健全なコミュニティを支援する。

c) 環境的目的：自然に構築された歴史的環境を保護し増進することに貢献する。

NPPF は,計画化体系が各 LPA によるローカル・プランの存在に全体的に依存していると述べている。NPPF は簡潔で最新の情報を入れるべきであり,地方エリアの未来の前向きなビジョンを提供するものである。また同様に,住宅の需要や他の経済および社会,環境上の優先事項に対処するための枠組みと,加えてその周囲を形成する地方の人々のための基盤も提供するべきである。ローカル・プランでは次のようなことが規定されている。

a) 持続発展可能な開発の実現に貢献するという目的で準備する。

b) 意欲的で提供可能な方法において積極的に準備する。

c) 計画作成者,コミュニティ,地方組織,企業,インフラ提供者,運営担当者,制定法上のコンサルテーション対象者の間で,迅速,妥当かつ効果的な関与により形成される。

d) 明確に記され，あいまいではない政策を含む。その結果，意思決定者が提案を発展させるためにどのように対応すべきかが明らかになる。

　e) 大衆の関与や政策の提示を支援する電子機器の利用を通して活用できる。

　f) 特定エリアに適用する政策の不必要な重複を避け，明確な目標のために務める（関連する NPPF の政策を含む）。

　ローカル・プランは，各地方計画化当局のエリア内における土地の開発や利用に対する優先事項に対処すべき戦略的政策をまた含むべきである。これらの戦略的政策は，各エリアが直面する問題や機会に応じて，異なる方法で作られる。それらには次のものが含まれる。

　a) 協力もしくは個別の自治体により作られる合同もしくは個別のローカル・プラン（および非制定法上の政策をまた含むかもしれない）そして／もしくは

　b) 計画作成権が授与されている公選市長もしくは合同行政機構により作られる空間開発戦略

　2011年地方主義法はまた，新しい近隣計画化体制を提供した。同法はパリッシュ議会や近隣フォーラムのような特定の事柄に関して招集されるコミュニティ集団が近隣開発計画や命令を作成することを認めている。それらは特定エリアへの開発を導き形成することができる。これらの計画や命令は，国家政策を尊重し，地方の戦略的政策とも一致しなければならない。計画や命令の原案は，独立の審査を通過しなければならない。それが通過したならば，それらは地方の住民投票にかけられることになる。もし賛成多数ならば，法的適合性に従って，LPA はその計画を採用しなければならない。同法はコミュニティの命令策定権についても類似の手続きを含んでいる。それは，コミュニティ・グループによる小規模・特定箇所への開発許可を与えるものである。

　LPA はまた，近隣の計画化を支援することにおいて果たすべき制定法上の役割を有している。これには，近隣開発計画に関する独立した検査，近隣開発命令もしくはコミュニティの命令策定権を含む。また大半の場合において，近隣計画の住民投票の費用や運営は LPA が負担する。住宅・コミュニティ・地方自治省によれば，現在まで500件の地方での住民投票が行われてきた。

4 環境保護

廃棄物の収集は，ディストリクトおよび一層制自治体によって担われているが，管理や処分については，カウンティ（ディストリクトの場合も）もしくは廃棄物機関を通じた合同のしくみ（一層制自治体の場合）によって担われている。墓地や火葬場の提供は，ディストリクトおよび一層制自治体によって扱われる。不法投棄や産業公害に対する強制執行を含む清浄な空気の監視や環境保護問題についても同様である（ただし，大規模災害の場合には，環境庁や保健・安全庁の役割が優先する）。

5 地方公共交通

1968年，旅客交通庁（PTA）は，同年に制定された交通法の下で，地方自治体のバスサービスや地方の鉄道網を引き継ぐため，イングランドの6つの大都市圏地域（6年後に大都市圏カウンティになるもの）に設置された。6年後，PTAは廃止され，その機能は大都市圏カウンティに移った。しかし，1986年に大都市圏カウンティが廃止されると，PTAが再導入された。PTAは，これらのエリアのそれぞれにおいて，旅客交通執行機関（PTE）によって提供されるサービスについて自治体が任命する説明責任ある機関として活動した。あるPTEは，タイン・アンド・ウェア・メトロ鉄道という形態で輸送サービスを直接提供した。一方，マージーサイドPTEは，フェリーのサービスを運営した。他のものは，地方の公共輸送は担わないが，代わりに，時刻表や旅行センターのような情報サービスを提供した。

1985年交通法は，地方バス市場の規制緩和のために導入された。これは，少数の地方自治体以外では地方自治体によるバス事業の運営の実質的な終了という影響をもたらした。同様に，たいていの地方自治体運営の空港は，自由化と

いう課題の下，共同事業体という形態の中に入らざるを得なかった。ただし，いくつかの地方自治体の空港グループ（最も有名なマンチェスターの場合は，グレーター・マンチェスターのすべての地方自治体によって所有されている）は，自治体自体が所有権を持ち，こうした市場においても重要な担い手として登場した。2007年割引バス乗車法によって，地方自治体は，イングランドでは60歳以上の人がどのバスでも，混雑時間帯以外には無料で乗車できるようにしなければならない。2008年地方交通法は，PTAを統合交通庁に改称し，現在の6つ以外にも新しいITAの設置を可能にした。ただし，それ以降の10年間で設置されたものはない。しかしながら，6つの各エリアでは，新しい合同行政機構の形成が，合同行政機構自体の統治機能としてITAを吸収する動きを導いてきた。ただし，PTEは残っている。2017年バス運行法の下，公選市長を有する合同行政機構は地方バスサービスの営業権を持っているが，同時にまた，新しい自治体バス運行組織の設立については制限されている。

Box 3. イングランドにおける都市交通

　1997年から2010年の労働党政権は，イングランドの地方およびリージョンの交通に関する統治および財政の体系を根本的に点検した。労働党政権は，前から存在したリージョンの政府事務所（GO）を中心とした構造を構築しながら，交通政策の意思決定におけるリージョンの声を高めた。各リージョンにある3つの主要で包括的な団体（ロンドンを除いて）は，政府事務所，地域審議会，地域開発公社であった。ロンドン以外の大都市圏エリアにおける旅客交通庁（PTA）は，2008年に統合交通庁（ITA）に再編され，交通施設やサービスだけに関連した制限された担当よりむしろ交通の全局面に関連する政策を発展させるようにその責務を拡大した。そして，環境の保護や改善（気候変動の軽減および適応）を担うという要件も含むようになった。

　現在，交通機関はつぎはぎ状態である。カウンティ，ユニタリー，統合

交通庁（合同行政機構として），ロンドン交通局（TfL）やグレーター・マンチェスター交通局（TfGM）のような都市規模での組織体などが含まれる。政府はまた，ノースやミッドランドに新しいサブ・ナショナルな交通機関（STB）を立法化してきた。また，他についても計画した。これらの機関は，交通計画や財源について全く異なる責任を持っている。地方レベルでは，労働党政権により導入された地方交通計画（LTP）が中心である。それは 2010 年以降の連立政権や保守党政権によっても支援された。2011 年 1 月の地方交通白書では，LTP が地方の交通政策について計画化し実施する最善の方法として残ると政府が述べた。

2008 年地方交通法の下では，

・PTE は残るが，PTA は ITA に改称された。

・新しい ITA が 1986 年以降初めて創設されるようになったが，既存の ITA の境界も変更できる。

・ITA や PTE は，エリア内の地方バスサービスや単独の交通計画化機関の地位を規制する強力な権限を得た。

イングランドの 6 つの ITA は，前からある PTA（1968〜1974 年および 1986〜2008 年）と一致している。ただし，合同行政機構（CA）が創設され

ITA	CA	PTE	名称
グレーター・マンチェスター	グレーター・マンチェスター	トラベル・フォー・グレーター・マンチェスター	
マージーサイド	リバプール・シティ・リージョン	マージーサイド	マージートラベル
サウス・ヨークシャー	シェフィールド・シティ・リージョン	サウス・ヨークシャー	トラベル・サウス・ヨークシャー
タイン・アンド・ウェア	ノース・イースト	タイン・アンド・ウェア	ネクサス
ウェスト・ミッドランド	ウェスト・ミッドランド	トランスポート・フォー・ウェスト・ミッドランド	
ウェスト・ヨークシャー	ウェスト・ヨークシャー	ウェスト・ヨークシャー	メトロ

た時，ITAはそのサブリージョンの新しい統治のしくみに吸収された。その最初の例が，2011年のグレーター・マンチェスター合同行政機構で，他の5つのかつての大都市圏カウンティは2014年に設置された。

　ロンドン交通局と同様に，これらの機関はすべて，都市交通グループ（UTG，かつての旅客交通執行グループ）により代表されている。

　英国内では，他の国々と比較して，ライトレイルやメトロシステムは，あまり一般的ではない。それは，自家用車の所有や地方バス市場に対する戦後の地方自治体の態度に関係するいくつかの歴史的理由からである。ライトレイルやメトロシステムがある所では，ITAや合同行政機構の形態において，適当な大都市圏輸送機関があるのが一般的である。ただし，いくつかの計画（例えば，ケンブリッジ・メトロ）が予定され，待ち望まれている。英国で運行している現行のライトレイル計画と統治のしくみについては下記のとおりである。

　かつての大都市圏カウンティやPTAエリアの他では，ノッティンガム・シティ・カウンシル（UTGの連携メンバー）だけが近代的なライトレイル計画を財源措置できてきたということを記すべきである。それを行うために，職場駐車税を採用している唯一の自治体である（ケンブリッジ合同行政機構もメトロ計画の運営について検討している）。他の地方自治体と異なり，ブラックプールは戦後の時代，トラム・ネットワークに取り組まなかった。グレーター・ロンドンやグラスゴーにおける計画は，個々の地方自治体より，PTEの存在もしくは，ロンドンの場合では，ロンドン交通局やその前身の組織に依存してきた。現在の合同行政機構やかつてのPTAのうち，リ

合同行政機構が設置されている圏域

名称	開業年	運営主体
マンチェスター・メトロリンク	1992	グレーター・マンチェスター合同行政機構
シェフィールド・スーパートラム	1994	シェフィールド・シティ・リージョン合同行政機構
タイン・アンド・ウェア・メトロ	1980	ノース・イースト合同行政機構
ウェスト・ミッドランド・メトロ	1999	ウェスト・ミッドランド合同行政機構

それ以外の圏域

名称	開業年	運営主体
ブラックプール・トラム	1885	ブラックプール・トランスポートは，1985年交通法の下，地元の自治体であるブラックプール・バラの関連会社により所有されている。
ドックランド・ライトレイル	1987	ドックランド・ライトレイル有限会社はロンドン交通局に属している。
エディンバラ・トラム	2014	エディンバラ交通局は，市が所有するエディンバラ・トラムを管理する関連団体である。
グラスゴー地下鉄	1896	ストライクライド交通パートナーシップは，旧ストラスクライド・リージョンの12の自治体によって構成され，現在もあるPTEである。
ロンドン・トラム（旧クロイドン・トラムリンク）	2000	ロンドン・トラムは，ロンドン交通局に属している。かつては，クロイドン市によるPFI事業であった。
ノッティンガム・エクスプレス・トランジット	2004	トラムリンク・ノッティンガムは，ノッティンガム市に代わって営業許可権を有し運営している。

バプール・シティ・リージョンとウェスト・ヨークシャーはライトレイルの計画を持っていない。マージーサイドの計画は2002年に交通省により承認されたが，後に費用が上昇したため断念された。ただし，リージョン・レベルのマージーレイル通勤鉄道ネットワークは，リバプールの中心部に5つの地下鉄の駅を有している。このことは，ウェスト・ヨークシャーがそのようなネットワークのない唯一のかつての大都市圏エリアであることを意味する。リーズ・スーパー・トラムはまた，2002年に交通省により承認されたが，経費増のため2005年に撤回された（より限定的な高速バス通行計画もまた主に2016年に後退した）。そのような決定は現在，北部交通サブナショナル交通機関により支援されるが，未来の計画はより地方で決定できることが望まれている。

6 道　　路

カウンティと一層制の地方自治体は，その管轄下にあるすべての地方道路（大小とも）に責任を持っている。それは，交通量管理，駐車場，道路の安全についても同様である。幹線道路は，交通省のハイウェイ・イングランドを通じた中央政府の責任である。

第9章

警察, ライセンス, コミュニティ

> 文化, スポーツ, ライセンスに関連する権限の概要について説明する。また, コミュニティの安全, コミュニティの結束力をめぐる自治体の責任, 消費者保護, 環境衛生, ボランタリー部門などについても述べる。

　地方自治体は, 出来上がった環境についてだけでなく, その社会的な骨組みを作るという点において, コミュニティの形成に影響を与えるユニークな立場にある。地方自治体は, 主として教育, ソーシャル・サービス, 環境などの機能に従事するが, また多数の活動が, 「コミュニティ・サービス」と名付けられるものの下で行われている。

1 レジャー, 文化, スポーツ

　地方自治体が関係を持つ最も一般的な余暇についての機能は, 図書館であり, カウンティや一層制の自治体によって提供される。地方自治体による公立図書館の設置は, 1850 年に初めて認められた。ただし, 図書館の財源はなく (1919 年の法によってやっと規定された), そこでその時代のイングランドの図書館のほとんどは博愛主義の寄付者によって建てられた。今日, 図書館の中心は, 単なる本の貸し出しから生涯学習や情報技術に移ってきた。とりわけ, それは, 貸し出し機能の予算が乏しいからである。すべての層の地方自治体は, 博物館や美術館, コンサートホールのような任意の文化的活動を提供することができる。そして, イングランドのすべての地域において, 活気に満ちた地方自治体の芸

術部門が存在している。同様に，すべての地方自治体は，スポーツ・センターや施設を設置し運営できる。ただし，これらの多くは，ベスト・バリューの下，地方自治体に代わって民間セクターが管理するよう外注化されるようになった。2010 年以降，地方自治体の図書館でのサービス提供は，緊縮財政の下で大胆に削減され，多くのサービスがボランタリーに運営されているグループに移管された。

▶ 2　ライセンス

2005 年まで（2003 年ライセンス法の下で），市民が消費するアルコールの販売は，1964 年ライセンス法（1969 年と 1982 年のいくつかのマイナーな法を通して立法化されたエンターテイメントに関する事項も関係している）によって管理されていた。同制度の下では，ライセンスが認められた者に対する責任は，治安判事の地方委員会に属し，ライセンスが認められる数は場所や 1 日の営業時間などにより制限された。アルコールの販売やイベントに関する統制を規制するこの制度は，ほとんど 100 年間にわたって存在してきた。

2003 年法の下，ライセンスに関する責任は，ライセンス当局として知られている地方自治体（ディストリクトもしくはユニタリー／一層制のレベル）に移管された。これは，計画化制度（開発統制）における役割と同様に，「準司法的」な役割（地方議員たちは，政治的な配慮なしに，そのライセンスが認められた場合のメリットに基づいて申請について聴取する）として知られるプロセスである。地方自治体のライセンス委員会は，申請の検討時には，犯罪の防止，市民の安全，市民の迷惑防止，児童保護などを考慮することが求められる。

▶ 3　コミュニティの安全

1997 年以来，地方自治体は警察と並んでコミュニティの安全に関係する新

しい責任や権限を獲得した。警察の地方自治体との結びつきは，1994年に独立した警察当局が設置されたことによって幾分関係が絶たれた。それ以来，地方自治体の役割と負担は，政府が反社会的行動への取り組みを強化することを通じて増加してきた。近隣社会に最も近い公共サービス機関である地方自治体は，この増加する役割と向かい合うことができる。これは，ごみの不法投棄や落書きのような迷惑行為に対する不寛容な（毅然たる態度の）「環境型犯罪対策」や「手に負えない隣人」に対するいわゆる「リスペクト・アジェンダ」という両方の形態によって実現した。それはしばしば両方見られるが，必ずしも関連しているわけではない。

　1998年犯罪・秩序違反法は，多元的な機関からなる対応として，地方自治体，警察，保健当局，地域コミュニティ，企業集団などから成る犯罪・秩序違反に関するパートナーシップを設置した。また地方自治体は，地域における犯罪や無秩序に取り組む政策について詳しく規定する法定された3年の期間の犯罪・秩序違反計画を作らなければならない。反社会的行動に取り組むことにおける地方自治体活動の他の領域は，個人に対する反社会的行動秩序（一般的に，ASBOと呼ばれる）を保障するため，コミュニティにとって明らかに迷惑なことについて，地方住民に代わって裁判所へ申し立てることである。

　2005年に近隣美化・環境法が制定され，地方自治体にごみの不法投棄や落書き，ごみの散らかしのような広範な反社会的行動の問題に対処するさらなる権限を与えた。2006年警察・司法法は，地方自治体の犯罪・秩序違反削減パートナーシップとコミュニティ安全パートナーシップに関する権限や構造を改革した。これは，地方自治体の取引基準官に特例的な権限を与え，反社会的行動に対する地方自治体の権限をさらに拡大するものであった。2012年警察改革・社会的責任法は，ここ数十年間の警察に関する再編成の中でも最大のものを示した。それは，イングランドおよびウェールズの警察に直接公選の警察・犯罪コミッショナーの導入を通してであった。しかしながら，2010年以降は，政府による地方自治体レベルへの犯罪および反社会的活動に関するそれと同じレ

ベルの政策介入はなかった。そして，いくつかの事例では，目標や評価（例え
ば，反社会的活動に関する）などは後退したり再改革されたりしてきた。

4　コミュニティの結束

　コミュニティの結束は，地方自治体活動にとって比較的新しい分野であり，
それ自体かなり新しい言葉である。それは，中央政府によって重要な優先事項
として取り上げられてきた。とりわけ，2001 年のいくつかの北部都市におけ
る騒動の光景において取り上げられた。そして，9.11 同時多発テロや 7 月 7 日
のロンドン・テロ以降，コミュニティに緊張が見られ，英国国民党の地方選挙
での勝利などがあった。2001 年の騒動についてのカントル報告は，地方自治
体における政治的リーダーシップの欠如が，コミュニティの緊張を悪化させた
ことを明らかにした。「人種的関係」（9.11 のテロ以前に，実務家たちによって既
に問題視されるようになっていた）という死語となった言葉を表面上置き換える
場合，いくつかの定義が存在する。そのうち，次のものが最も簡潔な表現であ
る。「結束的なコミュニティは，福祉，調和，持続可能な状態の中にあるコミュ
ニティである。地方自治体は，コミュニティの声を聞き住民を取り込み，コミュ
ニティ間の相互作用を助けることを通して，コミュニティの結束を促進するこ
とにおいて重要な役割を有している」（改善・開発庁の解説）。

　財源の配分や住民発案は，すべてのレベルの地方自治体においてこの働きを
担い援助するためにある。そして，住宅・コミュニティ・地方自治省は，これ
を非常に重視し，この領域における地方自治体のリーダーシップの必要性に重
きを置いている。2006 年に，統合と結束に関する委員会が設置された。それ
は，ロンドンのイーリング・バラの事務総長であるダラ・サインによって主宰
された。2007 年の報告書「私たちの共有する未来」は，コミュニティの結束
に関するかつての仮説に挑戦することを求めた。例えば，移民に対してイング
ランドでの授業料支援のための財源を提供することは，地方自治体の文書を翻

訳するより重要であり，新しい移民には，新しいコミュニティでの行動のしかたを説明する「ウェルカム・パック」を受け取れるようにすることなどを示した。サインは，2011年の暴動後，英国におけるコミュニティの関係を再検討することを政府から再び委任された。一方，社会的統合（英語の授業料を含めて）については，政府のアドバイザーであるルイーズ・ケイシーによる1年間におよぶ再検討の後，2016年にさらに考察された。

5 消費者保護

　1994年日曜商業法は，カウンティや一層制自治体に日曜日における大規模店舗（280平方メートル以上の売り場面積）の営業時間を午前10時から午後6時までの間で，6時間以上営業することがないように営業時間に対する規制の実行を求めた。ディストリクトや一層制自治体は，地方の市場にライセンスを与えることを担っている。カウンティや一層制レベルは，食料品のラベル表示，公正取引，度量衡，商業上の銘柄，消費者へのアドバイスのような，地方自治体の消費者保護の役割を果たしている。

　ハンプトン・レビュー「行政の負担を引き下げる─効果的な監査と執行─」が，2005年3月に発行された。ハンプトンは，地方自治体には，取引基準や環境上健全な体制に関する多くの積極的な局面がある一方で，企業に不確実さをもたらす地方における多くの矛盾があることを発見した。地方に関するより良い規制室（LBRO）は，2007年5月に政府管轄の機関としてその活動を始めた。そしてそれは，2008年10月に完全に独立した非省庁型公的団体（NDPB）になり，2011年に廃止された。企業に対しより大きな一貫性を提供するため，特に，企業が1つ以上の地方自治体エリアで活動するため，プライマリー・オーソリティー・パートナーシップが設立された。パートナーシップは，企業に対して単一の地方自治体を，プライマリー・オーソリティーとして指定することも認めた。それは，地方自治体には，取引基準，ライセンス，健全な環境，火

災防止などについて，助言を与え執行する目的があるからである。日曜営業についての予定されていた改革は，地方での運営を検討する権限が公選首長のいる合同行政機構に認められたこともあり，2016年に政府によって断念された。その改革については，保守党内の議員の間でさえ，その改革案に対する議会の支持を欠いていたことによる。

ビジネス・エネルギー・産業戦略省は，これらの問題に関する中央政府における所管省である。

▶ 6　環境衛生

地方自治体は，環境衛生に関わる役割を真剣に担っている。ディストリクトと一層制自治体は，食品の安全を保障する責任の下，小売店を検査する責任がある。検査が食品衛生を保障するため，過失を示すような場合には，活動の改善もしくは停止のいずれかを要求する強制的な通告を出す権限を有している。ディストリクトと一層制自治体はまた，家畜移動の際の動物の衛生と共に，危険な犬や害獣，害虫の蔓延に対処する責任を負っている。

▶ 7　ボランタリー・セクター

地方自治体は，コミュニティ・グループに長い間補助金を与えてきた。それは，コミュニティ・グループがコミュニティに対して，ソーシャル・サービス（デイ・センター），消費者へのアドバイス（市民助言室），芸術の提供（コンサート・ホール）のような無償のサービスを提供するからである。その代わりに，コミュニティ・グループの理事会に地方自治体の代表者がしばしば参加している。地方自治体と地方ボランタリー・セクターとの間の関係は，ローカル・コンパクトの導入によって整えられた。コンパクトは，ほとんどの地方自治体に存在していた。ただし，そのしくみの範囲やその担い手は，変化しがちであった。

そのような集団に補助金を提供するという地方自治体の機会は，緊縮財政の下で，2010年以降劇的に減った。ただし同時に，政府は，地方自治体が自身の予算上の必要を減らすため，コミュニティ・グループ（特に，2011年地方主義法の結果）にサービスを委託もしくは移管すべきであると示唆した（「大きな社会」と呼ばれた）。

8 登　　録

　出産や死去，結婚やシビル・パートナーシップを登録するための登録ディストリクトの管理は，一般登録事務所に関する全国的命令の下，カウンティもしくは一層制自治体いずれかの責任である。2004年以降，それらの自治体はまた，新しく市民権を与えられた英国市民のために市民権式典を挙行する責任も有している。

第10章

準主要な地方政府

> GLA，地域審議会，地域開発公社（機能として経済開発を含む）の役割，シティ・リージョンの課題，コミュニティ（またタウンおよびパリッシュ）の統治などについて説明する。

　本章では，地方自治の働きを高めるサブ・ナショナルおよび準主要な統治という補足的な層の登場について扱う。これらは比較的新しく，1997年以来たいていのところで導入されたが，そのいくつかはかつての政策，提案，構造の中にその前身を持っている。これらのすべてのものは，現行の形態では地方自治体の存在にとっては有害なものと大袈裟に宣伝されてきた。ただし，中央政府にそうすることを求められた時には，地方自治体は，たいていの事柄を中央政府と共に引き受けてきた。主として，イングランドのリージョン政府の導入は，1994年の保守党による政府事務所ネットワークと共に，計画的で自制的な改革として慎み深く始まった。それは，「イングリッシュ・クエッション」への反応として，そしてまた，中央によるリージョンの経済的政策についてほとんど調整のない数十年間の後に，社会的帰結の結果，リージョンの経済成長を促進する手段として，導入された。同様に，コミュニティ・ガバナンスの出現は，地方の業務への参加の要求の高まりと，反社会的行動への取り組みや住みやすさを促進するため地方活動を重視することの両方によって促進された。

1　グレーター・ロンドン・オーソリティー

　ロンドン・カウンティ・カウンシル（1889～1965年）を引き継ぐものとして，グレーター・ロンドン・カウンシル（GLC, 1965～86年）は，多目的型のロンドン・バラをカバーする戦略的な層の地方自治体と考えられていた。それは，住宅や教育に関するいくつかのアドホックな合同のしくみを伴っていた。1986年のGLCの廃止の結果，その権限は，バラ（外ロンドンのバラは，教育機関に関する責任を常に有した。内ロンドンのバラも，住宅や教育に関する責任を有するようになった）や中央政府（輸送），いくつかの合同機関（計画や廃棄物）の間で分散された。2000年の戦略的な層の復帰は，1998年の住民投票により創設が決められたものであり，昔のGLCの区域は新しいグレーター・ロンドン・オーソリティー（GLA）によって引き継がれた。GLAは直接サービスを提供しないという点で，直接提供したその前身（GLC）とは異なっていた。ただし，これも異なる点であるが（サービス提供の有無の点では真逆の関係になるが），GLCは現在GLAが行っているような首都警察やロンドン消防隊に対する間接的な監督権限を有していなかった。

　GLCが92の議席からなり，リーダーによって率いられ，委員会によって監督される伝統的なカウンティ型の議会として設けられていた一方，GLAの統治モデルは，直接公選の首長と25名の議員からなる議会に分かれている。その議会は，市長を監視し，「GLAファミリー」（下記を参照）と呼ばれる機能的な団体に何名かのメンバーを提供する。ロンドン市長は，グレーター・ロンドン全体の有権者によって4年ごとに直接選挙される。かつての市長のケン・リビングストンは，2000年に無所属で選ばれ，2004年には，この時は労働党の候補者として再び選ばれた。保守党の下院議員であったボリス・ジョンソンは，リビングストンを打ち負かして第2代のロンドン市長に選ばれ，2012年にも再選された。労働党は，前交通大臣のサディク・カーンを擁して2016年に市

長職を再獲得した。用いられている選挙制度は，補足投票（the supplementary vote）である。それは，各有権者が1番目と2番目の選択を示す。そして，もし1番目の選択で50％以上を有する候補者がなければ，その時は，すべての候補者への2番目の選択（上位2名を2番目の選択として投票した票）が，勝者を決定するために上位2名にランクされた候補者に再配分される。市長の主要な役割は，GLAに関する法定の戦略（すべてを包含するロンドン・プランを含む）を立案することである。そして，GLA本体および機能的団体（警察，消防，交通）に対する予算を決定し，これらの機関のメンバーを任命する（2008年以降，首都警察庁の議長も務めている）。市長はまた，ロンドン議会のメンバーの中から副市長を任命する。ボリス・ジョンソンは，アドバイザーより副市長を任命するこのやり方に改めた。ロンドン市長は，古くからあるシティ・オブ・ロンドン・コーポレーションのロード・メイヤーの職と混同されるべきではない（混同される場合がしばしばある）。

　ロンドン議会は，市長と共に選挙される。任期は4年間で，追加投票方式である。14名は，ロンドン・バラを地理的にグループ分けした選挙区から選出される。一方，残りの11名は，ロンドン全域の名簿の中から選挙される。政党は，ロンドン全域から選出された議員が辞職する場合，名簿の中からメンバーを置き換えることができる。一方，選挙区については，これが生じる場合には補選が必要になる。2016年選挙の結果および現在の選出議員の状況は，表10-1のとおりである。

　議会は，議員の3分の2の賛成によって，市長の予算を否決する権限を持つ。

表10-1　2016年のロンドン議会の政党別議席数

政党名	小選挙区	ロンドン全域選挙区	合計
保守党	5	3	8
労働党	9	3	12
自由民主党	0	1	1
緑の党	0	2	2
英国独立党	0	2	2

議会はまた，市長の戦略の中にも組み込まれていて，機能的団体に任命する市長のためのメンバー（議員）を供給する。議会の他の主要な役割は，委員会やパネルの業務を通してグレーター・ロンドン内のGLAや他の公的サービス提供者（NHSをはじめ，公益事業や空港所有者などの民間会社）の活動を監視することである。議会は，市長によって政治的に任命される僅かなものを別にして，GLA本体のスタッフを任命する独占的な権限を持っている。

　ロンドン消防・緊急計画庁（LFEPA）はまた，GLA法の下，機能的な団体として導入された。それは，首都の消防と救命のための機関であるロンドン消防・市民防衛庁から置き換えられたものである。それは，17名のメンバーによって構成され，その内訳はロンドン議会から9名，バラから8名であった。緊急サービスの統治に対するイングランド全域での改革の一部として，LFEPAは2018年に廃止され，単独組織としてのロンドン消防コミッショナー室（消防・復興業務担当副市長の管轄下）に置き換わった。一方，ロンドン議会の委員会は，現在もかつての監査的な役割を担っている。また首都警察庁（MPA）が，独任制の警察機関であった内務大臣のユニークな役割を引き継ぐために2000年に設置された。その24名のメンバーは，ロンドン議会からの12名については市長によって任命され，1名の独立メンバーについては内務大臣によって任命され，さらに11名の独立メンバーについては公募で任用された。MPAは，説明責任を果たし，首都警察の予算と戦略を定めた。しかし，他の大都市圏警察サービスについては，その長官（コミッショナー）は地方自治体もしくは市長によってではなく，内務大臣によって任命され，運営上の独立性を残している。ロンドン開発公社（LDA）は，すべて市長により任命される12名からなる理事会によって率いられていた。その役割は，市長の経済戦略の形成と実現である。LDAはイングランドの他のRDAと一緒に2012年に廃止された。LDAは，ビジネス促進と支援を担っていた。現在，それは，市長によって任命される非制定法的機関であるロンドン産業パネルの責任である（市長はまた，2011年以降，商取引および観光に関するロンドンの公式推進機関であるロンドン・アンド・パート

ナーズに財源を提供してきた）。最後に，2000年に設けられたロンドン交通局
（TfL）は，旧ロンドン交通局（London Transport）によって担われていた役割を
継承した機関であると考えられる。ただ，ロンドン地下鉄については，2003年
までTfLの統制下に属さなかった。それは，議論となったPPPによる維持管
理方式の複雑さとリビングストン市長の反対のためだった。TfLはまた，首都
のタクシーのライセンスを扱う公共輸送事務所を監督している。それ（公共輸
送事務所）はかつて首都警察の一部だった。

　ロンドン港湾庁のような機関は，グレーター・ロンドン・オーソリティーか
ら独立している。ロンドン政府事務所は，GLAの誕生後も残り，中央政府，
GLA，ロンドン・バラの間を連絡・調整する役割を果たしていた。しかし，他
の政府事務所と共に2011年に廃止された。2005年5月の選挙でのマニフェス
トにおける公約の結果，政府は同年11月にGLAの権限を見直すと発表した。
それは，GLA（市長と議会の両方）とロンドン政府協会からの提案を受け取り，
2006年2月にコンサルテーションを終えた。

　2006年に政府は，2005年の選挙マニフェストで約束したように，GLAの
権限に関する1年がかりの調査の結論を発表した。後に2007年グレーター・
ロンドン・オーソリティー法という首都に関する第2の立法によってこの調査
結果を実行した。特に，この調査では市長は首都における33の地方自治体の
計画化政策に介入し，戦略的に重要な計画決定を仲裁する権限を持つべきこと
が提案された。現在，市長は，もし市長が望むならば，バラのそのような計画
化に関する決定に割り込み，それをひっくり返すこともできる。これまでロン
ドン住宅評議会によって監督されてきたロンドンにおける社会的住宅は，市長
に属すようになるだろう。市長はまた，住宅投資への支出やより手ごろな住宅
の建設を監督するだろう。市長によって主宰される新しいロンドン技能・雇用
評議会は，首都における技能の基盤を発展させるため市長が新しい法定義務を
履行することを可能にするだろう。新しいロンドン廃棄物・リサイクル・フォー
ラムは，業績を監視し，市長の廃棄物戦略の遵守を保障するため，市長やバラ，

首都の廃棄物機関が協力することを可能にさせる。2011 年地方主義法は市長および議会の権限を再検討する機会を与えた。それには，議会が 3 分の 2 以上の多数により市長提案の戦略を拒否する権利も含まれる。また，市長はロンドンにも市長開発公社を設置する権限が付与された（住宅・コミュニティ・地方自治省により認可された都市開発公社に類似している）。

Box 1. グレーター・ロンドン・オーソリティー

　バラ（区）やクアンゴによって率いられた首都統治の 14 年間の不在期間の後に導入された 2000 年のグレーター・ロンドン・オーソリティーの誕生以来，世界都市としてのロンドンの統治は，より多くの権限を認める中央政府の気分に専ら依存してきた。1999 年に GLA 法が初めて制定されて以来（当時は，GLA 法が 1935 年に制定されたインド政府法以降最も長い法律であった），その権限はいくつかの変化や改革を見てきた。それは，GLC（1965～1986 年）や LCC（1889～1965 年）などの GLA の前任者のものを無効にするだけではなく，他のイングランドの都市と区別するものであった。首都のみに関係する立法の一群を蓄積しながら，地方自治体もしくは合同行政機構（2011 年創設）のいずれかに関係する他の

職位	職務分掌	根拠法
法に基づく副市長（ロンドン議会議員）	教育	1999 年 GLA 法
副市長	計画，再生，技能	1999 年 GLA 法
副市長	ビジネス	1999 年 GLA 法
副市長	住宅	1999 年 GLA 法
副市長	交通	1999 年 GLA 法
副市長	警察および犯罪	2011 年警察改革・社会責任法
副市長	社会的統合	1999 年 GLA 法
副市長	環境およびエネルギー	1999 年 GLA 法
副市長	文化	1999 年 GLA 法
副市長	消防および復興	2017 年警察・犯罪法

制定法の条文とは分岐するものであった。ただし，合同行政機構は，GLAをモデルとしているため，幾分影響を受けてきた。

　サディク・カーンが2016年5月に労働党の市長候補として選挙に出て市長になり，その後，副市長のポストが1999年法や他のものに基づいて創設された（ケン・リビングストンの下では，それらは法的にはアドバイザーであった。2008年にボリス・ジョンソンが副市長職を導入した）。

　グレーター・ロンドン・オーソリティーは，他の自治体とは異なり，他と同等ではないため，英国の地方統治の点において，特殊な自治体であるということに注意が必要である。権限委譲をめぐるブレア政権の憲政改革の下で，スコットランド議会やウェールズ議会が創設された一方で，グレーター・ロンドン・オーソリティーはこれらの国レベルの政府機関に匹敵するものではなく，非常に限られた権限を享受し，首都の実際の地方自治のレベルであるロンドン・バラ（区）と比較されるようなものである。市長自身（もしくは市長のチーム）はグレーター・ロンドン・オーソリティー内におけるすべての執行権を有しているが，ロンドン議会は，予算や戦略，重要な任命などに対する拒否権を通して，抑制と均衡のためにいくつかの権限と影響を行使する。市長の政策や任命により活動するグレーター・ロンドン・オーソリティーの機能的団体のグループ（例えば，ロンドン消防隊，警察・犯罪市長室，ロンドン交通局）により担われるもの以外では，首都内の直接的なサービスを行う限りにおいて，グレーター・ロンドン・オーソリティーは議会広場やトラファルガー広場の維持のみに責任を負っている（地方計画当局としてのシティ・オブ・ウェストミンスターの存在により制限されている）。しかしながら，グレーター・ロンドン・オーソリティーは概括授権権限を有している。1999年法によるグレーター・ロンドン・オーソリティーの設置以来，下記のようなグレーター・ロンドン・オーソリティーの統治に関するいくつかの立法的変化があった。指摘したように，2007年グレーター・ロンドン・

オーソリティー法（政府による簡略な説明によれば）には下記のような変化
がある。

- ・住宅公社（土地取得や社会的住宅などに関する）内に設置されていたロンドン評議会は，グレーター・ロンドン・オーソリティーに完全に委譲された。
- ・ロンドン技能・雇用評議会の設置（ただし，同評議会はその後廃止された）。
- ・戦略的に重要なプロジェクトとの関係における追加的な計画権限。
- ・ロンドン交通局理事会に政党の代表者を任命するための市長の権限。
- ・少数の専門的な上級ポストに対して，ロンドン議会が拘束力のない指名承認公聴会を行う権限。

2011年警察改革・社会責任法（ロンドン以外の警察組織のエリアに警察・
犯罪コミッショナーを導入した）の下，ロンドン市長は事実上の警察・犯罪
コミッショナー（ロンドンの警官の長である職業警察官の首都警察サービス
のコミッショナーと混同しないように）として自動的に活動している。同法
の下，目的遂行のために，副市長に委任することを選ばない場合，ロンドン市長が警察・犯罪市長室（MOPAC）を率いることになる。ロンドン
議会はまた，委員会を通じて，MOPACを監査するためロンドン以外の
警察・犯罪パネルに類似したものとして行動することを求められる。ロンドン議会は委員会を開催し，首都警察サービスに説明責任を求める。

イングランドのすべての他のエリアと共に，2011年地方主義法の下，
下記のようないくつかのさらなる変更が実行された（市長およびロンドン
議会，バラは，法案に関するコンサルテーションを行っている間に，政府に対する一連の質問を共同で調整した）。

- ・ロンドン住宅・コミュニティ庁の土地取得や社会的住宅に関する権限を担う。住宅を目的とした中央政府からの補助金を受けることも含む。
- ・ロンドン開発公社が廃止されて以降の経済開発戦略を維持すること。
- ・特定エリアのために市長開発公社を設置する権限。
- ・5つのかつての制定法上の戦略を置き換えたロンドン環境戦略の導入。
- ・ロンドン議会には3分の2の多数で市長の戦略を拒否する権限が与えられた。

2011 年以降，2015 年，政府は市長にさらなる権限委譲をする決定について発表した。その権限には，ロンドン土地委員会（グレーター・ロンドン・オーソリティーと政府の間の合同で住宅用に公共用地の開放について扱う）の設置，技能財源庁の財源および河岸の開発に関する権限を含む追加的な計画権限の委譲に関する合同コミッションの活動などが含まれていた。市長はまた，いくつかの合意や政府省庁との理解の覚書，最も顕著なものとしては保健と福祉の連携に関する覚書（バラにおける 5 つの権限委譲パイロット計画），犯罪に関する正義（被害者や証人への支援，女性や若年者の受刑者の再犯率の削減および出所後の支援）などの覚書である。2017 年警察・犯罪法はまた，市長にロンドン消防隊を直接統制することを保障する影響を持った。2018 年 4 月からは，ロンドン議会に新設された委員会の監視に属すようになった。

　上記のように，市長はロンドン交通局の理事を任命する（市長自身が理事会を主宰できる）。2011 年地方主義法の下，市長はまた（ロンドン議会の承認に基づいて）市長開発公社を設置できる。同公社は，議会の二次立法により定められる特別な機能を持つ。グレーター・ロンドンの特定エリアに関する土地の集約および計画権限（バラの境界を超えるか超えないか，バラの代表を含めるか含めないかなど）を促進するためである。現在，2 つの市長開発公社が設けられ，それぞれ市長により任命されている。

名称	設置年	対象地域 （ロンドン・バラ）	目的
ロンドン・レガシー開発公社（LLDC）	2012	ハクニー，ニューアム，タワーハムレッツ，ウォルサム・フォレスト	クィーン・エリザベス・オリンピック公園を管理するため
オールド・オーク・アンド・パーク王立開発公社（OPDC）	2015	ブレント，イーリング，ハマースミス・アンド・フラム	西ロンドンにおける HS2 とクロスレイル駅の間の交流拠点を管理するため

　最後に，政府省庁（内務省から警視庁や住宅・コミュニティ・地方自治省まで）からの包括補助金に加えて，グレーター・ロンドン・オーソリティーはいくつかの歳入財源を有している。

- カウンシル・タックスの課税査定額：各バラのカウシル・タックス納税者から徴収した合計余剰額。これにはかつての，2012年ロンドン五輪を財政援助するための「オリンピック課税査定額」を含んでいた。
- 1999年グレーター・ロンドン・オーソリティー法により規定された3つの交通関連の課税である，道路課税（交通混雑税），排気課税（低排気ゾーン），職場駐車場課税。これらのうちの初めの2つが導入された。2019年9月から，超低排気ゾーン（ULEZ）への排気課税が追加される。
- ロンドン交通局の運賃収入からの利益。ロンドン交通局は限られた額までしか借入金を得ることができないが，借入金に関する権限は市長自身が活用可能である（下記参照）。
- グレーター・ロンドン・オーソリティーは，2013年4月に導入されたビジネス・レイト保有計画に参加する。グレーター・ロンドン・オーソリティーは，2011〜2013年の歳入の基準レベルと比べて，2013〜2020年の間のビジネス・レイト財源の増加分の20％を保有する。2018年からは，グレーター・ロンドン・オーソリティーおよびバラは，100％のビジネス・レイト保有に先駆的に参加している。
- コミュニティ基盤整備税が，2012年4月1日から導入された。これは，ロンドンの新しい開発に支払われるもので，1平方メートルあたりで課税される。市長は，コミュニティ基盤整備税の導入後2年間の影響に関する報告書を公表した。
- 1ポンドあたり2ペンスの追加ビジネス・レイトが2010年2月に導入された。これは25年間継続するものである。5万5000ポンド以上のビジネス・レイトを支払うロンドンのすべての企業が対象である。その財源はクロスレイルの財源に利用される。

より一般的には，地方自治体ごとに，グレーター・ロンドン・オーソリティーやその機能別団体も共に，借入金を得ることが認められている。ただし，借入額の合計は，2003年地方自治法の下，Prudential Code に従わなければならない。

2　準主要な地方政府

　グレーター・ロンドン・オーソリティーは，表向きはイングランド初で唯一の公選のリージョン政府である。2000年に誕生するまでの1997年の白書や1998年のその導入に関する住民投票のような創設の過程は，ただしその後，首都以外のところでも試みられた。

　ロンドン以外には，8つの地域開発公社（RDA）があった。ロンドンは，LDAという形でそれ自身の地域開発公社を有していた。RDAは，リージョン・レベルにおいて，とりわけ経済再生や投資を促進するものである。1998年の白書および1998年地域開発公社法に基づいて設置され，それぞれが地域審議会（かつての地域会議）に対する説明責任を有し，また地域審議会によって監視されていた。その地域審議会のメンバーは，70%がそれぞれのリージョン全域の地方議員の中から任命され，30%が企業や教育，ボランタリー・セクターなど特定の利益集団から任命された。また各地域審議会は，2004年計画および強制収用法の下，法定のリージョンの空間戦略づくりにおいて，リージョンの計画化団体として求められる機能を遂行した。また地域審議会のメンバーは，住宅公社や政府機関の代表者と並んでリージョン住宅評議会のメンバーでもあった。彼らは，リージョンの住宅戦略の準備や，リージョンの公営住宅補助金から住宅資本改善のための財源を提供するための財源の再配分を大臣に助言する責任を有していた。

　2002年，政府はロンドン以外のイングランドのリージョンに，公選の地域審議会を導入するという白書を発表した。それは，持続可能な開発，経済開発，空間計画化，交通，廃棄物，住宅，文化（観光も含む），生物多様性に関する権限を有していた。そこで，2003年地域審議会（準備）法は，各リージョンで住民投票を行うための基礎を定めた。そして，公選審議会の導入に同意するリージョンでは，一層制自治体の路線に沿って，地方自治体に求められる改革は境

界委員会が担う作業に従うことが定められた。政府は，北部イングランドでの住民投票に関する最初の試みを提案した。そこは，リージョンのアイデンティティや公選議会への支持のレベルが非常に高いと考えられたところである。2004年11月にノース・イースト・リージョンで始められ，ノース・ウェストおよびヨークシャー・アンド・ザ・ハンバーと続くはずだった。かつては，同じ日にそれら3か所すべてを実施するという提案もあった。3つのリージョンでは，未来の一層制の地方自治体に関する2組の提案と選挙委員会によって平等に財源が保障された公式の「イエス」および「ノー」キャンペーンの設置を経て，ノース・イースト・リージョンでは，2004年11月4日，2つの質問からなる住民投票が，すべて郵送での投票によって実施された。およそ4対1（69万6519票対19万7310票）で提案は否決され，政府は，他の2つの予定されている住民投票については，その政策が事実上終了する2005年6月の法定（2003年法の下）の期限まで行わないと発表した。

　大蔵省とビジネス・企業・規制改革省の合同によって行われた2007年サブ・ナショナル・レビュー（SNR）において，政府は，2010年以降は地域審議会を廃止し，計画化過程におけるその役割をRDAに引き受けさせる計画に着手した。2008年，SNRの勧告に基づく移行協議に従って，地方自治体リーダー委員会が，諸計画をRDAと連携して承認するために，そして，RDAの活動に対して民主的な監視を行うために各リージョンに設置されることが予定された。さらに，この改革は，政府内に「地域大臣」のポストを作る（2007年7月から）という国レベルでの追加的な改革によって補強された。地域大臣たちは，地域大臣評議会（CRM）という会合を持っている。また，この機関は，全国経済評議会や地域経済評議会と共に活動を行った。こうした両機関は，1960年代におけるウィルソン的な協同組合主義者たちによる計画の時代にまさに逆もどりするものであった。

　イングランドのリージョンの境界は，政府事務所（GO）ネットワークの創設（リージョン・レベルにおいて政府省庁の仕事をより良く機能させるために設置され

た）によって1994年に定められた。このネットワークは，地方自治体との関係において，そして，政府省庁とのコミュニケーションにおいて著しい役割を果たした。さらに，消防に関する統制業務もまた，政府事務所ネットワークのリージョン単位に再編された。一方，内務省もまた主としてリージョンの境界に沿って，警察隊を再編成しようと試みた。2006年に，政府はNHSのサブ・ナショナルな活動をリージョン・レベルの戦略保健機関と救急トラストに再編すると共に，公衆衛生に関するリージョン責任者の新しいポストをさらに追加した。イングランドにおける欧州議会の代表もまた，9つのリージョンに基づいている。それは，イングランドに配分された欧州議会議員（MEP）を選ぶために閉鎖的リージョン名簿制を用いている。政府は2006年予算において，政府事務所レビューを発表した。そこでは，政府事務所ネットワークの保有の意図と，各地域のGOがより戦略的でより焦点が絞られた役割を果たすようになることを確認した。各政府事務所は，2011年の廃止まで地域大臣によって監督された。

3　シティ・リージョン

　イングランドにおいて公選の地域審議会を設置することに失敗したのに対応して，政権党であった労働党や地方民主主義問題をめぐる関連のシンクタンク（新地方自治体ネットワークや都市センターのような）の関心の的は，「シティ・リージョン」がリージョン内のより良い調整を確保し，地方自治を再生させる最善の手段になるかもしれないという見方にたどり着いた。「シティ・リージョン」という語は，戦後の時代を通じて，経済学者，計画立案者，都市計画専門家の間で使われてきたが，英国の文脈では，その語は，1969年にレッドクリフ・モード報告に反対するデレク・シニアの冗長な「異議の覚書」と共に生まれた。シニアは，レッドクリフ・モードの一層制の地方政府と8つの州（プロビンス）議会という提案の代わりにシティ・リージョンの枠組みを提案した。エドワー

ド・ヒース保守党政権による1974年の地方自治体の再編成では，前政権時代のレッドクリフ・モード報告における提案を退けた。その結果導入された二層制では，大都市圏カウンティという形において，シティ・リージョン制度の部分的な出現を見た。ただし，その大都市圏カウンティは，1986年にマーガレット・サッチャーによってGLCと共に廃止された。今日，シティ・リージョンを求めた60年代後半の痕跡は，かつての大都市圏カウンティに設けられた旅客交通庁に残っていた。一方，コミュニティ・地方自治省（DCLG）は，3つの北部のRDAを中心としたコア・シティ・グループやノーザン・ウェイのような地域再生の先駆的試みを通して，シティ・リージョンについての業務や計画を検討している。

　2006年の『地方自治白書』は，明確にシティ・リージョンへの趣を示していた。大臣のスピーチは，サブ・ナショナル・レベルにおけるシティ・リージョンのしくみへの政府の関心を明らかにした。政府はそれ以前に，「イングランドの市の状況」というレポートの中で，既にこの方向へのヒントを示していた。政府の政策課題における力点は，非対称的なスタイルの中で下から登場するシティ・リージョンを認めることにあった。それは，地方の状況を反映させるため，それぞれ異なる大都市圏の上に，新しく選択的なしくみを接ぎ木するようなものである。例えば，ウェスト・ミッドランドの地方自治体であるブラック・カントリーの「評議会（Senate）」は，ニューキャッスルのゲートヘッドとは異なる道を歩むことを望むだろう。しかしながら，リーダーシップの問題が必ずそのような議論の最前線にあるので，それぞれのシティ・リージョンの概念は，公選市長もしくは，明らかに人気がある政府の類似したしくみによって導かれる。とりわけ，GLAに関する記録は変化の有効性を証明しており，ホワイトホールの外では，そのような政策（シティ・リージョン）の装いが好まれることは極めて少なかった。ヨーロッパのライバルに対する競争意識がここでもまた関心が持たれた。これは既にDCLGの都市政策課題の多くにも見られた。シュトゥットガルトの都市リージョン協会やリールの凝集都市のように，シティ・

リージョンがヨーロッパの他のところでどのように機能しているかに関する政府の調査研究があった。

　しかしながら，数年間その政策はもてあそばれた後に，最終的に，それを政府に強要したのは，世界的な経済の衰退であった。SNR に関するコンサルテーションへの対応として，政府は，複数の地方自治体にまたがる経済開発活動を調整するため，シティ・リージョン・レベルにおいて，法定の経済改善理事会（EIB）の導入の意図を確認した。各 EIB の構成員は，地方で決められ，大臣の承認が必要である。しかしながら，法定かつ公選で説明責任がある一方，これらの理事会については何ら権限が規定されていない。さらに，シティ・リージョンにおいて，最近導入された地域連携協定（MAA）を提案することも計画された。地域連携協定（MAA）は特定の目的を地方で達成するために，いくつかのシティ・リージョンにおいて導入されたのであった。

Box 2. ノーザン・パワーハウス

　ノーザン・パワーハウスは，2014 年にジョーズ・オズボーン大蔵大臣による演説の中で初めて言及された。それは，ロンドンの持つ経済的な強さの原動力に匹敵するものを北部の都市に呼びかけた時であり，それらの諸都市がオズボーンの思いを共有することに同意するならば，「強力な都市の統治」を導くことになるとオズボーンは論じた。多くの観察者たちは，労働党政権下で 3 つの北部の地域開発公社の間で行われていた「ノーザン・ウェイ」の連携との類似点を指摘した。政府はノーザン・パワーハウスの「北部」が何を意味するのかについて時々あまり明確にしない時があった。例えば，ウェールズ省は 2015 年にそれに関連した要求をした。一方，3 つのかつての標準リージョンが北部であるという使い方はまた，北部のハンバーの南のエリアやノース・イーストのリンカーンシャーのエリアを含んでいた。2018 年 7 月，ノーザン・パワーハウス担当大臣は，11 の地方産業パートナーシップ（LEP）が「NP11」として知られる新しい団体を形成すると発表した。それは，各 LEP の代表が理事

会を構成するもので，また北部会議としても知られるものである。そして，初めて，正確な地理上の定義を提供した。イングランドの初めての制定法上のサブ・ナショナルな交通に関する団体である北部交通はまた，このエリアをカバーする地理上および統治上の足跡を残した。しかし，それは必ずしも政府の政策と直接結び付くものではない。

戦略上の文書（例えば，ノーザン・パワーハウス・フェーズ2，大蔵省，2016年）や住宅・コミュニティ・地方自治省の大臣の発言などを別にして，ノーザン・パワーハウスの目的は不明確であることが指摘されてきた。例えば，それは北部に対内投資を引き付けることに関連していたり，もしくは，単に政府が全体として北部に対して意図している政策目的を示すことがあるからである。それは「包括的な看板」として描かれてきた（例えば，北部への対内投資を引き付けるために，中国の習近平国家主席の賞賛を集めることさえあった）。「包括的な概念」や政策は，北部の経済成長や生産性に結びついた問題の集合体へ取り組むものであった。それはまた，ノーザン・パワーハウス鉄道政策（また，HS3もしくは北部のクロスレイルとして知られている）とも関係している。それは，リバプール，マンチェスター，リーズの間の接続を改善する手段として推進された。

統治の点で，ノーザン・パワーハウスのエリアは，イングランドにある10の合同行政機構のうちの7つをカバーしている（公選首長を有しているのは6であるが）。合同行政機構では，政策を処理する権限委譲に基づく連携の高まりが見られてきた。理論的にはイングランドのすべてのエリアが対象になっている。会計検査院はまた，政策に関する目標もしくは目的の欠如を指摘してきた。政府の内外における政策通のトップは，ジム・オネイルである（彼はBRICS経済の概念を発展させた，かつてゴールドマン・サックスにいた信頼あるチーフ・エコノミストである）。オネイル卿として，ジョージ・オズボーンの下で大蔵省で仕え，ノーザン・パワーハウスの中核として，"Man Sheff Leeds Pool"巨大都市圏という連結的な概念を唱えた。ただし，これは後に，ノース・イーストが政府の政策で見過ごされているという批判を引き起こす（後に正当なことであると認められたが）ことになった。2018年9月，北部の合同行政機構の公選市長や

> リーダーたちは，初めての「北部代表者会議」に集った。一方，オズボーンとオネイルはまた，彼ら自身の独立のノーザン・パワーハウス・パートナーシップ・シンクタンクを立ち上げた。

　シティ・リージョンは，労働党が決断しなかったことによりよろめいていたが，その課題に取り組み，合同行政機構やいわゆる「ノーザン・パワーハウス」を（労働党政権の立法を活用して）導入したのは連立政権だった。しかしながら，これらの団体は，地方自治体ではない（地方自治体協議会は，それらの団体を構成するのが自治体であることを考慮して，協議会のメンバーと見なしている）。それらの団体の権限は，国レベルから機能を委任する二次立法によって発生するものだからである。同様に，ノーザン・パワーハウスの統治面での足跡は，住宅・コミュニティ・地方自治省におけるノーザン・パワーハウス担当大臣の存在に限られている。ただし，（北部の都市の連携に起源を持つ）北部交通は，2018年にイングランド初のサブ・ナショナルな交通機関になった。それは，イングランド北部の交通への投資に関して政府に対して代表するフォーラムである（同様に，発券に関する権限，鉄道の営業権，新しい道路に関する権限を持っている）。しかしながら，ブレグジットの結果，シティ・リージョンやイングランドに対する権限委譲の課題がほとんど行き詰まっていることが論じられてきた。

▶ 4　合同行政機構とイングリッシュ・クエッション

　2014年のグレーター・マンチェスターの合意を始めとして，2014年以降，イングランドの地方エリアに包括的な権限委譲に関する断片的で，全くアドホックな過程があった。これに先立って，保守党主導の連立政権内およびその周辺で，イングランドの都市エリアへの権限委譲に関するいくつかの呼びかけがあった。その中で最も顕著だったのが，2012年の地域の成長に関するヘーゼルタイン卿の政府への報告書（「動かぬ石はない」）であり，大都市圏エリアでの公選

市長を呼びかけていた。2012年5月にはイングランドの都市における住民投票（地方主義法の下で実施された）が，この報告書に続いたが，イングランドの大都市自治体に公選市長を導入するというアイデアはほとんどのところで拒絶された。また，地方主義法は，コア・シティによる要請のお蔭で，「シティ・ディール」を可能にする条項について規定していた。「シティ・ディール」は，国務大臣によって付与される権限や自由をさらに高める特注の権限委譲パッケージであった。コア・シティーズに対する第一弾の後，合計で20のディールが締結された。

　合同行政機構や前の2009年法に基づいてデボリューション・ディールが2014年以降締結されてきた。ただし，コンウォールは唯一の例外である（公選市長を有することに同意しないエリアからの申請には委譲される権限が制限されていることを示唆することをねらっている）。合同行政機構やデボリューション・ディールは，イングランドで権限委譲が行われる主要な手段であった。同様に，「イングランドの法のためのイングランド人による投票（EVEL）」の出現について検討する必要がある。それは，イングランドへの権限委譲を考えながら，イングランド問題（ウェスト・ロジアン問題）という難問に対する部分的解決を提供した。しかし，EVELは権限委譲とは全く別物で（庶民院での修正手続きを通じたもので），立法面ではほとんど言及されなかった。そこで，EVELの3つの過程についても権限委譲に関する立法とは別に考慮する必要がある。

　最初に設置された合同行政機構は，2011年のグレーター・マンチェスター合同行政機構であった。それは，地方民主主義・経済開発・建設法に含まれた条項に基づいていた。グレーター・マンチェスターの事例では，合同行政機構の形成に先立って，グレーター・マンチェスター自治体協議会（AGMA）があった。AGMAは，グレーター・マンチェスター大都市圏カウンティが1986年に廃止されて以降，10のグレーター・マンチェスターの自治体により形成されたものであった。グレーター・マンチェスターにおける協同の歴史は，25年以上にわたって，10の自治体間で受け入れられたやり方になっていて，それが法律

に基づく合同行政機構の形成に向けて役立った。また，グレーター・マンチェスター交通局として統合交通庁の機能を担うことも始まっていた。同様に，現在では制定法に基礎を持つさまざまな経済開発機関もあった。グレーター・マンチェスター合同行政機構の形成は，他の都市エリア，特に他のかつての大都市圏カウンティ（それだけではないが）にも刺激を与えた。2014年にさらに4つの合同行政機構が旧大都市圏カウンティで設置された。マージーサイドのリバプール・シティ・リージョン合同行政機構，サウス・ヨークシャーのシェフィールド・シティ・リージョン合同行政機構，タイン・アンド・ウェアのノース・イースト合同行政機構，ウェスト・ヨークシャー合同行政機構の4つである。2016年，ウェスト・ミッドランド合同行政機構，ティーズ・バレー合同行政機構（1996年に廃止された，「人工的な」かつてのクリーブランド・カウンティ

表 10-2　公選首長を有する合同行政機構

名称	設置（法律の下での政令により）	首長名（選挙年, 政党）	構成自治体（政党別の数）
ケンブリッジ・アンド・ピーターバラ	2017	James Palmer（2017, 保守党）	1カウンティ, 1ユニタリー, 5ディストリクト（保守党5, 労働党1, 自民党1）
グレーター・マンチェスター	2011	Andy Burnham（2017, 労働党）	10一層制自治体（労働党8）
リバプール・シティ・リージョン	2014	Steve Rotheram（2017, 労働党）	7一層制自治体（労働党）
ノース・オブ・タイン	2018	Jamie Driscoll（2019, 労働党）	3一層制自治体（労働党2）
シェフィールド・シティ・リージョン	2014	Dan Jarvis MP（2018, 労働党）	4一層制自治体（労働党）
ティーズ・バレー	2016	Ben Houchen（2017, 保守党）	5一層制自治体（保守党1, 自民党1, 労働党1, 無所属2）
ウェスト・ミッドランド	2016	Andy Street（2017, 保守党）	7一層制自治体（労働党4, 保守党3）
ウェスト・オブ・イングランド	2017	Tim Bowles（2017, 保守党）	2一層制自治体, 1ディストリクト（保守党1, 労働党1, 自民党1）

を対象地域とする），ウェスト・オブ・イングランド合同行政機構（1996年に廃止されたもう1つの「人工的な」かつてのエイヴォン・カウンティのいくつかの部分に対応している），そして，2017年にケンブリッジシャー・アンド・ピーターバラ合同行政機構が続いた。2016年都市・地方自治権限委譲法（法的にデボリューション・ディールに関する市長の権限を認めるために2009年法を改定したもの）の制定までは，合同行政機構を設置する過程は，国務大臣が合同行政機構設置を勧告する統治レビューを行うことに構成自治体は依存していた。2016年法では，そのようなレビューなしに，国務大臣自身が合同行政機構を設置することを認めた。ただし，2016年法では，構成自治体が，提案された合同行政機構の設置に同意することを規定している。また，2016年法は，すべての構成自治体の同意の下で，現行の合同行政機構を公選市長を有する合同行政機構に変更することを国務大臣に認めている。

　6つの合同行政機構では，二次立法に基づいて2017年5月に初めての市長選挙が行われた。7つ目（シェフィールド・シティ・リージョン）の選挙は，いくつかの構成自治体が選挙への同意を保留したため，2018年5月に延期された（提案された権限委譲を受けていない）。8つの公選市長（補足投票制度の下で選出された）を有する合同行政機構は上記のとおりである。

他の公選首長を持たない合同行政機構

　ノース・イースト合同行政機構は2019年から公選市長を持つ新しいノース・オブ・タイン合同行政機構に改革された。公選市長を持つことを可能にするためにサウス・オブ・タインの構成自治体が合同行政機構から離脱したためであ

表10-3　公選首長を持たない合同行政機構

名称	設置（法律の下での政令により）	構成自治体
ノース・イースト	2014	7 一層制自治体
ウェスト・ヨークシャー	2014	5 一層制自治体

る（これらの離脱する自治体が提案された権限委譲のしくみに不安を持った結果である）。ウェスト・ヨークシャー合同行政機構はまた，長い間，公選市長を有するデボリューション・ディールに抵抗してきた。彼らは，全ヨークシャー（「1つのヨークシャー」として知られる）の公選市長を有するデボリューション・ディールをむしろ好むと述べている。2009年法は，合同行政機構に経済開発や交通に関する権限委譲（もしくは地方自治体が自治体自体から移管することを認めた権限）のみを認めていたが，2016年法は，制定法上の機能もしくは他の公的団体の機能を合同行政機構に移管することについて，概して国務大臣に認めている。また，合同行政機構は，正規の構成自治体の他に，連携する自治体（例えば，他のサブ・ナショナルな境界線との一致を保障するため）を受け入れることができる。ただし，連携する自治体は，正規の構成自治体全体の同意がない限り，投票に参加する権利がない。

　2014年のスコットランド独立住民投票での否決という結果に続いて，当時のディビッド・キャメロン首相は，政府がスコットランドやウェールズ，北アイルランドへのさらなる権限委譲に加えて，イングランドの「大都市」に権限付与することと，イングランドの法にイングランドの票（EVEL）を提供する意図があると発表した。2015年の総選挙（保守党のマニフェストではEVELの導入の約束を含んでいた）に続いて，政府は，公選市長を受け入れる地方エリアで，可能なところでは，省庁は権限委譲を考慮することが求められると発表した。2015年9月の期限までに，政府は，38の多様なレベルの内容の権限委譲に関する提案を受けていた。2018年時点で，13のディールが同意されたが，そのうちのいくつかは進んでいない。2016年法の下，国務大臣はデボリューション・ディールの交渉状況に関して議会に「権限委譲に関する年次報告書」を提出しなければならない。これまでに2つの報告書が提出された。デボリューション・ディールでは，下記のような中核的な提案や潜在的な権限を持つことを可能にすることが考慮される。

中核的な権限

・成人の職業技能訓練

・ビジネス支援

・雇用促進政策

・欧州構造基金

・財政権（例：合同行政機構内のビジネス・レイトの保有）

・交通に関する統合的な権限（例：バスの営業権）

・計画および土地利用（市長開発公社を含む）

潜在的もしくは特別な権限

・地方住宅予算

・NHS

・交通の改善に関する特別財源

表 10-4　合同行政機構の機能

合同行政機構	公選首長	交通	計画	住宅	再生	技能およびビジネス支援	文化	その他
ケンブリッジシャー・アンド・ピーターバラ	Yes	Yes	Yes	Yes	Yes	Yes	Yes	大学
グレーター・マンチェスター	Yes	Yes	Yes	Yes	Yes	Yes	Yes	保健
リバプール・シティ・リージョン	Yes	Yes	Yes	Yes	Yes	Yes	Yes	エネルギー, 資産
ノース・オブ・タイン	Yes	No	No	No	Yes	Yes	No	
シェフィールド・シティ・リージョン	Yes	Yes	Yes	Yes	Yes	Yes		
ティーズ・バレー	Yes	Yes	Yes	Yes	Yes	Yes	No	エネルギー
ウェスト・ミッドランド	Yes	Yes	No	Yes	Yes	Yes	No	
ウェスト・オブ・イングランド	Yes	Yes	Yes	Yes	Yes	Yes	No	エネルギー

・地方産業戦略

　このリストは，市長が交通もしくは経済開発（国内投資の促進および連携）との関係で「ソフトな権限」を行使することを妨げるものではないことを記している。

　また，上記のように，イングランドの法のためのイングランド人による投票は，（イングランドだけでなく）英国における権限委譲との関係において重要な検討事項としての役割を果たしてきた。2015 年 10 月，庶民院は，イングランドもしくはイングランドおよびウェールズに影響を与える立法に同意を与えるのは，イングランドもしくはイングランドおよびウェールズから選出された国会議員のみに許す議事規則に変更することに同意した。このプロセスではどの法案の全部もしくは一部がイングランドもしくはイングランドおよびウェールズに排他的に関係するかを示すことを庶民院議長に要求している。その導入時において，政府は庶民院の議院運営委員会がうまく機能するようにそのシステムの運営を検証することに同意した。2017 年に，いくつかの些細な勧告が報告された。政府は，この報告に基づいて，EVEL を続けることに同意した。一方，いくつかのデボリューション・ディールがまだ実現できていない（交渉は終わっているが）。本書の執筆時点で住宅・コミュニティ・地方自治省が作成を約束していた権限委譲の枠組みは，公選首長を選ばない非都市部の地域に提供される権限委譲の基準を示すことが予想されている。

▶ 5　地域戦略パートナーシップ

　近隣社会再生資金を受け取る 88 のエリアにとって，多様な機関からなる地域戦略パートナーシップ（LSP）を設置することが追加的な財源を受け取るための条件であった。各 LSP は，下記のセクターからの代表者で構成された。

・公的部門組織（地方自治体，地方の警察，消防隊，ジョブセンター・プラス，プライマリー・ケア・トラスト）

・民間会社（特にそれらが主要な雇用主ならば）

・ビジネス（支援）組織

・コミュニティおよびボランタリー・セクター

　初めに導入された必置の88から，LSPについての5年後の副首相府による評価の時点までにその数は360以上に増加した。LSPの創設への勢いは，地方レベルにおいてより良い業務の連携を助長し，このレベルで機能している多数の機関の一機関としての役割を果たすため，地方自治体には文化的に変化することが望まれた。この発展の次の段階にとっての強調すべき点は，地域協定（LAA）にLSPの仕事や役割を合わせることをよく考慮することであった。その結果，各々のパートナーシップは，そのエリアにおける地方の公共セクターにとって第1の声になり，提供および調整的役割を果たすことができた。LSPは，現在全く自主的な組織である。

6　コミュニティ・ガバナンス

　パリッシュが存在しないいくつかの地方自治体では，代表民主的な地方エリアの集まりに関するいくつかの実験が行われた。それらはしばしば，特定の地方的な名前で行われたり，もしくは「コミュニティ・カウンシル」と名付けられたりする。これに対する法的な要件はないので，その権限，基礎（コミュニティもしくは議員が率いる），資源は，イングランド中で非常に異なっている。広範なものから貧弱なものまであるが，それは，とりわけ予算的圧力のゆえである。2005年美化近隣・環境法はまた，反社会的な行動を取り締まるためパリッシュおよびタウン・カウンシルの権限を強化した。

　再び，遅れた2006年白書の中で，政府は，「二重の権限委譲」（ホワイトホールから地方自治体，そして，コミュニティ・レベルへ）という形で新しい地方主義の次の段階へ向けた政府の方針を指し示した。この考え方は既に2005年の副

首相府（ODPM）の「地方ビジョン」報告の中で持ち出されていた。それは，反応が鈍い地方公共サービスを活動的にすることができ，地方コミュニティがより大きな財産を所有可能になることをコミュニティに呼びかけた。

　それらの提案は，2007年地方自治・保健サービスへの住民関与法において実施された。それはまた，グレーター・ロンドンの中にパリッシュを創設するという40年間にわたる古い立法的ハードルを取り除く効果を持った。さらに，同法は，パリッシュ議会が，教会の名残のある「パリッシュ」という形態より，「コミュニティ」「ビレッジ」「近隣社会」というスタイルを自身で選ぶことを可能にした。同法は最終的に，新しいコミュニティ議会の導入に対する市民の支持を測るため，コミュニティ・ガバナンス・レビューを主要な層の自治体が実行することを義務づけた。パリッシュは大きな社会や緊縮財政の下では重要な行政サービスを提供するパートナーとして見られた。パリッシュに活動を移管することにより，主要な自治体は節約ができたからである。

付表I　役立つ連絡先

★全国的な団体・組織

Local Government Association（England）：イングランド地方自治体協議会
（www.local.gov.uk）

Welsh Local Government Association：ウェールズ地方自治体協議会
（www.wlga.wales）

Convention of Scottish Local Authorities：スコットランド地方自治体連合
（www.cosla.gov.uk）

Northern Ireland Local Government Association：北アイルランド地方自治体協議会
（www.nilga.org）

County Councils Network：カウンティ・ネットワーク
（www.countycouncilsnetwork.org.uk）

District Councils Network：ディストリクト・ネットワーク
（www.districtcouncils.info）

Core Cities UK：コア・シティーズ（www.corecities.com）

Key Cities：キー・シティーズ（www.keycities.co.uk）

London Councils：ロンドン自治体協議会（www.londoncouncilsgov.uk）

Special Interest Group of Metropolitan Authorities：大都市圏自治体特定利益グループ（www.sigoma.gov.uk）

Sparsity Partnership for Rural Local Authorities：低密度農村自治体パートナーシップ（www.sparse.gov.uk）

Coastal Special Interest Group：沿岸自治体利益グループ（www.lgcoastalsig.com）

Councils with ALMOs Group：自治体住宅管理グループ
（www:councilswithalmos.co.uk）

Industrial Communities Alliance：産業界同盟
（www.industrialcommunitiesalliance.org.uk）

Scottish Cities Alliance：スコットランド都市同盟（www.scottishcities.org.uk）

Local Enterprise Partnership Network：地方産業パートナーシップ・ネットワーク
（www.lepnetwork.net）

Urban Transport Group：都市交通グループ（www.urbantransport.org）

Public Transport Consortium：公共交通コンソーシアム
（www.publictransportconsortium.org.uk）

Association of Police and Crime Commissioners：警察・犯罪コミッショナー協議会
（www.apccs.police.uk）

Strategic Aviation Special Interest Group：戦略的航空産業特定利益グループ
（www.sasig.org.uk）

National Association of Police, Fire and Crime：全国警察・消防・犯罪パネル協議会
（www.policecrimepanels.com）

National Parks UK：英国国立公園協議会（www.nationalparks.gov.uk）

Public Sector Audit Appointments：公的部門会計監査官任命協会
（www.psaa.co.uk）

Smaller Authorities Audit Appointments：小規模自治体会計監査官任命協会
（www.localaudits.co.uk）

UK Municipal Bonds Agency：英国地方債庁（www.ukmba.org）

Local Government Pension Scheme Advisory Board：地方自治年金制度諮問評議会

（www.lgpsboard.org）

Local Authority Pension Fund and Forum：地方自治体年金基金フォーラム
（www.lapfforum.org）

LG Mutual：エルジー・ミューチュアル（www.lgmutual.co.uk）

Centre for Governance and Scrutiny：統治・監査センター（www.cfgc.org.uk）

National Association of Local Councils：全国地方自治体協議会
（www.nalc.gov.uk）

British BIDs：英国ビジネス改善区協会（www.britishbids.info）

★中央政府
Ministry of Housing, Communities and Local Government：住宅・コミュニ
ティ・地方自治省（www.gov.uk/mhclg）

HM Treasury：大蔵省（www.gov.uk/hm-treasury）

National Association of British Market Authorities：英国市場関係機関全国協議会
（www.nabma.com）

Cabinet Office：内閣府（www.gov.uk/cabinet-office）

Department for Business, Energy and Industrial Strategy：ビジネス・エネルギー・
産業戦略省（www.gov.uk/beis）

Department of Health and Social Care：保健・社会福祉省（www.gov.uk/dhsc）

Homes England：ホームズ・イングランド／住宅庁（www.gov.uk/homes-england）

Infrastructure and Projects Authority：インフラ・事業機構
（www.gov.uk/infrastructure-and-projects-authority）

Valuation Office Agency：評価庁（www.gov.uk/valuation-office-agency）

National Infrastructure Commission：国家基盤整備委員会（www.nic.org.uk）

National Audit Office：会計検査院（www.nao.org.uk）

Local Government and Social Care Ombudsmen：地方自治・社会福祉オンブズマン
（www.lgo.org.uk）

Local Partnerships：ローカル・パートナーシップス
（www.localpartnerships.org.uk）

Electoral Commission：選挙委員会（www.electoralcommission.org.uk）

Connected Places Catapult：コネクテッド・プレイシス・カタパルト
（www.cp.catapult.org.uk）

What Works Centre for Local Economic Growth：地方経済成長センター
（www.whatworksgrowth.org）

Transport for the North：北部交通（www.transportforthenorth.com）

★シンクタンク
Centre for Cities：都市センター（www.centreforcities.org）

Centre for London：ロンドンセンター（www.centreforlondon.org）

Centre for Towns：タウンセンター（www.centrefortowns.org）

Centre for Local Economic Strategies：地方経済戦略センター（www.cles.org.uk）

Local Government Information Unit：地方自治体情報ユニット
（www.lgiu.org.uk）

Localis：ロカリス（www.locality.org.uk）

New Local Government Network：新地方自治体ネットワーク（www.nlgn.org.uk）

Locality：ロカリティ（www.locality.org.uk）

ResPublica：レ・パブリカ（www.respublica.org.uk）

Northern Powerhouse Partnership：ノーザン・パワーハウス・パートナーシップ
（www.northernpowerhousepartnership.co.uk）

Institute for Government：政府研究所（www.instituteforgovernment.org.uk）

Town and Country Planning Association：都市・農村計画協会
（www.tcpa.org.uk）

Association for Public Service Excellence：卓越した公共サービス協会
（www.apse.org.uk）

Association of Town and City Management：タウンおよび都市管理協会
（www.atcm.org）

Collaborate：コラボレイト（www.collaborateic.com）

★高等教育機関
Cardiff University Centre for Local and Regional Government Research：カーディ
フ大学地方自治・地域政府研究センター（www.cardif.ac.uk/research/explore/
research-units/centre-for-local-and-regional-government-research）

Cardiff University Urban and Regional Governance Research Group：カーディフ
大学都市・地域ガバナンス研究グループ（www.cardiff.ac.uk/geography-
planning/research/groups/urban-and-regional-governance）

Coventry University Institute for Future Transport and Cities：コベントリー大学
未来交通および都市研究所（www.coventry.ac.uk/research/areas-of-research/
institute-for-future-transport-and-cities）

De Montfort University Leicester Local Governance Research Unit：モンフォート
大学レスター地方ガバナンス研究ユニット
（www.dmu.ac.uk/research/research-faculties-and-institutes/business-and-law/

lgru/local-governance-research-unit.aspx）

Durham University Institute for Local Governance：ダラム大学地方ガバナンス研究所（www.dur.ac.uk/ilg）

Goldsmiths College Centre for Urban and Community Research：ロンドン大学ゴールドスミス校都市・コミュニティ研究センター（www.gold.ac.uk/cucr）

King's College London Cities Group：キングス・カレッジ・ロンドン都市グループ（www.kcl.ac.uk/sspp/departments/geography/research/research-domains/cities/index.aspx）

London Metropolitan University Cass Cities：ロンドン・メトロポリタン大学（www.casscities.co.uk）

LES Cities：ロンドン大学 LES 校都市研究グループ（www.lse.ac.uk/lse-cities）

LSE Spatial Economics Research Centre：ロンドン大学 LES 校空間経済研究センター（www.spatialeconomics.ac.uk）

Loughborough University Globalization and World Cities Research Network：ラフバラー大学グローバリゼーション・世界都市研究ネットワーク（www.lboro.ac.uk/gawc）

Manchester Metropolitan University Institute of Place Management：マンチェスター・メトロポリタン大学空間管理研究所（www.placemanagement.org）

Newcastle University Centre for Urban and Regional Development Studies：ニューキャッスル大学都市・地域開発学センター（www.ncl.ac.uk/curds）

Oxford University Future of Cities Programme：オックスフォード大学都市未来プログラム（www.futureofcities.ox.ac.uk）

Oxford University Urban Transformations：オックスフォード大学都市変容研究グループ（www.urbantransformations.ox.ac.uk）

UCL Bartlett School of Planning：ユニバーシティ・カレッジ・ロンドン・バートレット校計画学科（www.ucl.ac.uk/bartlett）

UCL City Leadership Lab：ユニバーシティ・カレッジ・ロンドン・シティ・リーダーシップ・ラボ（www.cityleadership.net）

UCL Constitution Unit：ユニバーシティ・カレッジ・ロンドン憲政研究ユニット（www.ucl.ac.uk/constitution-unit）

UCL Urban Lab：ユニバーシティ・カレッジ・ロンドン都市ラボ（www.ucl.ac.uk/urbanlab）

University of Birmingham City Region Economic and Development Institute：バーミンガム大学シティ・リージョン経済開発研究所（www.birmingham.ac.uk/schools/business/research/city-redi/about.aspx）

University of Birmingham Institute of Local Government Studies（INLOGOV）：バーミンガム大学地方自治研究所（www.birmingham.ac.uk/schools/government-society/departments/local-government-studies/index.aspx）

University of Bristol Centre for Urban and Public Policy Research：ブリストル大学都市・公共政策研究センター（www.bristol.ac.uk/sps/research/centres/urban）

University of East London Centre for East London Studies：東ロンドン大学東部ロンドン研究センター（www.uel.ac.uk/schools/social-sciences/our-research-and-engagement/research/centre-for-east-london-studies）

University of Liverpool Heseltine Institute for Public Policy and Practice：リバプール大学ヘーゼルタイン公共政策実務研究所（www.liverpool.ac.uk/heseltine-institute）

University of Manchester Urban Institute：マンチェスター大学都市研究所（www.mui.manchester.ac.uk）

University of Strathclyde Institute for Future Cities：ストラスクライド大学未来都市研究所（www.strath.ac.uk/cities）

University of Warwick Institute for the Science of Cities：ワーウィック大学都市科学研究所（www.wisc.warwick.ac.uk）

University of Westminster International Eco-Cities：ウェストミンスター大学国際環境都市研究グループ（www.westminster.ac.uk/eco-cities）

Local Politics group, Political Studies Association：英国政治学会地方政治グループ（www.psa.ac.uk/psa-communities/specialist-groups/local-politics）

Regional Studies Association：地域研究学会（www.regionalstudies.org）

★研究機関および協会
Chartered Institute of Public Finance Accountancy：勅許公共財務会計士会（www.cipfa.org）

Society of Local Authority Chief Executives（Solace）：地方自治体首席行政官協会（www.solace.org.uk）

Society of Local Council Clerks：地方自治体職員協会（www.slcc.co.uk）

Society of County Treasurers：カウンティ財務担当者協会（www.sctnet.org.uk）

Association of Directors of Adult Social Services：成人向け社会福祉担当責任者協会（www.adass.org.uk）

Association of Electoral Administrators：選挙管理者協会（www.aea-elections.org.uk）

Association of Directors of Environment, Economy, Planning and Transport：環境・経済・計画・交通担当責任者協会（www.adeptnet.org.uk）

Chartered Institute of Housing：勅許住宅協会（www.cih.org）

Public Service People Managers Association：公共サービス管理者協会（www.ppma.org.uk）

Institute of Revenues, Rating and Valuation：歳入・税率・評価協会（www.irrv.net）

Chief Economic Development Officers Society：首席経済開発担当者協会（www.cedos.org）

Association of Democratic Service Officers：民主的サービス担当者協会（www.adso.co.uk）

Lawyers in Local Government：地方自治弁護士会（www.lawtersinlocalgovernment.org.uk）

Planning Officers Society：計画担当者協会（www.planningofficers.org.uk）

Local Area Research and Intelligence Association（LARIA）：地方エリア研究・情報協会（www.laria.org.uk）

LGcommunications：エルジー・コミュニケーションズ（www.lgcomms.org.uk）

Institution of Civil Engineers：土木技術者研究所（www.ice.org.uk）

Institute of Economic Development：経済開発研究所（www.ied.co.uk）

Royal Town Planning Institute：王立タウン計画研究所（www.rtpi.org.uk）

★国際機関

C40 Climate Leadership Group：シーフォーティ気候リーダーシップ・グループ（www.c40.org）

Commonwealth Local Government Forum：英連邦地方自治フォーラム（www.clgf.org.uk）

Council of European Municipalities and Regions：欧州自治体・地域協議会（www.ccre.org）

Eurocities：ユーロシティーズ（www.eurocities.eu）

Global Parliament of Mayors：世界首長会議（www.globalparliamentofmayors.org）

United Cities and Local Government：都市・地方自治連合（www.uclg.org）

★メディアおよびウェブサイト
City Mayors（www.citymayors.com）

City Metric（www.citymetric.com）

Cities Today（www.cities-today.com）

First（www.local.gov.uk/news/first-magazine）

Local Government Chronicle（www.lgcplus.com）

Municipal Journal（www.themj.co.uk）

New Start（www.newstartmag.co.uk）

Planning（www.planningresource.co.uk）

付表Ⅱ　主要な立法

2000 年
Freedom of Information Act：情報自由法
　情報にアクセスする法的権利および情報を公表する際の地方自治体の義務について定めた。

Learning and Skill Act：学習・技術法
　地方自治体の代表と共に地方学習・技能評議会を設置した。地方研修・事業評議会を廃止した。継続教育およびシックス・フォーム・カレッジに対してオフステッド（Ofsted）の監査を拡大した。地方教育の管轄外で運営するシティ・アカデミーの設置を認めた。

Local Government Act：地方自治法
　当該区域内における経済的・社会的・環境的福祉を促進することを地方自治体に求めた。コミュニティ戦略を発表する義務を導入した。新しい基準によるしくみを導入した。課徴金を廃止した。地方の住民投票が承認した場合は，直接公選の首長を有するという選択肢を含む新しい執行管理のしくみを導入した。

Transport Act：交通法
　地方自治体に地方交通計画を策定することを求めた。バスの契約に関するしくみを改革し，道路利用者への課税（交通混雑税）や職場の駐車場での徴税を導入することを地方自治体に認めた。

2001 年
Health and Social Care Act：保健・社会福祉法
　地方自治体の総括・監視機能として，地方保健サービスの提供活動について検討することを求めた。

2002 年
Education Act：教育法
　アカデミー・スクール（かつてのシティ・アカデミー）の設置に関する制約を取り除いた。

National Health Service Reform and Health Care Professions Act：国民保健サービ
　ス改革および保健衛生業法
　　コミュニティ保健評議会を廃止した。

2003 年
Local Government Act：地方自治法
　　地方自治体の裁量による借り入れを認めた。ビジネス改善地区を創設した。学校
における同性愛問題に関する教育を禁止した第 28 条を廃止した。

Regional Assemblies (Preparations) Act：地域審議会（準備）法
　　公選の地域審議会を有するか否かの問題に関する住民投票を各リージョンに命じ
る権限を国務大臣に付与した。地域審議会の設置に同意するリージョンに対して一
層制自治体のパターンを提案するために地方自治体の再検討を行うことをイングラ
ンド境界委員会に認めた。

2004 年
Children Act：児童法
　　地方自治体内の児童サービスを統合し，児童トラストを設置した。

Housing Act：住宅法
　　特に長期間空き家の物件を含む民間の賃貸施設や住宅規格について，地方住宅当
局の権限を改革した。

Civil Contingencies Act：市民偶発事態法
　　公的団体と公益事業企業の間を調整するため，各警察の管轄エリア内における地
方復旧フォーラムを通じて，緊急事態の計画および対応のための新しい枠組みを定
め，現行の市民防衛立法を改革した。

Planning and Compulsory Purchase Act：計画および強制収用法
　　計画体系を簡略化した。コミュニティの関与を増大させた。主要な開発に関する
調査をスピード・アップした。計画化過程から王室の免責特権を取り除いた。空間
計画をリージョン単位にした。

2005 年
Clean Neighbourhoods and Environment Act：近隣美化・環境法
　　ごみの不法投棄，落書きのようなある種の反社会的行動に対処するために地方自

228

治体に新しい権限を提供し，地方自治体が地方の環境の質を改善できるようにした。

Education Act：教育法
3年間の予算を認めることによって学校の財源のしくみを改革した。そして，中央政府から学校への財源措置のレベルを保障した。

2006年
Council Tax (New Valuation Lists for England) Act：カウンシル・タックス（イングランド対象の査定一覧）法
2007年4月，カウンシル・タックスのためのイングランドの住居用物件の再査定のための要件を停止した。

Children Act：児童法
地方で働く両親に対して十分な児童福祉を保障し，地方の児童福祉事業者への規制に関してオフステッド（Ofsted）を援助することを地方自治体に求めた。

Education and Inspections Act：教育・監査法
学校に信頼ある地位を認めることができるようにし，地方教育当局の戦略的役割を明確にし，学校への公正なアクセスを保障する入学基準を強化した。

Electoral Administration Act：選挙管理法
公職への被選挙権を18歳に引き下げ，選挙登録と投票を促進するための要件を地方自治体に導入した。

London Olympic Games and Paralympic Games Act：ロンドン・オリンピックおよびパラリンピック法
2012年オリンピックの基盤施設を管理するためオリンピック準備庁を設置した。競技の開催に関係する追加的な計画権限をロンドン市長に付与した。

Police and Justice Act：警察・公正法
地方自治体の犯罪・秩序違反削減パートナーシップと，コミュニティの安全に関するパートナーシップの権限と構造を改革した。地方自治体の商取引基準担当者に例外的な権限を与え，反社会的行為に対する地方自治体の権限を拡大した。

2007 年

Concessionary Bus Travel Act：割引バス旅客法

　全国で無料のバス乗車ができるように地方自治体の権限を拡大した。

Greater London Authority Act：グレーター・ロンドン・オーソリティー法

　住宅，警察，交通，廃棄物，計画に関するロンドン市長の権限と任命権を拡大した。

Local Government and Public Involvement in Health Act：地方自治・保健サービスへの住民関与法

　一層制自治体の地位を得ようとすることへの承認，地方自治体が当該議会の全議員を一度に選出する方式に移行するための規定，新しいリーダーシップ・モデルの採用，条例の制定，もしくはパリッシュ議会（グレーター・ロンドンを含めて）を設置する権限などを国務大臣に認めた。これらはすべて，地方自治体の決定による。合同廃棄物機関の設置および議員や職員に関する訴えを聴取する地方自治体基準委員会の設置を認めた。また，NHS患者フォーラムの廃止と，保健サービスに関する住民関与のネットワークを地方自治体に導入した。ウェールズでは，ウェールズ議会に地方自治の構造に関する完全な権能を付与した。

Sustainable Communities Act：持続発展可能なコミュニティ法

　持続発展可能なコミュニティの促進のためのプランを発表することを国務大臣に求め，各地方自治体に向けて，自治体が公的資金をどのように使おうと考えているかについて自治体自身のプランを公表することを国務大臣に求めた。

2008 年

Children and Young Person Act：児童・若年者法

　児童や若年者が質の高いケアや支援を受けられるよう保障し，児童の求めるものに焦点を当てたサービスの提供を改善するため，福祉体系に関する法定の枠組みを改革した。

Housing and Regeneration Act：住宅・再生法

　イングリッシュ・パートナーシップと住宅公社を廃止し，住宅・コミュニティ庁と賃貸借事務局に置き換えた。

Local Transport Act：地方交通法

　地方交通当局による地方交通計画の権限範囲を拡大した（一方，バスについては

そこから取り除いた）。旅客交通庁を統合交通庁に改組した。サブ・ナショナルなレベルでの交通機関の設置を認めた。

Planning Act：計画化法

　国家的に重要で主要な基盤整備に関して，新しい基盤整備計画委員会の導入によって，公聴会を開催しないで済むようにし，計画決定を合理化した。開発につながる地方施設を財源措置するための新しいコミュニティ基盤整備税の導入を伴い，計画検査官による上訴という役割を地方議員のパネルに置き換えた。

Planning and Energy Act：計画・エネルギー法

　ローカル・プランの中で再生可能で低炭素なエネルギーの生成とエネルギーの効率化のための要件を定めることを地方計画化当局（地方自治体）に可能にした。

Regulatory Enforcement and Sanctions Act：規制執行・認可法

　より良い地方規制室（Local Better Office）を設置し，地方自治体による規制執行の調整を改善した。

2009 年

Apprenticeships, Skills, Children and Learning Act：職業訓練・技能・児童および学習法

　学習・技術評議会を廃止し，技術財源庁および若年者学習庁に置き換えた。地方自治体が責任を持つ教育終了年齢を 18 歳に引き上げた。

Business Rates Supplements Act：ビジネス・レイト追加法

　経済開発に関するプロジェクトを財源措置するために，投票に基づいて，特定額以上のビジネス・レイト納税者に課税することを GLA や上層および一層制自治体に認めた。

Local Democracy, Economic Development and Construction Act：地方民主主義・経済開発・建築法

　地方自治体の境界，構造，選挙制度などを検討するため，イングランド境界委員会の下部組織としてイングランド地方自治境界委員会を設置した。経済開発および基盤整備を促進するため，複数の地方自治体にまたがる合同行政機構および経済繁栄委員会の創設を認めた。地域審議会を地方リーダー委員会に再編した。地域連携協定を制定法上のものに位置づけた。地方自治体の監査のしくみを他の公的団体にも拡大した。地方自治体に当該エリアの地方経済評価を準備することを求めた。

2010 年
Academies Act：アカデミー法
　中央から財源措置される独立アカデミーになる学校に対する地方教育当局に残る制約を取り除いた。

Equality Act：均等法
　機会の均等を促進すると共に，特に年齢，障がい，年齢，人種，公的団体に関する責務などに関する現行の立法を整理強化し成文化した。

Local Government Act：地方自治法
　エクスター市とノリッジ市を一層制自治体に再編する計画を白紙にもどした。

Sustainable Communities (Amendment) Act：持続発展可能なコミュニティ（修正）法
　2007 年法の期限を延長し，「選任者」である地方自治体協議会（LGA）に提出しなければならないという地方自治体の努力要件を規制緩和のために取り除いた。

2011 年
Education Act：教育法
　無料の児童福祉を提供するように地方自治体の責任を拡大した。若年者学習庁を廃止した。アカデミー・スクールに関係する土地に関する権利を改革した。

Localism Act：地方主義法
　地方自治体に概括授権を導入した。基準委員会（Standards Board）を廃止した。ビジネス・レイトの軽減を拡大することを地方自治体に認めた。イングランドの大都市における直接公選首長をめぐる 10 の住民投票について規定した。ロンドン開発公社を廃止し，その権限をロンドン市長に委ね，市長開発公社を設置することを可能にした。シティ・ディールを認めた。地方議会の統治手法として委員会制度を再導入することを認めた。コミュニティに諸種の権利（入札への参加，建物の建設など）を導入した。当該地域の住民投票に基づいて，カウンシル・タックスの上限額を廃止できるようにした。地方議会に首席行政官の報酬について議決し，そのデータを公表することを求めた。基盤整備計画委員会を廃止した。地域戦略を廃止し，住宅や計画化に関して近隣自治体どうしで協力する責任を導入した。当該地域の投票に基づいて，拘束力のある近隣プランを導入した。コミュニティ基盤整備税を改革した。

Police Reform and Social Responsibility Act：警察改革・社会責任法
　グレーター・ロンドンを除くイングランドおよびウェールズの警察当局を廃止し，直接公選の警察・犯罪コミッショナーに置き換えた。

Public Bodies Act：公的団体法
　ロンドン以外の地域開発公社の廃止などの内容が含まれていた。

2012 年
Health and Social Care Act：保健・社会福祉法
　国民保健サービスに関する憲章と地方管理を再編し，公衆衛生を促進する責務を地方自治体に導入し，従来の地方が関与するネットワークに代えて地方の保健監視委員会を導入した。また，地方自治体と NHS の間の統合的な機能を促進するため，地方保健・福祉評議会を導入した。

Local Government Finance Act：地方財政法
　地方自治体がビジネス・レイトを保有することを可能にした。地方でのカウンシル・タックスの減免制度を導入した。計画されたビジネス・レイトの増額（増税による財政）分を借り入れることを地方自治体に認めた。

Public Services (Social Value) Act：公共サービス（社会的価値）法
　地方サービスの契約時には，経済的・社会的・環境的福祉を尊重することを地方自治体に求めた。

Welfare Reform Act：福祉改革法
　地方自治体の住宅給付金に「部屋の未使用に対する罰金」（寝室税）を導入した。全国統一的に設定されていたカウンシル・タックスの減免を廃止し，地方の裁量に基づく制度に置き換えた。

2013 年
Electoral Registration and Administration Act：選挙登録・管理法
　世帯単位での選挙登録に代えて，個人での登録を導入した。

Growth and Infrastructure Act：成長および基盤整備法
　地方計画当局に対する業績評価を導入した。基盤整備の計画化に関する同意を合理化した。国務大臣に申請する選択肢を含め，イングランドの商業物件用のビジネス・レイトの再評価を 2017 年に延期した。

2014 年

Local Audit and Accountability Act：地方会計検査・説明責任法

　地方の公的会計検査のしくみを整備した。そこには，地方の監査人の任命，規制，行為などの事項が含まれている。監査委員会を廃止し，ベスト・バリュー検査を実施する権限を国務大臣に移管した。地方議会の会議を撮影もしくは記録する公的な権利を導入した。

2015 年

Deregulation Act：規制緩和法

　地域連携協定，地域協定，持続発展可能なコミュニティ戦略の廃止などを含んでいた。

Infrastructure Act：基盤整備法

　特定の事例では，地方の計画化に関する認可要件を放棄することを国務大臣に認めた。単一の中央での登録を通じて地方の土地に関するデータを収集する権限を土地登記所に与えた。一定のレベル以下の仕事をする企業には，国務大臣が認める場合には，地方自治体の認可なしに水圧破砕に着手することを認めた。住宅および再生に関する支出が発生するため，グレーター・ロンドン・オーソリティーに関する規制を取り除いた。

Local Government (Religious etc. Observances) Act：地方自治（宗教等に関わる儀式）法

　地方議会の会議において，祈る行為を保障するように地方自治体の権能に関する定義を拡大した。宗教上の催しへの参加は合法的な機能の範囲内で考慮される。

2016 年

Childcare Act：児童福祉法

　1 年に 38 週間以上働く保護者に 30 時間の児童福祉サービスを提供するように，地方自治体の権能を拡大した。

Cities and Local Government Devolution Act：都市・地方自治権限委譲法

　希望する合同行政機構に直接公選の首長を導入した。住宅，交通，計画化，警察などに関する権限委譲を公選首長を有する合同行政機構に認めた。合同行政機構の機能に関する規制を取り除き，サブ・ナショナルな交通機関の権限を追加した。

Housing and Planning Act：住宅・計画化法
　「価値の高い」公営住宅については強制的に販売することを求めた。ローカル・プランがない地方自治体には，それを制定することを求めた。地方自治体への登録を求め，「悪徳」賃貸人（家主）を禁止した。

2017 年
Bus Services Act：バス事業法
　地方交通当局が地方のバス会社との連携のしくみを始めることを提供した（しかし，地方交通当局が新設の市営交通事業者を設立することは妨げた）。公選首長を有する合同行政機構がロンドンのようなバス運行権のしくみを始めることを認めた。

High Speed Rail (London-West Midlands) Act：高速鉄道（ロンドン－ウェスト・ミッドランド）法
　ロンドンから北部へ向けて計画された第 2 高速鉄道（HS2）路線の第 1 段階の建設を許可した。

Homelessness Reduction Act：無住居削減法
　人々に住居を与えるという現行の責務に加えて，無住居を防止・救済することを地方自治体に求めた。

Policing and Crime Act：警察・犯罪法
　警察・消防・救急サービスを横断する連携のためのしくみを認めた。警察・犯罪コミッショナーもしくは合同行政機構の首長による警察・消防・救助サービスの統合を含む。ロンドン消防・緊急事態計画庁を廃止した。

2018 年
Telecommunications Infrastructure (Relief From Non-Domestic Rates) Act：テレコミュニケーション基盤整備（ビジネス・レイト減免）法
　テレコミュニケーション関連の基盤整備についてはビジネス・レイトの減免を可能にした。

付表Ⅲ　重要な日時

2000 年

　グレーター・ロンドン・オーソリティー（GLA）が，1999 年グレーター・ロンドン・オーソリティー法（1998 年 5 月の住民投票の結果により）の下で，創設された。GLA は，直接公選の市長と，それとは別に選挙される（公選の）議会，そして，4 つの機能的な団体で構成されている。その 4 つの機能的な団体とは以下のものである。

　i　首都警察サービスを構成し，監督する首都警察庁。ただし，シティ・オブ・ロンドン警察は対象外である。
　ii　ロンドン消防を構成し，監督するロンドン消防・緊急事態計画庁。
　iii　ロンドン交通局。それは，市長によって任命された理事会により率いられ，ロンドンの交通戦略に関する責任を有している。
　iv　ロンドンの経済開発と再生を構成し，促進するロンドン開発公社。

　その他のものとして，ロンドン議会議員の政治倫理に関する枠組みを定めるものとして基準委員会が設置された。

2002 年

　シティ・オブ・ロンドンの選挙権が拡大され，シティ内のすべての企業を対象にするようになった。
　シックス・フォーム・カレッジ（高校）の財源に関する管理権が，地方自治体から学習・技術評議会に移管された。

2003 年

　ロンドン地下鉄に関する監督権が，中央政府の交通省からロンドン交通局に移管された。
　サロック（Thurrock）都市開発公社が設置された。

2004 年

　シャー・エリア（イングランドの非都市部）における合同消防当局が，プリセプト（徴税）の対象機関になった。これらの合同消防当局は，かつては，当該エリア内のカウンティもしくは一層制自治体からの財源によって運営されていた。

ロンドン・テムズ・ゲートウェイ開発公社が設置された。

　緊急事態および災害に関する計画を調整し対応するため，各警察組織単位で，地方レジリエンス・フォーラムが設置された。

　リージョン空間戦略改革の下で，戦略計画化に関する管理権がカウンティからリージョンの計画機関（地域審議会）に移管された。

　ウェスト・ノーサンプトン都市開発公社が設置された。

2005 年

　ニュー・フォレスト国立公園が誕生した。

　下級裁判所（治安判事裁判所）に関する責任が，地方自治体から司法部（Her Majesty's Courts Service）に移管された。

2006 年

　オリンピック会場建設委員会（Olympic Delivery Authority）が設置された。

2007 年

　ロンドン住宅公社評議会とロンドン技術・雇用評議会が GLA 内に設置された。

　グレーター・ロンドンの範囲内でパリッシュ議会の設置に関する規制が撤廃された。

2008 年

　大都市圏における旅客交通庁が統合交通庁に取って代わられた。

　PPP のメトロネット・インフラストラクチャ・コンソーシアムが清算され，ロンドン交通局に移管された。

　中央政府のコミュニティ・地方自治省と地方自治体を中心とした 7 つのパートナーシップの間で，地域連携協定が締結された。

2009 年

　グレーター・マンチェスターとリーズがイングランド初の先駆的なシティ・リージョンになると大蔵省が発表した。

　コミュニティ・地方自治省と地方自治体を中心としたさらに 7 つのパートナーシップの間で地域連携協定が締結された。

　ベッドフォードシャー，チェシャー，コーンウォール，ダラム，ノーサンバーランド，シュロッパシア，ウィルシャーにユニタリー（一層制自治体）が設置され，それらの統合されたエリアにあったディストリクトを置き換えた。

2010 年

　学習・技術評議会は廃止され，教育財源エージェンシーおよび技術財源エージェンシーに置き換えられた。

　コミュニティ・地方自治省とオリンピック会場となった 5 つのバラの間で地域連携協定が締結された。

　サウス・ダウンズ国立公園が誕生した。

　地域空間戦略が廃止された。

2011 年

　イングランドの政府事務所が廃止された。

　グレーター・マンチェスター合同行政機構が設置された。

　イングランドで 39 の地方産業パートナーシップ（LEP）が非制定法的組織（法律に基づかない組織）として設置された。

　ロンドン市長は，王立公園エージェンシー評議会および文化・メディア・スポーツ省の執行エージェンシーのメンバーを指名する権限を獲得した。

2012 年

　大蔵省と 8 つのイングランドのコア・シティおよびその LEP の間で，シティ・ディールが締結された。

　24 のエンタープライズゾーンがイングランドで設置された。

　概括授権がすべての地方自治体に導入された。

　地方のより良い規制事務局を廃止し，その機能をビジネス・刷新・技術省のより良い規制運用事務局に移管した。

　ロンドン・オリンピック・レガシー開発公社が，ロンドンで最初の首長開発公社として設置された。

　首都警察庁を廃止し，その機能を警察・犯罪市長室とロンドン議会警察・犯罪委員会に移管した。

　イングランドおよびウェールズにおける警察当局を廃止し，各警察エリアを担当する直接公選の警察・犯罪コミッショナーに置き換えた。

　地域開発公社を廃止した。

　基準委員会を廃止した。

　サロック都市開発公社が解散した。

2013 年

　大蔵省と 20 のシティ・リージョン・エリアの間でシティ・ディールの第 2 段が締結された。

保健・福祉評議会が，公衆衛生を促進するという地方自治体の責務に基づいて，二層制における上層自治体（カウンティ）もしくは一層制自治体のエリアに設置された。

　ロンドン・テムズ・ゲートウェイ開発公社が解散した。

2014 年

　合同行政機構が，リバプール・シティ・リージョン，ノース・イースト，シェフィールド・シティ・リージョン，ウェスト・ヨークシャーで設置された。

　デボリューション・ディールに関するグレーター・マンチェスター合意が，大蔵省との間で締結された。

　オリンピック会場建設委員会が解散した。

　クイーンズ・パーク・コミュニティ議会が，グレーター・ロンドンのエリア内で現代になってからの最初のパリッシュ議会として設置された。

　ウェスト・ノーサンプトン都市開発公社が解散した。

2015 年

　監査委員会が廃止された。

　エブスフリート開発公社が設置された。

　ロンドンの保健および連携合意が先駆的な権限委譲計画として，ロンドン市長と保健省，NHS ロンドンの間で締結された。

　オールド・オーク・アンド・パーク・ロイヤル開発公社が，ロンドンで第 2 の市長開発公社として設置された。

　ティーズ・バレーおよびウェスト・ミッドランドで合同行政機構が設置された。

2016 年

　24 のエンタープライズゾーンがイングランドに追加的に設置された。

2017 年

　ケンブリッジシャー・アンド・ピーターバラ，ウェスト・オブ・イングランドで合同行政機構が設置された。

　ケンブリッジシャー＆ピーターバラ，グレーター・マンチェスター，リバプール・シティ・リージョン，ティーズ・バレー，ウェスト・ミッドランド，ウェスト・オブ・イングランドの合同行政機構の首長選挙が実施された。

　ノーサンプトンシャーLEP とサウス・イースト・ミッドランド LEP が統合した。

　王立公園エージェンシーが廃止され，その機能が新設のチャリティーであるロイヤル・パークスに移管された。

サウス・ティーズ開発公社が，ティーズ・バレー合同行政機構の首長開発公社として設置された。

2018 年
ロンドン消防・緊急事態計画庁が廃止され，その機能がロンドン消防コミッショナーに移管された。

刑事裁判に関する 3 つの政策分野に関する責任を権限委譲するため，ロンドン市長と司法省の間で理解の覚書が締結された。

ノーザン・パワーハウス・エリア内の 11 の LEP により NP11 が「北部会議（Council of the North）」として形成された。

シェフィールド・シティ・リージョン合同行政機構の首長選挙が実施された。

北部交通（Transport for the North）が，イングランド初の制定法上のサブ・ナショナルな交通機関として設置された。

2019 年
フォレスト・ヒースとセント・エドマンズベリーのディストリクトが合併し，新しくウェスト・サフォーク・ディストリクトが形成された。

タウントン・ディーンとウェスト・サマーセットのディストリクトが合併し，新しくサマーセット・ウェスト・アンド・タウントン・ディストリクトが形成された。

ドーセットでは一層制自治体が創設され，それまでのディストリクトを置き換えた。

2020 年
バッキンガムシャーでは一層制自治体が創設され，それまでのディストリクトを置き換えた。

2021 年
ノーサンプトンシャーでは一層制自治体が創設され，それまでのディストリクトを置き換えた。

付表Ⅳ　2019年総選挙における各政党のマニフェスト

【保守党】

《権限委譲および財政》

- ・主要な 100 のタウンに対する Towns Fund。タウンにはその使い道に関する決定権を付与する。
- ・イングランドに関する権限委譲白書を 2020 年に公表する。
- ・前回の支出見直し（Spending Review）以降，地方自治体への財源増加を繰り返し行う。
- ・地方自治体のカウンシル・タックスを上げることをめぐる住民投票を経るという手続き方針の継続。
- ・オックスフォード・ケンブリッジ成長回廊のような，成長可能性のある地方団体（地方自治体）を結び付け提案するために地方エリアを勧誘する。
- ・衰退するコミュニティを対象にした 5 億ポンドの英国共存繁栄基金。
- ・商店街の小売業向けのビジネス・レイトの減免。

《インフラ整備および住宅》

- ・「私たちの国の構造を修繕・改築するため」の 1000 億ポンドの追加的なインフラ支出。
- ・地方自治体の図書館および地域の博物館に対する 2 万 5000 万ポンドの支援。
- ・公営住宅の借家人がその公営住宅を購入する権利を維持する。
- ・すべてのコミュニティについて，新しい開発に対しては，「独自の設計基準」で決定できるようにする。
- ・地方自治体が「より美しい建物の建設を奨励する」ようにする。
- ・開発が行われる前に GP（地域医），道路，学校に対して財源措置する 100 億ポンドの単一住宅インフラ基金。

《保健および社会福祉》

- ・秋の支出見直しにおいて発表された 10 億ポンドの追加財源が，新しい議会では毎年追加的な財源を提供することを再度提示された。
- ・NHS と「同レベルの合意をソーシャル・ケア（社会福祉）」についても構築することを目的としている。
- ・学習障がいおよび自閉症を持った人々に対するコミュニティ・ケア（地域福祉）を設けるための 3 年間で 7400 万ポンドの財源。
- ・新しい若者向けのクラブおよびサービスに投資される 5 万ポンドの財源。

《交通およびエネルギー》
- ・ノーザン・パワーハウス・レイルをはじめ，北部地域におけるアクセスを向上させるための主要幹線鉄道の改良。
- ・ミッドランド・レイル・ハブへの投資。
- ・電化およびスマート・チケット化により，公共交通を改良するための財源のシティ・リージョンへの付与。
- ・電気自動車の充電用インフラのための 10 億ポンドの投資。
- ・イングランドの非大都市圏における鉄道のアクセスを改善するため，ビーチング路線（1960 年代の国鉄改革時に廃線になった路線）の復活。
- ・低運賃および電気バスによる「スーパー・バス・ネットワーク」への投資。英国初の「電気バスのタウン」（プロジェクト）を含む。

《コミュニティ》
- ・脅威にさらされている資産のコミュニティ所有もしくは市民組織を促進するために設けられた 1 億 5000 万ポンドのコミュニティ所有財源。
- ・コミュニティ資産価値の定義をパブや郵便局にも拡大する。

【労働党】
《権限委譲および財政》
- ・「より即応的な」財源システム。
- ・「大胆な権力の分権化」。
- ・地価税（a Land Value Tax）の選択肢を中心にしたビジネス・レイトの見直し。
- ・外注化していた地方自治体のサービスを直営に戻す。
- ・教育政策に関するより大きな権限委譲（入学や新しい学校の開設に関する権限への統制）。
- ・地方自治体職員の試用期間を自治体の統制下で再統一する。
- ・政策，事業，自治体の財源に関する 'Ruralproofing'。
- ・図書館の改善に関する中央の基準および監視。
- ・空き店舗の自治体による接収を含む適切な商店街への政策。

《インフラおよび住宅》
- ・リージョン・レベルの銀行を中央で統括する全国投資銀行の設置。10 年以上貸し付ける 2500 億ポンドの資金を有する。
- ・地方議員を含む地方の利害関係者の理事会により統治される地域投資銀行。
- ・イングランドの各リージョンにおける地方転換基金（a Local Transformation Fund）。
- ・1 年間に約束された 15 万軒の新しい社会的な住宅の 3 分の 2 の提供に地方自治体が従事する。

- ・自治体の住宅債務に関するレビュー。
- ・自治体が民間の家主から住宅を買い戻す権限。
- ・短期間賃貸に対する規制権限。

《保健および社会福祉》
- ・社会的支給を「国民福祉サービス」に移す。
- ・ソーシャル・ケアに対する「追加的な財源パッケージへの投資」の約束。
- ・コミュニティ・レベルで制度的に「より良く整理された」保健衛生。
- ・現在の児童福祉体系に対する「大規模（棚卸し的）な」レビュー。

《交通およびエネルギー》
- ・脱炭素化に責任を持つ「地域エネルギー庁」に代わる，ディストリクトのエネルギー担当者の全国的なネットワーク。
- ・バスの運行路線を買い戻す権能と財源を自治体に付与し，また，25 歳以下のバスの無料パスに関する財源を自治体に付与する。

《コミュニティ》
- ・小規模プロジェクトに対する貸し付けを直接コミュニティに提供する郵便局の支店における新しい「郵便局銀行」。
- ・「地方経済の循環の維持に必要な公共支出に関する権限および財源」のコミュニティへの付与。
- ・コミュニティの資産価値の一覧へのパブの追加。

【自由民主党】
《権限委譲および財政》
- ・イングランドの立法における「イングランド選出議員のみ」による審議段階の導入。
- ・権限委譲された統治を形成するために自治体のグループに権能を認めること。例えば，「ヨークシャー議会」への付与。
- ・旅行税を含む「未来の歳入上乗せ権限」。
- ・ビジネス・レイトを土地所有税に置き換えること。
- ・20 億ポンドの農村サービス基金。
- ・学校開設を含む「戦略的教育当局」としての自治体に対する権限。
- ・警察・犯罪コミッショナーを地方議員から成る理事会に置き換えること。

《インフラおよび住宅》
- ・500 億ポンドの地域均衡事業。地方自治体に「その使い道に関する発言権が付与される」。
- ・ノーザン・パワーハウスおよびミッドランド・エンジンにまた著しい資本的財源が約束される。

・地方自治体に売買権に関する完全な統制権が権限委譲される。

・2軒目の住宅（別荘）所有の場合，500％までカウンシル・タックスを上げる権限を地方自治体に付与する。また，海外居住者に対してはさらなる追加の印紙課税を伴う。

《交通およびエネルギー》

・地方自治体は，ゼロ炭素戦略を生むための説明責任を持つべきである。これらの戦略は，エネルギー，交通，土地利用に関する計画を持つもので，地方自治体にはそれらを実施する権限と財源が与えられる。

・地方自治体に対する新しい交通に関する権限には，ネットワーク的広がりを持つチケット発券および改善された公共交通のためのライト・レイル計画などを含む。

・10以上の市や町に拡大された超低排出量ゾーン。

《コミュニティ》

・気候変動に関する地方市民会議（Local Citizen's Assemblies）。

・地方の銀行およびエネルギーについて連携・協力するための権限をコミュニティに与える。

参考文献

H. Atkinson and S. Wilks-Heeg, *Local Government from Thatcher to Blair*, Polity Press, 2000

R. Berg and N. Rao (eds), *Transforming Local Political Leadership*, Palgrave, 2005

C. Berry and A. Giovannini (eds), *Developing England's North: The Political Economy of the Northern Powerhouse*, Palgrave, 2018

D. Bowie, *Politics, Planning and Homes in a World City*, Routledge, 2010

S. Brownill and Q. Bradley (eds), *Localism and Neighbourhood Planning: Power to the People?*, Policy Press, 2017

M. Burton, *The Politics of Public Sector Reform: From Thatcher to the Coalition*, Palgrave, 2013

T. Byrne, *Local Government in Britain*, Penguin, 2000

J. A. Chandler, *Explaining Local Government: Local Government in Britain Since 1800*, Manchester University Press, 2013

M. Chisholm, *Structural Reform of British Local Government: Rhetoric and Reality*, Manchester University Press, 2000

M. Chisholm and S. Leach, *Botched Business: The Damaging Process of Local Government Reorganisation 2006-2008*, Douglas McLean, 2008

G. Clark, *The Making of a World City: London 1991 to 2021*, Wiley-Blackwell, 2015

C. Copus, *Party Politics and Local Government*, Manchester University Press, 2004

C. Copus, *Leading the Localities: Executive Mayors in English Local Governance*,

Manchester University Press, 2013

C. Copus, *In Defence of Councillors*, Manchester University Press, 2015

C. Copus, M. Roberts and R. Wall, *Local Government in England: Centralisation, Autonomy and Control*, Palgrave, 2017

B. Denters and L. Rose (eds), *Comparing Local Governance: Trends and Developments*, Palgrave, 2005

H. T. Dimitriou and R. Thompson (eds), *Strategic Planning for Regional Development in the UK*, Routledge, 2007

C. Durose, *Changing Local Governance, Changing Citizens*, Policy Press, 2009

M. Emmerich, *Britain's Cities, Britain's Future*, London Publishing Partnership, 2017

R. Fenney, *Essential Local Government*, LGC, 2002

S. Goss, *Making Local Governance Work: Networks, Relationships and the Management of Change*, Palgrave, 2002

C. Hague, E. Hague and C. Breitbach, *Regional and Local Economic Development*, Palgrave, 2011

D. Hill, *Urban Policy and Politics in Britain*, Macmillan, 2000

R. Imrie and M. Raco, *Urban Renaissance? New Labour, Community and Urban Policy*, Policy Press, 2003

P. Jones and J. Evans, *Urban Regeneration in the UK: Boom, Bust and Recovery*, Sage, 2013

P. Latham, *The State and Local Government*, Manifesto Press, 2011

P. Latham, *Who Stole the Town Hall?*, Policy Press, 2017

R. Leach and J. Percy-Smith, *Local Governance in Britain*, Palgrave, 2001

S. Leach, *Managing in a Political World: The Life Cycle of Local Authority Chief Executives*, Palgrave, 2010

S. Leach and D. Wilson, *Local Political Leadership*, Policy Press, 2000

S. Leach, J. Stewart and G. Jones, *Centralisation, Devolution and the Future of Local Government in England*, Routledge, 2017

D. Massey, *World City*, Polity, 2007

A. McConnell, *Scottish Local Government*, Edinburgh University Press, 2004

J. Morphet, *Modern Local Government*, Sage, 2007

I. Newman, *Reclaiming Local Democracy: A Progressive Future for Local Government*, Policy Press, 2014

J. Newman, *Modernising Governance: New Labour, Policy and Society*, Sage, 2001

D. O'Brien and P. Matthews (eds), *After Urban Regeneration: Communities, Policy and Place*, Policy Press, 2015

B. Pimlott and N. Rao, *Governing London,* Oxford University Press, 2002

B. Quirk, *Reimagining Government: Public Leadership and Management in Challenging Times*, Palgrave, 2011

N. Rao, *Reviving Democracy: New Labour, New Politics?*, Polity, 2000

M. Sandford, *The New Governance of the English Regions*, Palgrave, 2005

S. Snape and P. Taylor (eds), *Partnerships Between Health and Local Government*,

Frank Cass, 2004

J. Stewart, *The Nature of British Local Government*, Macmillan, 2000

J. Stewart, *Modernising British Local Government*, Palgrave, 2003

G. Stoker (ed), *The New Politics of British Local Governance*, Macmillan, 2000

G. Stoker, *Transforming Local Governance*, Palgrave, 2004

G. Stoker and D. Wilson (eds), *British Local Government into the 21st Century*, Palgrave, 2004

H. Sullivan and C. Skelcher, *Working Across Boundaries: Collaboration in Public Services*, Palgrave, 2002

C. Swain, T. Marshall and. T. Baden (eds), *English Regional Planning 2000-2010*, Routledge, 2013

D. Sweeting (ed), *Directly Elected Mayors in Urban Governance*, Policy Press, 2017

S. Syrett and R. Baldock, *Governing London: Competitiveness and Regeneration for a Global City*, Middlesex University Press, 2001

A. Tallon, *Urban Regeneration in the UK*, Routledge, 2013

T. Travers, *The Politics of London: Governing an Ungovernable City*, Palgrave, 2003

T. Travers, *London's Boroughs at 50*, Biteback, 2015

J. Wills, *Locating Localism*, Policy Press, 2016

D. Wilson and C. Game, *Local Government in the United Kingdom*, 5th ed., Palgrave, 2011

訳者あとがき

　本書は，『英国の地方自治―歴史・制度・政策―』（芦書房，2011年）の改訂版（新版）である。旧版は，英国の地方自治全般についてコンパクトに解説する類書が他にあまりないこともあり，幸い多くの読者に読んでもらうことができた。英国の政治行政の制度や政策はころころと変わることもあり，2017年頃から，原著者のスティーブンズ氏との間で改訂版を出版する話が出た。スティーブンズ氏はすぐに改訂版の原稿を送ってくれたが，私がぐずぐずしていて，なかなか作業に取りかからなかった。その間にも，英国の地方自治をめぐる新しい動きや変化が次々とあり，その度に，修正版の原稿のファイルが何回も送られてきた。

　旧版は220ページほどであったが，この新版では，250ページを超えている。分量が増えただけでなく，内容もかなり変更されている。特に，第1章の後半部分，第8章，第10章で変更点が多い。旧版の持つ歴史・制度・政策についてバランスよく解説する点は維持しつつ，それに加えて，新版では，国（中央政府）と地方自治体（カウンティ，ディストリクト，一層制自治体など）の間の「地域」という層（レベル）が，重要な役割を持ち始めたことが比較的詳しく説明されている。合同行政機構やその公選首長の設置の動きや，デボリューション・ディールという権限委譲のしくみ，ノーザン・パワーハウスや北部交通，ケンブリッジ・ミルトンキーンズ・オックスフォード成長回廊などの動きについてである。私自身も地域政策に関心を持っているので，訳しながら興味深く読んだ。

　ブレグジット（EUからの離脱）を経て，これから益々，英国独自の政策が求められ，その際には，サブ・ナショナルな「地域」という層（レベル）や大都市を中心にした都市圏（シティ・リージョン）といった空間が重要になることが予想される。その際に，本書が基礎的な情報を知るための手がかりとして役立

つことができれば嬉しい。そして，次のプロジェクトとしては，スティーブンズ氏や日英の他の研究者の方々と共に，変化が激しい英国のシティ・リージョンをめぐる動向について，日本語で解説するような本を書きたいと考えている。

　最後に，旧版に引き続き，手間のかかる翻訳書の出版をお引き受けくださり，また，貴重なご指摘・ご助言をいただいた芦書房の中山元春社長に心からお礼を申し上げたい。

　　　2021 年 5 月
　　　一日も早いコロナ禍の終息を願って

　　　　　　　　　　　　　　　　　　　　　　　　　　石見　　豊

索　引

252

256

【著者紹介】
アンドリュー・スティーブンズ
1975 年生まれ

〈学歴〉
学士（政治学）ティーズサイド大学，1999 年卒業
修士（英国政治）ロンドン大学ゴールドスミス・カレッジ，2002 年修了

〈職歴〉
ルイシャム・ロンドンバラ，政治アドバイザー（2000 ～ 03 年）
自治体国際化協会ロンドン事務所，主任調査員（2003 年～）
ユニバーシティー・カレッジ・ロンドン，シティ・リーダーシップ・ラボ，客員研究員

〈主要著作〉
The Politico's Guide to Local Government（Politico, 1st ed.: 2003, 2nd ed.: 2006）
'The Progressive Council' in *The Progressive Century*（Palgrave Macmillan, 2001）
'City branding and stakeholder management' in *City Branding: Cases and Theory*（Palgrave
　Macmillan, 2011）

【訳者紹介】
石見　豊（いわみ　ゆたか）
1965 年　京都市生まれ
1990 年　明治大学大学院政治経済学研究科博士前期課程修了
1999 年　東北大学大学院情報科学研究科（政治情報学）博士課程退学
2002 年　博士（情報科学）〔東北大学〕
2005 年 9 月～ 2007 年 3 月　ケンブリッジ大学社会・政治学部で在外研究
2018 年 10 月～ 2019 年 3 月　ケンブリッジ大学政治・国際学部で在学研究
現　在　国士舘大学政経学部教授

〈主要著作〉
『戦後日本の地方分権―その論議を中心に―』北樹出版，2004 年
『英国の分権改革とリージョナリズム』芦書房，2012 年
『英国の地域政策』成文堂，2020 年
『日本のローカルデモクラシー』（ヒジノ ケン・ビクター・レオナード著，翻訳）芦書
　房，2015 年

新版 英国の地方自治—国・地域・自治体がつくるガバナンス—

■発　行──2021年5月31日初版第1刷

■著　者──アンドリュー・スティーブンズ

■訳　者──石見　豊

■発行者──中山元春　　〒101-0048東京都千代田区神田司町2-5
　　　　　　　　　　　　電話03-3293-0556　　FAX03-3293-0557
■発行所──株式会社芦書房　http://www.ashi.co.jp

■印　刷──モリモト印刷

■製　本──モリモト印刷

ISBN978-4-7556-1317-3 C0031